Vibhaas
A Collection of Poems

Shailesh Mishra

authorHOUSE®

AuthorHouse™ UK
1663 Liberty Drive
Bloomington, IN 47403 USA
www.authorhouse.co.uk
Phone: 0800.197.4150

Published by AuthorHouse 10/04/2017

ISBN: 978-1-5462-8157-3 (sc)
ISBN: 978-1-5462-8156-6 (e)

प्रस्तावना

किताब के बारे में: यह पुस्तक "विभास" शैलेश मिश्र की लिखी कविताओं का संकलन है, जो भारतीय जीवन के मूल्यों और भावों से गहराई से जुड़ी हुई है। इनमें समाहित कवितायेँ मानवीय त्रासदी ओर जीवन के विडंबनाओं के बीच भी, आदमी के प्रादुर्भाव की शक्ति को देखने की कोशिश है. ये कवितायेँ भारतीय सामाजिक मूल्य जैसे ईश्वर भक्ति ओर धर्म को जीवन में उतारने के प्रयास और समकालीन सामाजिक ओर राजनीतिक परिस्थितियों में निरंतर मानवीय संघर्ष के द्वंद्व को रेखांकित करती हैं।

पिछले कई हज़ार सालों से जो सांस्कृतिक संबंमय भारत में हुआ है और बहुस्तरीय समाज ओर समूहों का जैसा मिलन हुआ है, वो दुनिया के दूसरे कोने में बिरले ही मिलता है, इस बाहुल्यवाद में भारत में एकता की तलाश बहुत पुरानी है. मानव के खुद में विश्वास और लोगों में सामाजिक भाईचारा ओर एकता ने भारतीय समाज को हमेशा ताकत दी हैं। ये कुछ कवितायेँ माँ भारती ओर इसके बाहुल्य को समर्पित कुछ पुष्प है साधना है और वंदना है। ये कवितायेँ भारत के विविधता के बीच जन आकांक्षा में एकता को तलाश करती है, आपसी सद्भाव के मूल्य के लिए प्रेरणा देती है और विविधता में एकता रेखांकित करने का भी प्रयास है | इस पुस्तक में भारत के तीन महापुरुषों बुद्ध, कबीर ओर गांधी के सम्मान में कवितायेँ सम्मिलित कि गयी हैं | डॉ आंबेडकर की राजनीतिक विचारधारा का सम्मान भी कुछ कविताओं में अप्रत्यक्ष रूप से किया गया है | जीवन के कुछ घटनाओं जैसे जन्म दिन ओर नव वर्ष की बधाई में भी भाव ओर कविता ढूंढ़ने की कोशिश है | कविताओं में सत्ता उसके सामाजिक सेवा के कमीयों कि ओर भी इंगित किया गया है, भारतीयता को पुराने संवेदनात्मक मूल्यों के साथ परिभाषित किया गया है | ये कवितायेँ जन मानस एवं जीवन के विविध रंगों को उकेरने का प्रयास करती है ये कवितायेँ| कुछ कविताओं में, कविताओं

के माध्यम से सामाजिक सरोकार को समझने का प्रयास दिखाई देता है | इन कविताओं में मानव मन गूढ़ रहस्य एवं मानवीय जीवन के इंद्रधनुषी रंग उभरते है जैसे कहीं भक्ति, क्रांति, प्रेरणा, सहजीवन कि एकता, माधुर्य है तो कहीं सत्ता-राजनीति से उपजा मोहभंग, समाज कि जाती व्यवस्था ओर पिसती हुई मानवीयता का उदास स्वर | परन्तु इन सब के बीच संघरषरत व्यक्ति कि जीवटता व सनातन मूल्यों में आस्था का स्वर ज्यादा मुखर हो कर सुनाई पड़ता है |

कविता कि राजनीतिक धारा भारतीय समाज कि समावेशी बहु सांस्कृतिक, सर्व धर्म स्वीकृति कि सनातन परंपरा से जुड़ी है, इनमे साम्प्रदायिकता के खिलाफ एक पुरजोर विरोध भी दिखता है | इन कविताओं के केंद्र में ' आम आदमी 'है, जिसके दिन प्रतिदिन के जीवन कि समस्याओं एवं शोषण को समझने कि कोशिश है, एवं इन सबका समाधान 'जनवाद ' व गांधीवाद में ढूंढने का प्रयास है | मानव को मानव से जोड़ कर समस्याओं से निजात ढुंढा जा सकता है, कविताओं में ' भीतर के मनुष्य ' को जगा कर व्यवस्था में परिवर्तन किया जा सकता हैं, इसका आभास हैं और स्वप्न है | विचार के केंद्र में गांधी का विचार दृढ़ता से दोहराया गया है - जहाँ शत्रु के प्रति लेशमात्र भी विद्वेष नहीं है, बस सामाजिक न्याय के लिए प्रतिबद्धता एवं सामाजिक बुराई को ही समाप्त करने कि एक जिद्द है.

भगवान बुद्ध का विभास, उनका तेजोमय प्रकाश, अमिताभ आभा पूरी दुनिया के लिए है, पर उसकी जितनी ज़रुरत और प्रासंगिकता भारतीय समाज को आज भी है उतनी दूसरे देशों को शायद न हो नहीं, इसलिए ये मेरी रचना, उनके कृपा, आशीष, करुणा भाव, उत्कृष्टता के उद्गार में छोटा सा समर्पण है, उस आभा को समझने के लिएहै

युग काल का सत्य जैसा कबीर कि वाणी और व्यवहार में दिखता, वैसा बिरले ही कहीं और मिलता है, और खास तौर से आदर्श को आचरण में उतरने का आह्वान | हमारी भारतीय सोच को बड़ा बनाती है, भारतीयता को परिभाषित करते है कबीर के दिए हुए मूल्य, हमें मूल सांस्कृतिक विचार कि तरफ ले जाते है | ये कवितायें उनके बतलाये सत्य को नमन करती है और समसामयिकता में उन्हें समझने का प्रयास करती है

जितनी सूक्ष्मता से गांधी ने भारतीय समाज को बदलने की कोशिश की है वैसा अन्य नहीं मिलता | राजनीति और सत्ता से विभिन्न समस्याओं

के समाधान में गांधी के बतलाये रास्ते हमें हर बार रास्ता दिखलाते है और दिखलाते रहेंगे | खास तौर से गांधी का हमारी विविधता में एकता, जुड़ाव की कोशिश का चिंतन अथवा राजनीति में सामाजिक आदर्श मूल्यों के पुनर्स्थापना की कोशिश, भारतीय समाज को उनकी हमेशा ज़रुरत रहेगी | ये कविताएं गांधी के सामाजिक योगदान की रेखांकित करने का प्रयास है |

इतने बड़े कैनवास को समाने के लिए इन कविताओं की भाषा में भारत के भाषाई बाहुल्य को प्रयुक्त किया गया है. राजस्थानी बोली से लेकर, संस्कृत मय हिंदी, रेख्ता कि भाषा उर्दू ओर कहीं कहीं तो मुंबई को हिंदी भी प्रयुक्त हुई है, जो उपयुक्त है या नहीं वह पाठक गण के ही निर्णय पर छोड़ा जाता है.

Preamble

About the Book: This book 'Vibhaas' or splendour is a compilation of poem written by Shaielsh Mishra, all these poems are deeply connected with Indian Values and culture. All the poems included in this is book deals with problems of human being and pradox of life, and ability of human being to bounce back in life against all odds. these poems try to dwell on the conflict of gods devoyion and implementing religion in in life vis avis continious fight of human being in given socio politcial environment. Indian society has gained tremendous strgenth due unity among country man through community action as well as faith of individuals in oneself. no other part of world has seen the cultural fusion that has been done in india over thousand of years, hence a multi layred multi lateral society has been created, a unique cultral integration has tekn place in india, at the same time india has been searching for unity among its huge diversity, these poems are like flowers being offered to goddess of india. these poems also looked-for unity among diversity of people of india. in this book poem about three great people of india Buddha, kavir and Gandhi has been added to pay homage to them. Politiclal philosophy of Dr. Amedakar has been praised indirectly in some of poem like samaj ki nav ashmita. attempt has been made to search for emotion and poetry in some of events of life such as birthday and new year greetings. these poems also try to point towards lacuna in the current politcial power strcuture of the country. Indianess has defiend with its old compassion based value system. These poems try to carve out common persons motives and multiple colors of life. in some of poems relevancy of poetry to society has also been attempted. in these poems among the many colors that emerges include devotion, inspiration, revolution, unity of common man and sweetness of harmony on one side and bitterss and sadness due to dillusionment of politcs, social hierarchy prevaling and crushing of humanity. but in these tough situations of life the internal voice and constant value of fight back in life of human being revervbaets more and can be clearly heard time to time.

Political theme of these poetry relates to continious idnian value of inclusive multi cultralism, acceptance of mutiple religion and strong resistance to communalism in society. Focus of these poem is common man and these poems are meants to underdtand the daily trial and triabulation, exploitation and apiration for more freedom of that same common man. Solution or panecea for all these problems has been attempted in unity of people and Gandhism. these poems proclaim that by connecting people through humanity solutions can evolve for some of the problems. By awakening the innerself of human being power structure and servuce delivery can be made more sensitive. Value of Gandhi has been repeated as invisible hand where let not fight with enemy but flight with feeling of values animosity hidden inside that person. poems always reiterate the passion for social justice and end the social infirmities.

Such a vast canvass these poems has used mutiple language of india, ranging from rajasthani boli to, great language of sanskrit induced hindi, language of common culture urdu and even colloquial hindi of mumbai. whether the language was appropriate of not has been left to the readers to judge

पाठक गण के बारे में

इन कविताओं के पाठक के तौर पे वे समस्त स्त्री पुरुष जो भारत को समझना चाहते है, जो तमाम प्रतिकूलताओं के बीच आम आदमी के 'अदम्य व्यक्तित्व ' के परतों को खोलना चाहते है, और स्वयं को भी समझना चाहते है | भारत के वसुधैव कुटुंबकम के मूल्यों को, एक लोकतांत्रिक मूल्यों से समाहित वैश्विक न्याय व्यवस्था कि पुकार सुनना चाहते है, जिसके आभाव में विश्व में शान्ति स्थापित नहीं हो सकती उसमे आवाज़ मिलाना चाहते है | ये कवितायेँ सम्बोधित है उन युवाओं को जो विकास के साथ सतत विकास के रास्ते पर, चलना चाहते है और इस विकास में बुद्ध, कबीर, गांधी व अम्बेडकर की प्रासंगिकता को भी समझना चाहते हैं | मेरी ये कविता गाँधी के विचार की तरह उन ' सभी मित्रों को ' के लिए भी हैं जो इन कविताओं से अलग मत रखते हैं, जो जीवन में भिन्न, पर भारतीयता में अभिन्न मत का सम्मान करते हैं, सम्बोधित और समर्पित ये हैं ये कवितायेँ | एक फ़क़ीर को कहते सुना था 'जो दे उसका भी भला जो न दे उसका भी भला ', उसी तर्ज़ पे कहता हूँ जो पढ़े उसका भी सम्मति मिले और न पढ़े उन्हें भी | क्योंकि क्योंकि भारतीयता हम सभी की सम्मति और सहमति से ही से ही बनती हैं | देश को आगे बढ़ाने के लिए ये सहमति आवश्यक हैं, उसी सहमति को बढ़ाने का प्रयास रूप हैं ये शब्द संयोजन मेरी कवितायेँ | साथ ही ये कविताओं समर्पित हैं उस आम आदमी को, जिनमें इन कविताओं से इतर विचार रखने वाले मित्र भी सम्मिलित हैं| जिन लोगों की अभिरुचि भारतीय संस्कृति ओर सामाजिक मूल्यों में हो, खास तौर से जिन्हें आदमीयत की प्रमुखता, समाज में सबसे पीछे के व्यक्ति के लिए करुणा ओर गांधी के अंत्योदय के सिद्धांत से प्रेरणा मिलती हो, वो इन कविताओं में आनंद की प्राप्ति कर सकते हैं | व्यक्तिगत सामाजिक अवलोकन के आधार पर कह सकता हूँ कि एक आम भारतीय सामाजिक समरसता, भाईचारा ओर व्यक्तिगत भक्ति में आपसी विश्वास करता है ये मेरी कविताओं और भारतीयता का वैचारिक आधार है | ऐसी

इन कविताओं की कल्पना और पृष्ठभूमि किसी खास वर्ग या समुदाय की कल्पना से नहीं है और हो भी नहीं सकती | भारत जो विश्व में बहुलता का अद्वितीय सांस्कृतिक प्रयोग है, आशा है कल के सामंजस्य वाले समाज की, विश्व में समूहों के बीच शांति की तलाश, जो कल भी भारत देगा उन तत्वों के तलाश का प्रयास रूप हैं ये कवितायेँ | कवि के दृष्टिकोण से एक आम भारतीय की बात कि जा रही है जो भारतीय संविधान के मूल्यों को अंगीकार करता है और अपनी परंपरागत सामंजस्यवादी मूल्यों के साथ जीना चाहता है, उसके भाव को रेखांकित करती है ये कवितायेँ

कविता कि शैली के बारे में इतना कहना चाहूंगा की कविताओं को उबाऊ होने से बचाने के लिए कविता के अंशों में एक लय डालने कि कोशिश कि गयी है | शब्दों के चयन के बारे में कहना चाहूंगा कि संस्कृत का ज्यादा उपयोग किया गया है खास तौर से महापुरषों के प्रशंसा गीत कि प्रस्तुति में | अमूमन चार लाइन के लय के बाद विषय वस्तु बदलते हुए नए उप विषय और लय का उपयोग किया गया है. देखे पाठक गण इसे किस तरह अपनाते हैं | उन नए पाठक गण को समर्पित हैं ये कवितायेँ. जो थके तो है इंटरनेट कि पाठ्य सामग्री से, पर कुछ पढ़ना चाहते हैं, देश ओर समाज से जुड़ना चाहते हैं, अपने पैरों के नीचे की मिटटी का रंग देखना चाहते हैं या शायद समाज से खुद कुछ कहना चाहते है | उन सभी को समर्पित, एक बार फिर मेरे निजी ईश्वर, भारत के महापुरुषों और आम आदमी को याद करते हुए |

About my readers: A Note

All those who want to understand india and those who want to open the multiple layers of irrepressible courage of common man amid tremedous adversity should read this book. those who want to understand a just and democratic system for new world order, principle of indian culture for welcoming world region should read this book. this book tries to establish a coummuncation with youth of new era, who want to move on path of not only growth outside but inside also by understanding Buddha, Kavir Gandhi and Ambedakar. this book is also for those who has views different from mine. this book also for those who want to understand the common man and that common man also include my friend those who has view different from mine. those who enjoy the indian culture and social value in particualr importance of human being, and compassion for last man of society and find inspiration from cocept of Antodaya given by Gandhi will get enjoyment from this set of poems. based on observation of society it has been assumed the common indian man is intrested in social harmony, brotherhood and personal choice of religion. no special coomunity or group has been intended for these poems, but the common man who has imbibed the value is indian constitution is assumed hero of these poems.

About the style of poetry, I shall like to say that to save the poem from boredom rhyme has been attempetd constantly on every part of this poem, among the choice words, sankrit has come first in particular about song of prasie for great people. after in part of poetry four lines of couplet has same rhyme as well as theme, after four-line new part of main subject and new rhyme has been used. let see how the readers accept it, these poems are meant for new readers of poetry, those who are tired of internet reading conetnt but want to want to read something substantial, want to connect with world and society and want to see the color soil below their feet or perhaps want to say something on their own – dedicated to all fo them

कृतज्ञता

मैं इस पुस्तक के लिए मेरे निजी ईश्वर का कृतज्ञ हूं, जिसने कृपा वश इतने सारे भाव मेरे अंदर इस जीवन में इस समय पैदा किये. धरती पर ईश्वर का रूप केबल माँ ओर पिता ही होते सकते है उन्हें यह पुस्तक सर्वप्रथम उन्हें ही समर्पित है. मेरी पत्नी नंदिनी जिसने सदा मेरा हौसला ओर विश्वास बढ़ाया ओर अपने अद्वितीय प्रारब्ध से मेरी शब्दों को मूर्त रूप देने की कोशिश कि है, कविताओं का रेखांकन उसके प्रयासों का भी फल है. मेरे वो मित्र गण धन्यवाद के पात्र है, जिन्हें मैंने अपने ये भाव पहली बार सुना ये थे, ओर खास तौर से जिन्होनें मेरे कविताओं की आलोचना कर इसको नया सार्थक रूप देने की कोशिश की. कुछ मित्रों ने मेरी कविताओं में जब रोचकता का प्रश्न उठाया तो वो मेरे लिए वह एक आदमी के लिए कविता की सार्थकता का भी प्रश्न बन कर उभरा. मैं ने इस प्रयास में कविताओं को सरल शब्दों में कहने की कोशिश कि, पर सफल हुआ कि नहीं पाठक गण ही जाने. मैं खास तौर मेरे भाई बहनों का आभारी हूं, जिन्होंने मेरी कवितायेँ सुन कर हौसला बढ़ाया. गुरुजनों का उनके आशीर्वाद ओर प्रेरणा के लिए, जो मुझे इस दौरान सतत मिलता रहा, उसके लिए धन्यवाद और हार्दिक आभार. सॉफ्टवेयर इंजीनियरिंग करते हुए हिंदी कविता करने की अपनी ज़िद्द में मुझे उस आम आदमी का प्रादुर्भाव दिखा जो परिस्थितियों से लड़ कर चुनौती स्वीकार करता है, जीत हार से ऊपर उठ कर लड़ता है, और अंततः भाग्य की देवी उसे विजयमाल पहनाती है. तो नमन अन्ततः आम आदमी के उस प्रादुर्भाव की शक्ति को, जो मानवता की सबसे बड़ी थांती है. हार में, दुःख में, संकट में, एकता में, उत्कृष्टता में, धर्म में, दर्शन में, प्रेरणा में और हमारे विश्वास में और बारंबार के पुनरुत्थान में जो दिखती है. जब यह प्रादुर्भाव, समाज में महिलाओं में, पिछड़े और अछूतों में उत्थान

के अदम्य चेतना में दिखती है तो प्रणाम तो करना ही चाहिए, इस बदलाव कि चेतना को शब्दों या कविता के माध्यम से, इस नमन के साथ, आदर कि माला के साथ, शब्दों कि व्यंजना के साथ, स्मरण के साथ.

Acknowledgement

I feel blessed by my personal god who endowed me with such emotion in this life at the is point. God has created its form of earth called mother and father this book is dedicated to them at first. My wife Nandini who has always encouraged me and has created picture for this book is also due to great efforts and scarifice on her part. I am also thankful to my friend with whome I shared my poems verbally for first time and then they criticised me to make it better and give it a new shape. when some freiends raised the issue of simplicity and intresting themes that came as question of relevancy of poem in a common person's life. I have tried my best to use simplest words to express the feelings and themse of my poems, but how far I have succeded I will like to leave it to my readers. I am also thankful to my own and cousin brothers and sister who listned to my poems carefully and have me hope. In India story of family is not complete without mention of uncle and maternal uncle, I am trully blessed to have their best wishes for me and encouraging me to write these poems.

अपने बारे में

श्री शैलेश मिश्रा पेशे से एक साफ्टवेयर इंजीनियरहै, और ये उनकी पहली रचनाहै, उनकी शैक्षणिक पृष्ठभूमि यांत्रिकी अभियंत्रणा और व्यवसाय प्रबंधन है. ये कवितायँ उनकी पीछे कई वर्षों की रचनाओं का एक संकलन है. यूँ तो हर काल परिवर्तन का दौर होता है, लेकिन पीछे कुछ सालों में भारतीय समाज का जितनी तेजी से भूमंडलीकरण हुआ है साथ में बदलाव आया है वह नया है, इस बदलाव के दौर में पैर टिकाने के लिए वैचारिक आधार को ढूंढना ज़रुरी है, इसलिए सामाजिक अस्तित्व के मूल्यों को समझना ज़रुरी है और वर्तमान से उनकी ओर मुड़ना आवश्यक है' । भारतीयता के अद्यनूतन विचार-सागर से मोती निकालने ज़रुरी है, केबल भारत के स्वार्थ वश नहीं विश्व के लिए, सुनीति के लिए, न्याय के लिए, विध्वंस से दूर ले जाने के लिए, शांति के लिए या फिर लोगों के बीच संवाद के लिए । एक प्रयास है यह काव्य संग्रह उन मोतियों को भारत की संस्कृति में ढूंढने का और एक माला में पिरोने । भारतीय विभास को बुद्ध के चेहरे की उभरती आभा से ज्यादा प्रासंगिक तौर पर और कोई प्रगट नहीं कर सकता, इस विभास की दिव्यता, अलौकिकता और प्रभाव अनुपम गहराई लिए है, जो इस काव्य संकलन के माध्यम

से दृष्टिगोचर करने का प्रयास किया गया है । इसलिए बुद्ध, गांधी ओर कबीर बारबार इन कविताओं को कहते सुनते सुनाते, जन जन में अलख जगाते हुए मिले, भारतीयता को परिभाषित करते हुए दिखे, इन कविताओं में उनके विभास और दिव्यता का एक महिमामंडन है । उनके प्रकाश में देखने पे ढेर सारी सामाजिक विडंबनाएं हटती हुई दिखती हैं, भारत के विभास से अदम्य चेतना के स्वर निकलते हुए दिखते है, भारतीय सांस्कृतिक आधार का मूल प्रतिपादित होता हुआ दिखता है, इनके विभास में हताशा ख़त्म होती दिखी । वहीँ इकबाल भी कहते दिखे "कुछ तो बात है की हस्ती मिटती नहीं हमारी "। एक नए आशा के साथ, एक नयी प्रणीति या जीवन दर्शन के लिए के लिए, एक नव जन अस्मिता को तलाशती मेरी कवितायेँ कवितायेँ आप पाठकों की नज़र

Introducing poet:

Mr. Shailesh Mishra is software engineer by profession, his educational background includes Mechanical engineering and Business management, These poems are compilation of his work. This book Vibhaas is his first book of compilation. Aulthough every passing moment is time of transition, but in last couple of years Indian society has been globalized massively. extent of changes that has come to society is also new. In this period of change society needs to find its basis in culture, to undergo transition.That why it is important to understand the social value of indian society and its existence and rededicate to those value. We need to extract pearls of wisdom from ocean of knowledge of indian society, not only for selfishness of india but for world at large, for prevalence of greater value, for justice, for taking world away from distruction, for peace to prevail in world or even for communication among the people. current book is an effort to extract out the jewels of indian culture and integrate them in an garland of thoughts. Speldour of indian culture can be shown at its best by light coming out of face of lord Buddha, the light conveys greatness, facets of life and tremdous depth and defines the sprituality of indian culture. the light coming out of this hallo is filled with greatness, has other worldliness in its effect. in this book attempt has been made to make it visible to people. that why Gandhi, Kabir, Buddha in this book is saying something through their values, enligting the value of people and defining the indianess in a contemporary way. these poems are an eulogy of the their greatness and light of halloness. in the light shown by them the anomalies of indian society vanishes or takes a new meaning, indomitable voice of indian society was heard clearly, basis of indian culture was getting propounded, and frustration of existence also came to an end due to enlightened knowledge. There Iqbal was also seen to be singing his song that "there is something in us, that why its not possible to obliterate our existence "to convey the depth and light of indian culture is also the purpose of this book of poems. For a new hope to emerge, for a new guidance or philosophy in life, or to search new meaning fo our existence in society, my poems are before my readers

भूमकि क कवति

आदमी और ईश
चलो आज हम लोग मिलकर एक नयी पूजा पद्धति की दुनिया में शुरुआत करते हैं
मंत्रोचारण में, वंदन में, नमन में पहले ईश की नहीं, उसके भक्त की बात करते हैं
आओ हम भी जोड़े हाथ जिन्हें ज़माने में प्रार्थना का कोई भी तरीका याद नहीं
हम वो हैं जिन्हें आदमी कि मुहब्बत के सिवा और ईश के पूजा का सलीका याद नहीं
हथौड़ें के चोट से आदम के हाथ, तपती दोपहरी में अपने निर्माता का रूप निर्माण करते हैं
तो मज़दूर के हाथों कि भी इज्जत करना सीख, जो निर्गुण भगवान को रूप दिलाते हैं
भगवान भी पहले लेते स्वरुप हमारी कल्पना में,
तो नमन कर उन पे भी जो ईश को हमारे अंदर दिखलातें है
मंदिर भी तो तभी बनते जब ईट मिटटी में हम लोग अपना आध्यत्मिक विश्वास मिलाते हैं
गर इंसान ही न हों तो, मंदिरों में रहने वाले भगवान भी तो फिर पत्थर बन जाते है

मंदिर का दरवाज़ा घूमता हर बार भक्त को ओर, जिस दिशा भी भक्त ईश को बुलाते हैं
विठोबा आज भी खड़े पुरानी हमारी श्रद्धा के ईट पे, जैसे उन्हें समकालिक पुंडलिक बिठाते हैं
लेकिन भगवान तो हमारी सर्वकालिक श्रद्धा का ही हरदम परम मूर्त रूप कहलाते हैं

तो पहले नमन कर उनका भी जो हर युग में हमें समकालीन आदर्श समझाते हैं
ईश को हर युग में मानवता को सामाजिक उत्कर्ष ही परिलक्षित करतेहै, तो क्यों न
आज सामने के गिरते आदमी का हाथ थामते हैं और नयी पद्धति कि शुरुआत करते हैं

Poetry for setting context

Let's come together and start a new way of praying to the lord
When we chant his mantra lets first talk of devotee and then the Lord
Come let us also raise our also hand, who we are called atheist and don't know any method of offering prayer to lord
Other than the love for human being we do not know any other method of prayer to lord
Through hitting with the hammers on a stone, a labour is creating the form of its own producer in a high temperature noon
Then let's learn to respect the hands of that labour, that chisels out the god in a lifeless stone
God first takes shape in our conceptualization, then let's bow before them who shows the god inside us
Temples are only created after we render our faith and spirituality to the bricks and mortar of world
If we are not there then god in those temples converts back to stones
Door of temple turn towards the devotee in whatever direction devotee want it to be
Lord Vithoba is standing on the brick, the way his devotee Pundalik has asked him to be
God is zenith of ideals human hold in every era, and shows through the ideals human behaviour in every era
God is manifested by excellence of human society, so let's start a new convention
Let us hold the hand of the common person and start a new ritual of help

अनुक्रम

1. गुरु वंदना

हरी मैं तो हूं ज्ञानहीन तुम मेरे सखा गुरुज्ञानी
सबसे अच्छा तेरा विचार बाकी सब कुछ आनीजानी
जब से हृदय समाया तुझमे, मिलती तेरी अमृतवाणी
जब से जीवन जुड़ा तुझसे सम्पूर्ण हुई मेरी जिंदगानी

स्वीकार करो मेरा प्रणाम तेरे चरण कमल में
अंगीकार करो मेरा भी सर्व अपने हस्त धवल में
अनुज्ञात करो मेरा भी नाम अपने वक्ष स्थल में
बसने दो मेरा भी स्वयं अपने हृदय शतदल में
तेरी अगन तो है ऐसी मानो चन्दन के संग हो पानी
हरी मैं तो ज्ञानहीन तुम मेरे सखा गुरुज्ञानी

तुझ से है जब से अनुराग लगाया, मिट गयी मेरी हर जीवन कामना
जब से है तूने विराट रूप दिखलाया, मिलती तेरी दया करुणा की भावना
जब से है तूने अपने पथ पर चलवाया, मिट गयी मेरी सारी अन्तः
दुर्भावना
याचकता भी मिट गयी है समासन से, मिलती अब परिपूर्णता की
सम्भावना
अब तक दुनिया ने नचाया, अब मैं बनकर नाचूंगा राधा रानी
हरी मैं तो हूं ज्ञानहीन तुम मेरे सखा गुरुज्ञानी

लगता आशीष दे रहा तू सर्वकाल, जब से शुरू कि है तेरी साधना
तेरी कृपा दृष्टि सर्वदा पावन बनाती हे महाकाल जब से शुरू कि है तेरी वंदना
तेरे स्वर गूंजते निरंतर मेरे अंतर्मन में नित्य काल, जब से शुरू कि है तेरी आराधना
भक्ति का भाव मिलता है अन्तर्निहित आदिकाल, जब से शुरू कि है तेरी कल्पना
भक्ति ने मिटा दी है मेरी सारी आसक्ति परकाल, लक्ष्य पर पहुँच गयी है मेरी कहानी
हरी मैं तो हूं ज्ञानहीन तुम मेरे सखा गुरुज्ञानी

बाहर अज्ञानता मिलती प्रभु जिसमें मिटता जाता मैं
बाहर अँधेरा मिलता प्रभु जिसमें घूँटता जाता मैं
बाहर अहंकारीता मिलती प्रभु जिसमें विरुक्षता जाता मैं
बाहर व्यभिचारीता मिलती प्रभु जिसमें रुंधता जाता मैं
दिखलाओ आज अपना तेजोमय प्रकाश, जिससे विद्य बने अनेकों अज्ञानी
हरी मैं तो हूं ज्ञानहीन तुम मेरे सखा गुरुज्ञानी

प्रभु तुम मुझे अपने चरणों के रज होने का भाव दे देना
केवट बन मुझे इस भव सागर पार करने की नाव दे देना
कलुषितता रहित बनाना मेरा जीवन अपनी शाश्वत छाँव दे देना
गर जीवन सत्यमार्ग से जीवन डिगे तो अपना सबल प्रभाव दे देना
स्वीकार करो अब मेरी बंदगी ताकि मिटे मेरे अंदर का अभिमानी
हरी मैं तो हूं ज्ञानहीन तुम मेरे सखा गुरुज्ञानी

बहुत चल लिया जीवन में तेरे बिना, अब तु मेरे चरणों को विश्राम दे
देख चुका दुनिया को तेरे आँखों बिना, अब तू मेरे नयनों को आराम दे
बहुत थक चुका धरा पर तेरे काम बिना, अब तू अपना भी कुछ काम दे
भटक चुका इस मही में तुझमे समाये बिना, अब तू परिपूर्णता वश अपना नाम दे
आज कृपणता मत कर मुझसे, मिटा मेरा अस्तित्व मेरेअवघड दानी
हरी मैं तो हूं ज्ञानहीन तुम मेरे सखा गुरुज्ञानी

प्रभु तेरे बिना जीवन में कोई और आस नहीं है, न ही इस जिंदगी का कोई और मानी

तेरे बिना इस जग में उल्लास नहीं है, जैसे जल बीच भी प्यासी हो मछली रानी
सब कुछ दिया है तूने मुझको पर वो विशेष नहीं है, आज मांगूंगा और कुछ खास मेरे दानी
जीवन की एक ही इच्छा बची जो अशेष है अब तक, कैसे मीराभाव से तुझमें सशरीर समानी
कहता कवि मिटे सब इच्छा बस तू पीले तू एक घूँट गुरु ज्ञान का पानी
हरी मैं तो हूं ज्ञानहीन तुम मेरे सखा गुरुज्ञानी

कठिन शब्द

1. ज्ञानहीन - 1. ज्ञान से रहित 2. जिसे ज्ञान प्राप्त न हुआ हो 3. मूर्ख; अज्ञानी
2. गुरुज्ञानी - गुरु जो ज्ञान से भरा हो
3. अंगीकार: 1. स्वीकृति; मंजूरी; ग्रहण करना 3. अपने ऊपर लेना 4. ज़िम्मेदारी उठाना
4. सर्व: 1. समस्त; सब; सारा; संपूर्ण; कुल 2. आदि से अंत तक; शुरू से आख़िर तक 3. सृष्टीय; वैश्विक
5. हस्त धवल: 1. उजला; सफ़ेद 2. निर्मल; स्वच्छ; धुला हुआ 3. रुपहला; हाथ
6. हृदय शतदल : कमल; शतपत्र जैसा हृदय
7. अनुराग : 1. आसक्ति 2. प्रेम 3. लगाव; सौहार्द
8. याचक : 1. माँगने वाला व्यक्ति; याचना करने वाला 2. भिक्षुक
9. समासन : साथ में बैठना, जोड़ना
10. परिपूर्णता : 1. अच्छी तरह भरे होने का भाव 2. परिपूर्ण होने की अवस्था या भाव; किसी कार्य की पूर्ण समाप्ति।
11. आशीष : 1. किसी के कल्याण, सफलता आदि के लिए कामना करना; आशीर्वाद; मंगल कामना साधना : 1. कार्य सिद्ध या संपन्न करने की क्रिया 2. एकाग्र तप; कठिन परिश्रम 3. सिद्धि 4. आराधना; उपासना 5. तीर से निशाना लगाना; शरसंधान
12. सर्वदा : हमेशा, प्रत्येक समय, सदा
13. पावन : 1. पवित्र; शुद्ध 2. पवित्र करने या बनाने वाला 3. पापों से छुड़ाने वाला
14. महाकाल : 1. सृष्टि का संहार करने वाले; महादेव 2. शिव का संहारकारी रूप; रूद्र 3. शिव के द्वादश ज्योतिर्लिंगों में से एक जो उज्जैन में है 4. विष्णु का एक नाम 5. समय, जो ब्रह्मांड के समान अनंत है 6

15. वंदना : 1. प्रार्थना, स्तुति 2. यज्ञ या होम आदि की भस्म का तिलक 3. बौद्धों की एक पूजा
16. अंतर्मन : 1. मन की भीतरी चेतना; अंतःकरण 2. अचेतन मन।
17. नित्य काल : हमेशा, हर समय,
18. आराधना : पूजा; सेवा; उपासना
19. अन्तर्निहित : 1. समाविष्ट, सन्निहित; अंतर्स्थापित; जो भीतर स्थित हो
20. आदिकाल : 1. प्रारंभिक काल या समय 2. प्राचीन काल
21. कल्पना : 1. रचनाशीलता की मानसिक शक्ति; कल्पित करने का भाव 2. मन की वह शक्ति जो अप्रत्यक्ष विषयों का रूप, चित्र उसके सामने ला देती है; उद्भावना 3. एक वस्तु में दूसरी का आरोप 4. सोचना 5. मान लेना।
22. आसक्ति : भक्ति का भाव, स्वयं को किसी के पीछे लाने की क्रिया
23. परकाल : उद्धृत करना, बाद का समय
24. अज्ञानता : 1. ज्ञान न होने की अवस्था या भाव 2. किसी बात से परिचित न होने का भाव 3. मिथ्याज्ञान 4. मूर्खता; नासमझी
25. अहंकारीता : घमंड का भाव, गर्व; अकड़
26. विरुक्षता : कठिन या कठोर
27. व्यभिचारीता : दुश्चरित्र आदमी। 1. व्यभिचार करने वाला; बुरा आचरण करने वाला 2. चंचल; अस्थिर 3. दुश्चरित्र 4. नियम विरुद्ध
28. रुंधता : 1. उलझना; फँसना 2. रास्ता न मिलने से रुकना 3. किसी काम में लगना
29. विद्य : 1. अध्ययन और शिक्षा से प्राप्त ज्ञान; इल्म 2. किसी विषय का व्यवस्थित ज्ञान 3. इंद्रजाल; जादू; मंत्र 4. कला 5. गुण वाला व्यक्ति
30. रज : 1. धूल; रेणु 2. फूलों का 3. जोता हुआ खेत 4. चमड़े से मढ़ा हुआ बाजा
31. भवसागर : संसार रूपी समुद्र; भवांबुधि
32. कलुषितता : 1. कलुष से युक्त; गंदा; मैला 2. अपवित्र 3. निंदित; बुरा; ख़राब 4. दुखी 5. क्षुब्ध
33. रहित : 1. के बिना; के बगैर 2. किसी वस्तु; गुण आदि से ख़ाली या हीन 3. शून्य
34. शाश्वत : 1. निरंतर; नित्य 2. सदा रहने वाला; चिरस्थायी 3., स्वर्ग 4.अंतरिक्ष 5. शिव

35. सबल : 1. जिसमें शक्ति हो; बलशाली; बलवान 2. प्रबल; सशक्त; बलिष्ठ 3. जिसके साथ सेना हो

36. बंदगी : 1. किसी की अधीनता और दीनता स्वीकार कर लेना 2. नमस्कार; अभिवादन सलाम; नमस्ते 3. ईश्वरीय आराधना; उपासना; पूजा

37. विश्राम : 1. आराम; चैन 2. विराम; ठहराव 3. चैन; सुख-शांति

38. नयनों : 1. आँख; दृष्टि 2. किसी को कहीं ले जाना 3. शासन; प्रबंध; व्यवस्था

39. धरा : धरती, पृथ्वी

40. मही : धरती, पृथ्वी

41. अशेष : 1. अनंत 2. पूरा; समूचा; मुकम्मल 3. अपार 4. असंख्य

English Translation

1. Prayer to my god

Dear God, I am without knowledge and you are the one my friend with complete knowledge
Best thing of life is the Thought about you, rest all things in life is just time's foliage
Since the time I have submitted myself to you, I find your voice reverberating in my soul as assuage
Since the time I have included you in my life, I have become complete seeing your form's visage

Kindly accept my humble submission to thee on your feet
Keep my complete entity in your pure hands give me your writ
Kindly acknowledge my name in your chest as devotee, let me submit your heart which is like hundred petals of lotus, just accept me admit
Passion for you in life is like sandal and water coming together for perfect fit
Dear God, I am without knowledge and you are the one my friend with complete knowledge

Since the time I started associating myself with you all my wishes in life has vanished suddenly
Since the time I have seen the great form of yours, I find compassion and kindness in my life gladly
Since the time you made me walk on your path, my jealousy & bad feelings of inside me is over fully
Begging for devotion is over due to our togetherness, I see the possibility of completeness now truly
So far world made me walk on his finger, now I want to dance like Radha as per your wish merely

Dear God, I am without knowledge and you are the one my friend with complete knowledge

I feel you are sending blessing to me continuously, since the time I have started your devotion
Your kindness always makes me pure my lord, since I have started my prayers to your orientation
Your voice is being heard by me in my heart continuously since the time I started you as my reason
Feeling of devotion is there inside me from beginning of time I have started now your imagination
Your devotion has obliterated all other form of my inside passion,
It seems story of mine has been blessed by your status and perfection
Dear God, I am without knowledge and you are the one my friend with complete knowledge

I only find lack of knowledge in outside world, but that also reduces me gradually
I only find darkness in the outside world, but that suffocates me also from inside wholly
I find only haughtiness in the outside word, but that chisels me out as person slowly and slowly
I find only wrong doing in the outside word, but that make me cry in my deep tranquillity
Dear God, I am without knowledge and you are the one my friend with complete knowledge

Dear God, I am without knowledge and you are the one my friend with complete knowledge

My God just give me emotions of complete submission like a small dust particle on your feet
You be my boatman and give me a canoe that will carry me out of this ocean with your sprit
You just make my life free from filth and mud, provide your immortal shadow on my life to commit

If my life dithers from the path shown by you, give your powerful effect on my life to keep in limit

Kindly accept my submission as your devotee, so that the haughtiness inside me for your remit

Dear God, I am without knowledge and you are the one my friend with complete knowledge

I have just walked and walked in life in search of you, now grant my feet some rest

I have the seen world without your blessed eyes for long, now let my eyes see the best

I am tired in this world without doing any of your work since long, now give me your work for test

I have been wandering in this world without you, now you give your name for existential context

Do not be a miser to me today, my lord you obliterate my existence and eternal protest

Dear God, I am without knowledge and you are the one my friend with complete knowledge

My God there is no other hope in my life beside you, and no meaning of life either

There is no exuberance in this life without you, like the fish is feeling thirsty in the water

You have given me everything in life, but that's not special, I will ask you for something special

Only one wish in life is not yet over, that is to get included in you like Meera, just you and me together

if you just drink a sip of water of existence of lord's knowledge all your wish will go away forever

Dear God, I am without knowledge and you are the one my friend with complete knowledge

2. वंदो अहम् शारदे

हे माँ शारदे, हे माँ शारदे, आज तू अपना ही विचार दे
सर्वप्रथम तू मुझे अपनी भक्ति की अनुरक्ति से संवार दे
फिर मेरे देश मे ज्ञान की वर्षा अद्वितीय अपरंपार दे
मिटा मेरी सारी कलुषितता, लोलुपता और सारे विकार दे
ज्ञान समृद्ध कर मुझे, मेरे जीवन को ज्ञान का आधार दे
हे माँ शारदे हे माँ शारदे आज तू बस अपना ही विचार दे

गुंजित हो विश्व के जन-जन में तेरे वीणा की ज्ञान ध्वनि
विवेक और ज्ञान के संदेश से निरंतर पूरित बने ये अवनी
मानवता हो सर्वदा विवेकसम्मत, तेरी कृपा का हो अनुगामिनी
दिखे संस्कृति मानव के शील में, सत्य की उसमे चमके नीलमणि
इस देश के जन जन को तू अब उत्कृष्टता का व्यवहार दे
हे माँ शारदे, हे माँ शारदे, आज तू बस अपना ही विचार दे

नित्य-नूतन विचारों की इस देश में चमके दामिनी
विज्ञान वीभत्स न बने, पर फैली हो उसकी रागिनी
मेरी वाणी बना तू सुभाषिणी, मेरा दर्शन बना आवर्जनी
देश की संस्कृति हो सम्मान कृत, गुंजित कर अपनी मंगलध्वनि
अमरत्व नहीं चाहिए मुझे, जन जन को पहले तू सुविचार दे
हे माँ शारदे हे माँ शारदे आज तू बस अपना ही विचार दे

खींच मेरे सीमित ज्ञान को अंधकार से प्रकाश मे
पहुंचा मेरे तुच्छ विवेक को धरा से आकाश मे
उठा मेरे ज्ञान कर्मो को सायास से अनायास मे
उन्नत कर मेरे पराभूत विचार भी विकार से विकास में
मत दे मुझे अभी मोक्षद्वार, पहले तू जन जन को उद्धार दे
हे माँ शारदे हे माँ शारदे आज बस तू अपना ही विचार दे

हमारी असुरी प्रविर्तियाँ हो निबंधित, इनका मुझे दमन दे
मेरे शस्य सबल राष्ट्र का मुझमे आदरपूर्ण नमन दे
विश्व के सारे अन्य विचारों का भी सादरपूर्ण अनुकरण दे
अपनी कृपा से अवलोकित कर मुझे, मेरे देश का भी परिवर्तन दे
अपनी उत्कृष्टता की भावना अब तू मुझे मे भी उतार दे
हे माँ शारदे हे माँ शारदे आज तू बस अपना ही विचार दे

कलुषितता मिटा आज मेरी, अमृत कलश से विचार दे
विचार दीनता मिटा अब मेरी. नव विचारों की याचकता उतार दे
सामाजिक महत्व न चाहिए मुझे, व्यक्तिगत ज्ञान बुभुक्षा अपरंपार दे
अनुसंधान से विज्ञान के खोल मेरे लिए जीवन के विशिष्ट द्वार दे
ज्ञान का जन जन में प्रसार दे, ज्ञान के नित्य नूतन प्रकार दे
हे माँ शारदे हे माँ शारदे आज तू बस अपना ही विचार दे

तुंझमे सभी जनों कि सर्वकालिक निष्ठा हो, इसका तू सार्वजनिक
उपहार दे
समल से ज्ञान सबल बना मुझे, ज्ञानोपार्जन की प्रबलता अपार दे
मुझमे समाहित तेरी सृजित उत्कृष्टता अब बस तू ही उभार दे
ज्ञान के सीमा के पार भी मेरे दृष्टिकोण का विस्तार दे
माँ कृपा कर स्वीकार कर मेरी वंदना, देश प्रेम के ज्ञान का तू अब सार दे
हे माँ शारदे हे माँ शारदे आज तू बस अपना ही विचार दे

हे वीणावादिनी मेरी वंदना रुके न तेरी, इसका भी तू मुझे उपकार दे
एक दिवस नहीं माँ शारदे हर दिवस तू ही अब ज्ञान वसंती की बयार दे
केबल मुझे नहीं देश के कोटि कोटि जन जन को ज्ञान समाहित उद्धार दे
एक बार पुनः देवी, मेरे इस महान देश को सभ्यता का पारावार दे
हे माँ शारदे हे माँ शारदे आज तू बस अपना ही विचार दे

कठिन शब्द

1. अनुरक्ति : 1. आसक्ति; अति अनुराग 2. प्रेम;
2. अद्वितीय : जिसके बराबर कोई न हो
3. अपरंपार : 1. जिसका पारावार न हो; अपार 2. जिसका ओर-छोर न हो असीम 3. बहुत अधिक; बेहद
4. कलुषित : 1. कलुष से युक्त; गंदा; मैला 2. अपवित्र 3. निंदित; बुरा; ख़राब 4. दुखी 5. क्षुब्ध 6. काला लोलुपता : लालच, उत्सुकता और पाने की इक्षा
5. विकार : 1. बिगड़ना; ख़राबी 2. प्रकृति, रूप, स्थिति आदि में होने वाला परिवर्तन 3. किसी पदार्थ के रूप आदि का बदल जाना 4. वासना; उद्वेग 5. रोग; बीमारी 6. परिणाम।
6. समृद्ध : 1. बहुत अधिक धन-संपत्ति वाला; संपन्न 2. फलता-फूलता हुआ; भरा-पूरा 3. सशक्त; सफल 4. प्रभावशील 5. अधिक; बहुत आधार : जमीन, सहायता, मूल
7. गुंजित : 1. भौरों के गुंजार से युक्त 2. किसी प्रकार की गूँज से युक्त 3. (स्थान आदि) जो गूँज से भर गया हो।
8. ध्वनि : 1. आवाज़ 2. किसी वाद्य यंत्र से उत्पन्न स्वर 3. गूढ़ार्थ 4. व्यंग्यार्थ
9. पूरित : 1. पूरा किया हुआ; परिपूर्ण; लबालब 2. गुणित; गुणा किया हुआ 3. तृप्त
10. अवनी : 1. धरती; धरणी; पृथ्वी 2. उँगली 3. एक प्रकार की लता
11. सम्मत : 1. जिसकी राय मिलती हो; सहमत; राज़ी; जिसपर सहमति हो 2. मान्य।
12. आवर्जनी : आकर्षित करना, विजय करना, मोड़ कर नीचे लाना
13. अनुगामिनी : 1. अनुगमन करने वाली; पीछे चलने वाली 2. आज्ञाकारिणी
14. नीलमणि : नीले रंग का एक प्रसिद्ध रत्न; नीलम
15. नित्य-नूतन : 1. उत्पत्ति और विनाश से रहित; सदा बना रहने वाला; अविनाशी; अनश्वर; अखंड 2. प्रतिदिन किया जाने वाला। 1. सदा; हमेशा 2. हर रोज़ पर नया
16. दामिनी : 1. आसमान में चमकने वाली बिजली; विद्युत; तड़ित
17. वीभत्स 1. घृणित; भयानक 2. असभ्य; जंगली; बर्बर
18. रागिनी : 1. संगीत में किसी राग का स्त्रीलिंग; संगीत में किसी राग का परिवर्तित रूप 2. भारतीय शास्त्रीय संगीत में कोई ऐसा छोटा राग जिसके स्वरों के उतार-चढ़ाव आदि का स्वरूप निश्चित और स्थिर हो

19. सुभाषिणी : बोलने का अच्छा ढंग, शिष्ट तरीके से बात करना
20. आवर्जनी : लुभाता हुआ, विजय बनाता हुआ
21. सम्मान-कृत : आदर देता हुआ, सम्मान करता हुआ
22. मंगलध्वनि : मांगलिक अवसरों या उत्सव आदि में होने वाली ध्वनि; मंगलगीत
23. तुच्छ : 1. क्षुद्र; छोटा 2. सारहीन; मूल्यहीन; महत्वहीन 3. अल्प; थोड़ा 4. निर्धन; गरीब 5. मंद 6. नगण्य 7. निकृष्ट
24. धरा : धरती; भूमि; पृथ्वी; ज़मीन
25. सायास : परिश्रम या प्रयत्नपूर्वक; आयासपूर्वक
26. अनायास : 1. बिना कोशिश के; बिना मेहनत के 2. आसानी से 3. स्वतः
27. पराभूत : पराजित; हारा हुआ
28. विकार : 1. बिगड़ना; ख़राबी 2. प्रकृति, रूप, स्थिति आदि में होने वाला परिवर्तन 3. किसी पदार्थ के रूप आदि का बदल जाना
29. मोक्ष : 1. बंधन से मुक्त; बंधन से छूटना; छुटकारा 2. चार प्रकार के पुरुषार्थों में एक; अलौकिक पुरुषार्थ 3. मौत; मृत्यु।
30. निबंधित : 1. बँधा हुआ 2. जुड़ा हुआ; संबद्ध 3. गुँथा हुआ; गुंफित 4. जड़ा या लगाया हुआ 5. रोका हुआ; अवरुद्ध 6. लिखा हुआ; लिखित; रचित
31. दमन : 1. कठोरतापूर्वक दबाना या कुचलना; विद्रोह, उपद्रव आदि को बलपूर्वक दबाना 2. आत्मनियंत्रण; निरोध; निग्रह
32. सबल : 1. जिसमें शक्ति हो; बलशाली; बलवान 2. प्रबल; सशक्त; बलिष्ठ 3. जिसके साथ सेना हो
33. अनुकरण : 1. नकल 2. देखादेखी 3. किसी की विशेषताओं को अपने आचरण में ढालना
34. अवलोकित : 1. दृष्ट; देखा हुआ 2. जिसका निरीक्षण हुआ हो; जिसे गौर से देखा गया हो 3. जिसका अनुसंधान किया गया हो
35. उत्कृष्टता : उत्कृष्ट होने की अवस्था, गुण या भाव; अच्छापन; बड़प्पन
36. कलुषित : 1. कलुष से युक्त; गंदा; मैला 2. अपवित्र 3. निंदित; बुरा; ख़राब 4. दुखी 5. क्षुब्ध 6. काला
37. दीनता : 1. दीन होने का भाव; नम्रता 2. गरीबी; दरिद्रता 3. विपन्नता; अर्थहीनता 4. दुरवस्था; दुर्दशा।
38. याचकता : 1. माँगने वाला व्यक्ति; याचना करने वाला 2. भिक्षुक। 3. प्रार्थी 4. माँगने वाला
39. बुभुक्षा : खाने की इच्छा; भूख; क्षुधा

40. अपरंपार : 1. जिसका पारावार न हो; अपार 2. जिसका ओर-छोर न हो असीम 3. बहुत अधिक; बेहद
41. अनुसंधान : 1. निश्चित उद्देश्य की प्राप्ति हेतु तथ्यों को एकत्र करके निष्कर्ष की खोज; अन्वेषण 2. प्रयत्न 3. जाँच-पड़ताल
42. सर्वकालिक : हर समय में
43. सार्वजनिक : 1. सबसे संबंध रखने वाला; सबके काम आने वाला 2. सबके लिए उपयुक्त; सर्वोपयोगी 3. सर्वसाधारण संबंधी; आम; जो जनता का हो।
44. समल : पापयुक्त, गन्दा, जिसमें धब्बा हो
45. प्रबलता : प्रबल होने की क्रिया या भाव; बहुत बली होने की स्थिति; प्रकृष्ट बलवाला होने की स्थिति
46. समाहित : 1. एकत्र किया हुआ; संगृहीत 2. तय किया हुआ; निश्चित 3. समाप्त 4. स्वीकृत
47. दृष्टिकोण : 1. किसी बात या विषय को किसी ख़ास पहलू से देखने-विचारने का ढंग या वृत्ति; नज़रिया 2. किसी विषय में निश्चित किया गया मत; 3. परिप्रेक्ष्य 4. विचार; राय; मत 5. समझ।
48. वंदना : 1. प्रार्थना, स्तुति 2. यज्ञ या होम आदि की भस्म का तिलक 3. बौद्धों की एक पूजा
49. सार : 1. किसी पदार्थ का मुख्य या मूल भाग; तत्व; सत्त 2. अर्थ; निष्कर्ष; तात्पर्य 3. अर्क; रस 4. शक्ति; बल; ताकत 5. ताज़ा मक्खन; नवनीत 6. जुआ खेलने का पासा। 7. जो मूल तत्व के रूप में हो 8. श्रेष्ठ; उत्तम; बढ़िया 9. असली; वास्तविक
50. बयार : हवा; वायु; पवन 2. शीतल-मंद वायु
51. पारावार : समुद्र या दो किनारे

English Translation

2. I bow to the goddess Saraswati

Hey Mother Sharde. Hey Mother Sharde, now you give me your thoughts and emotion
At first you decorate me with fulfilment of your complete devotion
Then you shower a rain on my country heavily for its knowledge's decoration
Remove my filth, greed and defect from my inner self as my oblation
Enrich myself with your knowledge, make knowledge as the base of my life's ignition
Hey Mother Sharde. Hey Mother Sharde, now you give me your thoughts and emotion

Let the your Veena (Musical instrument) notes reverberate in the world's mound
Let this world be filled with your knowledge and wisdom in all its inception around
Let humanity be based on wisdom, in heart of follower let your kindness be found
Let Culture be seen in their character, and jewel of truth's inspiration be shining in their sound
Now you give excellence of behaviour to every common man living on this country's ground
Hey Mother Sharde. Hey Mother Sharde, now you give me your thoughts and emotion

Let the sparkle of new thought come to the sky of thought of this country
Let the science not be ugly, its music should prevail the world as lovely
Make my voice should be sweet sounding and my look should be miraculously

Culture should always be respected by all, let revere of yours should be heard internally
I do not want to be immortal in life, just give me the great thoughts firstly
Hey Mother Sharde. Hey Mother Sharde, now you give me your thoughts and emotion

Thee pull my limited knowledge from darkness to light
You push my small wisdom from land to sky by blessings flight
You should make awakening a daily work from burdensome to easy & right
Develop my defeated thoughts from errors to developed one by yours ignite
Don't give me Moksha from life and birth first give my country man their freedom's height
Hey Mother Sharde. Hey Mother Sharde, now you give me your thoughts and emotion

Demonic tendencies should be constrained, suppress them in in me completely
Give me also feeling of bowing with respect to my verdant and the powerful country
Give me feeling of following all he thought of world with respect and humility
Goddess enlighten me with your kindness, and give the transformation of my people's territory
Let your feeling of excellence prevail over me and engulf me wonderfully
Hey Mother Sharde. Hey Mother Sharde, now you give me your thoughts and emotion

Remove my filth and impurities, and bestow me with your thought like vessel of nectar
Remove my weakness of thoughts, bring down the begging of new thoughts at another altar
Don't give me importance in society, just give me hunger for more knowledge as victor

With the research in science open new special doors for me in life as opportunities galore

Give the extension of knowledge among common man, continuously give new types as your care

Hey Mother Sharde. Hey Mother Sharde, now you give me your thoughts and emotion

All people should have devotion in you all the time, give this public gift from as your respect

Take me from being sinful to filled knowledge, give me quest to learn more knowledge at thirst

Whatever excellence I have as gift of yours, just chisel it out to bring forth without my rest

Extend my vision beyond the limits of the knowledge make it the best

Kindly accept my prayers mother, now you give essence of patriotism

Hey Mother Sharde. Hey Mother Sharde, now you give me your thoughts and emotion

Hey goddess holder of Veena, I should continue to offer my prayer to thee, give that gift

Not just one-day mother, you give me spring-wind of knowledge every day without shift

Not just me grant emancipation to the millions of people of my country with knowledge and lift

One more time goddess, you grant the ocean of culture to this great country with their heft

3. बुद्ध के अवतरण का आह्वान

सिद्धार्थ तुम अथक प्रयाशों से बुद्ध बने थे, हमने तुम्हें बस हेम प्रतिमा बना दिया है
कहाँ कहाँ न विचरते हुए तुम प्रबुद्ध बने थे, हमने तुम्हारे प्रयास की गरिमा मिटा दिया है
तुम तो दया करुणा के परिपूर्ण वारिधि थे, हमने तुम्हारे महाकोश की परिमा घटा दिया है
तुम्हारे सारे संदेश अब सिमटे सिर्फ ग्रंथो में, हमने तुम्हारे विचारों को परिसीमा में सिमटा दिया है

तुम्हारे सिद्धांतो में हम सभी बुद्ध बन सकते थे, तुम कहते थे चलो आधार के सिद्धार्थ को तराशें
तुम्हारे सिद्धान्तों में समाहित दया करुणा मिलते थे, तुम कहते थे मिटाओ जन जन की ख़राशें
वर्तमान में हमनें खो दिए है तुम्हारे सारे संदेश और शब्द, तुम ही बताओ अब उन्हें कहाँ कहाँ तलाशें
अम्रपालियों को भी आज अपने अमिताभ की तलाश, मिलती नहीं उन्हें भी अब भी अपने मैत्रेय की आशे

इस धरा पर हमने तुम्हारे लिए वृहद सुसज्जित विहारों का निर्माण कराया है

उनमें कई शिल्पों की मूर्तियां भी लगाई है, और उसमे स्तूपों को भी बनाया है
बस अखिल सरिर में हमने मानवीय गरिमा और उत्थान के तुम्हारे संदेश को भुलाया है
तुम हमारी चेतना में क्यों बार बार आते हो, जबकि तुम्हारे बोध को हमने सप्रयास दबाया है

तुम शायद महामाया नहीं इस धरा के भी पुत्र हो, इसलिए इस महान देश की माटी से जुड़े मिलते हो
तुम ही इस देश के दया करुणा के निमित हो, तो मानवीय उत्कृष्टता के परिपाटी से जुड़े मिलते हो
इस भू के अपासित बुद्धो के भी तुम ही प्रतीक्षित हो, तभी तो चिरंतन आस्था की वाटी में मिलते हो
इस मही पर तुम ही न्याय सहित मानवीय उदय के अभिहित हो, तो वर्ग चेतना के अति सृष्टि में भी मिलते हो

आज हर कोई विश्व में तेरी विपश्यना प्रदत्त विवेक का ही याचित
नयी सम्मति सहित मानव मिलन से ही, कल ये धरा बनेगी परिपूरित
तुम्हरें अष्टांग मार्ग के प्रतिपादन में ही कल का विश्व उदय होगा समाहित
तुम्हरें संदेशो के पूरित ज्ञान को आत्मसात करने से ही हम भी कल बनेंगे अर्हत सम्मित

कुछ समयपूर्व आतंक ने सोचा था, कि वो वामियान की मूर्तियों को कृतद्वंश कर तुम्हें भी मिटा देगा
कितना मूढ़ था वो, तुम्हारे हस्ताक्षर जो विश्व के विचार-पटल पर है, उनसे तुम्हें कौन तुम्हें हटा देगा
मानवता को जबतक उतकृष्ठता की तलाश होगी, तुम्हें कैसे कोई बस इतिहास में सिमटा देगा
तुम जरा और कष्ट से मुक्ति का मूल उपचार हो, सर्वकालिक समाधान बारम्बार तुम में ही लिपटा होगा

बुद्ध, तुम तो हमारे अवधूत थे जिसे समाज और सत्ता ने बहिर्भूत बना डाला
आज तक भी इस देश के मानव हंस को, देवदत्त के तीरों ने लगातार अभिभूत बना डाला

पर तुम्हें तो इस देश के विशिष्ट मानवों और सभासदों ने भी व्यबहार वश आज पराभूत बना डाला
तुम आज भी उस जन के सामाजिक न्याय के प्रेरक हो जिसे कभी इसी समाज ने परिच्युत बना डाला

पर आज भी तलाशती है मानवता तुम्हारी गरिमा को,
संदेश को, बतलाये मार्ग को
मानवता के मूल्य को
उस अद्भुत विभूत को,
वर्तमान के बुद्ध में,
जिसे उसने पहले कभी पदच्युत करा डाला

तुम्हारे सिद्धांत आज भी इस देश में सामाजिक परिवर्तन की अवधारणा देते हैं
इसलिए सामाजिक बदलाव के अग्रदूत आज भी तुमसे ही सर्वकालिक प्रेरणा लेते हैं
तुम्हारे बोद्धिपक्षिक धरम ही हमारे देश को एक सहानुभूति पूर्ण उत्कृष्ट संरचना देते हैं
तुम्हारे सर्वकालिक विचार और सिद्धांत आज भी इस देश को दर्शन की नव विरचना देते हैं

वंचित जन जन के वर्तमान की आस तुम ही हो उनके स्व अधिकार के लिए
विश्व कि मानवता भी देखती तुम्हारी ओर विचारों के नूतन अविष्कार के लिए
हे महानायक, हे महामानव समाज के स्थानच्युत की आस्था हो तुम, प्रतिक्षाररत वो तुम्हारे चमत्कार के लिए
आज भी तकती मानवता तेरे अवतरण की ओर, हे महामानव प्रकट हो इस धरा पर, जन जन के पुकार के लिए

बोध गया का पीपल सुना वर्तमान के नव बुद्ध से साक्षात्कार के लिए
सारनाथ को भी प्रत्याशा अपने नए अवलोकितेश्वर के उद्गार के लिए
राजगीर की वादियां भी सूनी, पुकारता वेणु वन प्रतीक्षारत अभिनव राजकुमार के लिए
कुशीनगर की धरा पुकारती महामानव को, मानवता के नए सृजन प्रकार के लिए

कठिन शब्द

1. अथक : बिना थके हुए
2. हेम प्रतिमा : सोने की मूर्ति
3. प्रबुद्ध : ज्ञाता, ऊपर उठा हुआ, समझा हुआ, खुला हुआ
4. परिपूर्ण : पूरा, संतुष्ट, पूरी तरह भरा हुआ
5. वारिधि : समुद्र, सागर, जल को धारण करने वाला
6. महाकोश : बड़े आयतन की वस्तु, बड़ा आयतन की सतह
7. परिमा : परिधि या माप
8. परिसीमा : सीमा, एक निश्चित क्षेत्र में रेखांकन
9. तराशें : काटना, उकेरना
10. समाहित : जुड़ा हुआ, अंदर घुसा हुआ
11. ख़राशें : 1. खरोंच; छिलन 2. किसी अंग के छिल जाने या रगड़ने पर होने वाला घाव 3. खुजली
12. अमिताभ : अमित आभा वाला, असीमित शौर्य वाला
13. मैत्रेय : कल्याणकारी, दयालु और मित्रवत, महायान बोधिसत्व में महत्वपूर्ण बुद्ध
14. विहारों : बुद्ध धर्म की पूजा स्थली, बुद्ध मठ, खेलने की जगह, पिकनिक
15. वृहद : 1. बड़ा 2. महान 3. भारी
16. शिल्पों : ललित कला, दक्षता या मूर्ति
17. सरिर : विश्व या समुद्र की तरंग
18. उत्थान : उठाना, जागृत होना
19. चेतना : बुद्धिमत्ता, ग्रहण करना, समझना
20. प्रयासरत : प्रयास में लगा होना, मेहनत कर के
21. निमित : कारण, खड़ा किया हुआ, मापा हुआ
22. परिपाटी : तरीका, व्यवस्था और वितरण
23. अपासित : हानि पहुंचाया हुआ, फेंका हुआ, घायल किया हुआ
24. चिरंतन : प्राचीन समय से, लगातार
25. प्रतीक्षित : प्रतीक्षा करते हुए
26. प्रेरणा : साहस देना, हौसला बढ़ाना, विचार देना
27. वाटी : एक छोटा जमीन का क्षेत्र, घर, बागीचा
28. अभिहित : नामांकित, घोषित, कहा हुआ, पुकारा हुआ
29. अतिसृष्टि : बहुत ही अच्छी रचना
30. विपश्यना : सही ज्ञान की अवस्था
31. प्रदत्त : दिया हुआ
32. सम्मति : एक ही विचार वाला, सहमत, आदर, इच्छा

33. परिपूरित : अनुभव किया, पूरा किया हुआ, ख़त्म किय हुआ
34. अष्टांग : बुद्ध धर्म का दर्शन जिसमें आठ अंगहै
35. प्रतिपादन : व्याख्या करना, बोलना, शुरू करना, बनाना
36. समाहित : जुड़ा हुआ, अंदर में
37. आत्मसात : धारण करना, अपने में ले लेने, सोख लेना या चूस लेना
38. अर्हत : लायक, योग्य, बोधिसत्व की एक स्थिति
39. सम्मित : बराबर, पसंद करना, एक ही मात्रा वाला
40. कृतद्वंश : विनाश करने का कार्य
41. मूढ़ : मुर्ख, ज्ञान न रखने वाला
42. विचार-पटल : सोच और विचार की सतह, स्क्रीन या फिल्म
43. जरा : उम्र, उम्र बढ़ने की क्रिया, प्रशंसा
44. सर्वकालिक : हर काल में
45. समाधान : किसी चीज़ के अंदर बिठाना
46. अवधूत : दार्शनिक. बाहर किया हुआ, जिससे सारी गन्दी चीज़ निकल दी गयी हो
47. बहिर्भूत : जिससे बाहर कर दिया गया हो, असावधान, गुज़रा हुआ
48. अभिभूत : जिससे दबाया गया हो, कमज़ोर किया गया हो, घायल किया हुआ, हराया हुआ
49. पराभूत : समाप्त किया हुआ, हराया हुआ, ख़त्म किया हुआ, गायब किया हुआ
50. परिच्युत : दुखी, बर्वाद, बंचित, खोया हुआ
51. विभूत : महान, शक्तिशाली, परमता
52. पदच्युत : एक अच्छे परिस्थिति से हटाया हुआ,
53. बोद्धिपक्षिक : पूर्ण बुद्धिमाता से जुड़ा हुआ
54. अवधारणा : मूल सिद्धांत, आधार
55. अग्रदूत : आगे चलने वाला, किसी चीज़ के सामने आने वाला
56. विरचना : व्यवस्था, स्थिति की अवस्था
57. स्व अधिकार : अपना निज अधिकार
58. महामानव : महान आदमी
59. साक्षात्कार : 1. आँखों के सामने उपस्थित होना; सामने आना 2. भेंट; मुलाकात 3. मिलन; देखा-देखी 4. अनुभूति; ज्ञान।
60. उद्गार : 1. भले विचार या भाव; भाव-विह्वलता में अभिव्यक्त बात; आंतरिक भावों की अभिव्यक्ति 2. आधिक्य; बाढ़।
61. स्थानच्युत : अपने पद या ऑफ़िस से हटाने की प्रकिर्या
62. अवतरण : उतरना, स्वर्ग से नीचे उतरना

English Translation

3. Calling for lord Buddha for incarnation

Siddhartha with great effort you had become Buddha, now we have just made a gold statue of you
After moving from places, you were enlightened, but we reduced the greatness of you
You were ocean of kindness and compassion, we have reduced your perimeter of storage to few
Now all your preaching's has been confined to books, we have contained your thoughts to its undue

In your principles, we all could have become buddha, you use to ask us to chisel out our existence
Your principles use to inculcate kindness and compassion, you challenged us to remove scratches and ignominy of common man persistence
In the present time, we have lost your words and message, you suggest where we should search for them for our beneficence
Deprived women are still looking for their harbinger of dignity, they also do not get their wishes fulfilled for their reverence

On this earth, we have constructed many large monasteries and decorated Viharas for you
And on them we have also put status of yours, as well includes the stupas for our inner view
But in the complete cosmos we have forgotten your message of human dignity and our review
Why do you continue to come to our consciousness, when we have suppressed deep inside us with great effort & stew?

You are just not son of Mahamaya, you are son of this soil. So, you seem to relate to our culture

You are the symbol of kindness and compassion, you are seemed to relate to excellence of human being as saviour

you are hope of deprived human being of this land, you are found at the base of faith and inspiration for their cheer

You are beautiful symbol of rise of human with justice, that why you are found in greatness of class consciousness of this society as dear

Whole world is begging for your given knowledge, along with philosophy of Vipassana to include

Humanity will only be complete tomorrow when, their thought will converge in way you conclude

When the whole world will follow your philosophy of eight-fold path, then only it will rise in aptitude

Through inculcating your shown path in us and knowledge we will also become Arhat with gratitude

Terrorism thought that with destruction of your statues in Bamiyan, they will be able to destroy you

How foolish they were, your signature you have on thought level of world, how you will be a grotesque

when humanity is seeking the excellence, how anyone can confine you to history as side view

You are fundamental solution of problem of old age and sadness, in every era solution will have your review

Buddha, you were our philosopher, whom society has converted into an expelled person

Now the people of country has been injured and humbled by the arrows of Devdutta as reason

Even the common person of this country and the elites of society has degraded you with derision

You are our symbol of social justice of people, whose society has ruined taken to exclusion

Now also world look for their Buddha in current generation, whom they first thrown out with expulsion

Your principles still provide the basic framework of social change in our society
That why the harbingers of social change in each era their inspiration from you as authority
Your religion of Bodhipaksha gives an excellent social structure based on compassion for felicity
Your contemporary thought and principles, give the new philosophical structure for our country

You are the current hope of deprived people, for getting their own right in present
Humanity of world also look at you for new form their thought as you great invent
Hey great leader, hey great person, you are hope of deprived, waiting for your magic as ardent
Humanity is still looking for you descend from heaven, take life on this earth for people cry as fervent

Peeple tree of Bodh Gaya is waiting again for meeting new Buddha
Sarnath is waiting for the words and messages of its new Buddha
Valley of Rajgir are also empty now, Venuvan is waiting for its beautiful prince Buddha
Land of Kushinagar is calling for great man to come and create a new type of Human being, Buddha

4. हौसलो के गांडीव

दौड़ते दौड़ते हाँफ रहा है तू चल मेरी साँसों में ही जी ले
तुझे प्यास भी तो बहुत लगी होगी चल मेरी आशाओं को ही पी ले
कब से चुप है तू, पकड़ मेरा हाथ, और कर अपने बंद होंठ अब ढीले
देख अपने अंदर के बहते नए लहू की रवानगी, और भूल पुराने वक्त के चेहरे पीले

माना कि दुनिया के रास्ते में कांटे बहुत है, और आज चुभ भी रही हैं तुझे कुछ कीलें
अब तो आज खून भी बह रहा है तेरे पैरों से, तेरे हौसले भी हो रहे हैं आज ढीले
शायद जिंदगी में परेशानियों की धूप तेज है और अब पसीने से तेरे कपडे भी हैं गीले
पर देख दूर दुःख के पहाड़ो पर भी, कैसे नया घर बना रहे वो सामने के कबीले
मत तोड़ तू अपनी आशा कि, इन सूखे दरख्तों पर भी कल आएंगे आम रसीले

तेरे हौसलों को हराने के लिए मौसम ने आज अपना मिज़ाज़ बदल लिया है
तेरे रिश्तों को मिटाने के लिए शहर ने आज अपना रिवाज़ बदल लिया है

तेरे वजूद को घटाने के लिए दोस्तों ने आज अपना अंदाज़ बदल लिया है
पर तू क्यों चिंता करता है, कह सबसे कि तूने आज से अपना समाज
बदल लिया है

तेरा जीवन खुदा की मेहरवानी है, तुझे जीने के लिए आकाओं को अर्जीयों
की जरूरत नहीं है,
तू जो है सो अपने दम पे है आज तुझे खड़े रहने के लिए दोस्तों के
मरज़ीयों की ज़रुरत नहीं है
तू अपने विचारों के कपडे खुद सिल सकता है तुझे अनुरूपता के लिए
दर्ज़ियों की ज़रुरत नहीं है
कोई और बढ़ता होगा महलो के रहमो करम पे, तुझे आज बढ़ने के लिए
खुदगर्जियाँ की ज़रुरत नहीं है

तू क्या समझताहै कि वो तेरे सर पे हाथ तेरी भलाई के लिए रखता है
आज के जमाने में भी इंद्र का सिंहासन सच्चाई से ही डिगता है
इसलिए वो समाज का सबसे बड़ा खरीदार है,
अपनी दुआओं के लिए सच्चाइयां खरीदता है
तुझे तो रब ने अपने मक़सद से बनाया है,
तू क्यों इन खरीदारों के पास बिकता है

मैं मानता हूं कि वो तेरी चुप्पियों की बोलीयाँ भी अच्छी लगाता है
तू किंकर्तव्यविमूढ़ भी है,
इसलिए अंदर का जमीर नहीं, बाहर के अमीर देखता है

पर जब जब तू सच्चाई से अर्जुन बनता है
तो वो तेरा सारथी तेरा माहिर अंदर मिलता है
तू क्यों नहीं एक बार अब अंदर देखता है
सुन तो सही वो तेरा माहिर क्या कहता है
वो तेरा सारथी कुछ नया नहीं कहता
वो हमारी युगों पुरानी बात कहता है

तू ने जब से विचारों का गांडीव जमीन पर छोड़ा है
तब से तू बस अन्याय सहता है
भूल गया शायद तू कुरुक्षेत्र का संदेश,
कि वो तेरा सारथी तेरे न्याय के हुंकार में बसता है

विश्वास कर खुद पे और उठा अपना गांडीव
तेरा इष्ट, तेरा सारथी हर युग में बनता है

अब क्या सोच रहा है तू, क्या किसी नयी हवा के बहने की आस करता है
गंगा यूँ हीं जमीन पर नहीं उतरती जब तक न भागीरथ प्रयास करता है
जमीनी वास्तविकता की हवा तब तक नहीं बदलती जब तक न आदमी स्वविश्वास करता है
देख तुझे इन हवाओं को मोड़ने की बात पे रब तुझे आज का विभास कहता है

कठिन शब्द

1. गांडीव : धनुष या अर्जुन का धनुष
2. रवानगी : भेजना या प्रस्थान
3. दरख्तों : डाल, टहनी
4. मिज़ाज़ : मानसिक अवस्था, अनाज
5. रिवाज़ : काम करने का तरीका, परंपरा
6. अर्जीयों : आवेदन, विनती का पत्र, दरखास्त देना
7. मरज़ीयों : अपने मन से, स्वीकीर्ति से
8. खुदगर्जियाँ : जो केबल अपना हित देखता हो,
9. रब : खुदा. भगवान्
10. मक़सद : उद्देश्य, लक्ष्य
11. किंकर्तव्यविमूढ़ : कर्तव्य निभाने में असमर्थता, मूर्खता
12. माहिर : महान, दक्ष, विशेषज्ञ
13. इष्ट : विधिवत, आदर सहित, आनंद दायक, जो अच्छा लगे
14. सारथी : रथ चलाने वाला, साथ चलने वाला, सहयक, समुद्र, मार्गदर्शक
15. हुंकार : हम्म्म की आवाज़ करना
16. स्वविश्वास : खुद पे विश्वास
17. भागीरथ : महान प्रयास, गंगा नदी की वह शाखा जो बंगाल में बहती है और जिसके बारे में प्राचीन मान्यता है कि राजा भगीरथ अपने पूर्वजों के उद्धार के लिए पृथ्वी पर लाए थे
18. विभास : चमक, प्रदीप्ति, बहुत अच्छा गुण वाला

English Translation

4. Bows of courage

You are out of breath now, due to excessive running, have my breaths in your and live easily
You might be feeling thirsty also, just drink my potion of hopes and live peacefully
You have been quiet for long time, just hold my hand and loosen you lips to speak gradually
See the passion of new blood flowing inside you, and forget the pale faces of olden time grisly

I agree that there are many thorns in path of world, and some nail are also pinching you now
Now blood is also oozing from your legs, and your courage of life is also diminishing you to slow
Perhaps the sun rays of troubles are life is very pungent, cloths are soiled with sweat on your brow
But see how the new tribe's on hillock in front are building a new home of hopes in them stow
You should not break your hopes that, sweet mangoes will grow on these branches tomorrow

To defeat your courage, the weather has changed its temperament
To wipe out your relations city has also changed in rituals to indecent
To reduce your existence your friends, have changed their styles being pleasant
But you should not bother fall or this, you can always change the community as advent

Your life is gift of god, to live you do not have to give applications to mighty nobles

you are on your own, for you to stand you do not need the concurrence of your friends ignoble
You can sew the new cloth of your thoughts, you do not need tailors for making it suitable
Someone else might be growing with help of powerful, you do not need sycophant to enable

Do you think that he blesses you in life for your benefit?
Indra now a day also loses his seat of power with truth as deficit
Hence, he is biggest buyer of society, to get blessing he purchases truth for his lift
God has created you're his own purpose, why do your sales yourself to such people and shift
I understand that he pays you well for your silence also,
And your constrained even after knowing rift,
That why you look for riches in life than looking at inner self as real gift

Whenever you try to be Arjuna with honesty,
Your friend and god pulling your inner chariot meets you inside
So why don't you look inside once,
And try to listen what your inner self or god is saying to decide
Your driver of chariot does not say anything anew
He just reiterates the age-old values of us with which we grew
Since the time you have left your bows of thought on ground with slew
You have been facing and enduring injustice with rue
And you have also forgotten the message of Kurukshetra
That your lord resides in sound of support for justice
Have faith in yourself, and pick your bows now
That Lord will always be your driver of your chariot
What you are thinking now, are you waiting for some new wind to blow
The Ganges does not come to earth, without the tribulations of Bhagirath to grow
Wind of ground reality does not change, till the time human being exerts as glow
See now God is calling you splendour of humanity for your courage to change the wind to flow

5. भावशून्यता

आजकल ठंड बहुत बढ़ गयी है, मौसम इंसान का लहू जमा गयी है
हड्डियों को कपाने वाली ठंड तो पहले थी, अब ठंड हमारे रगों में भी समा गयी है
ये आदमजात की कौन सी नयी बीमारी है, जो उसके प्रतिरोध को भी आज खा गयी है
आदमी क्यों घटनाओं पर संवेदनहीन है, कहाँ से भावशून्यता हमारे हवा में आ गयी है

बड़ी खतरनाक है ये अंदर की भावशून्यता, जो इंसान के लहू में बर्फ भर देती है
फिर आदमी और मुर्दे का फ़र्क़ मिट जाता, जब संवेदनहीनता अंदर जगह लेती है
मुर्दे तो बोल सकते रुहानी इनायतों से, पर ये जिन्दा इंसान को भी चुप कर देती है
चिल्लाता गर कोई हमारे सामने भी, तो भावशून्यता आदमी को आदमी से इतर कर देती है
मरती इनसानियत हर बार, पर ये प्रशित लहू, मरते इंसान को इनसानियत से बाहर कर देती है

इस लहू के जमने का आदमी को पता भी न चलता

वो सब कुछ देख कर, अपना मुह फेर कर, है, आगे से निकलता
कभी भी उसके सिले होंठों में परिस्थिति विरोध का स्वर न है मिलता
उसकी आँखें पेट में धंसी होती शायद, क्योंकि नहीं दिखती उसमे करुणता

पर उस आदमी को मालूम नहीं, कि कायनात का जहर हर आम ओ खास पर असर करता है
गर जहर अंदर तक शरीर में फैले तो आदमी सच में जरूर मर सकता है
आज गिलोटिन पर शायद किसी और का सर हो, पर कल खुद का भी सर हो सकता है
आदमी भावशून्यता में पड़ कर चंद लम्हे ही ज्यादा जीवन बसर कर सकता है

मुझे तो इस बीमारी की दवा अभी गुज़रते वक्त में हयात में नहीं दिखती
इनसानियत के साथ जुड़ कर प्रतिरोध की हवा आज के बाजार में नहीं बिकती
ये भावशून्यता दूसरे इंसान के साथ मिलने के सोच से ही है पिघलती
दूसरों का दर्द अंदर पी लेने पर ही है, इंसानी दिल में है मचलती
जब हाथ दो से चार होते. तो मिलकर दर्द से भी दो -चार करती
बह रह होते तब उसके भी आंसू, तब चोट जिससे न भी है लगती
एक दूसरे आदमी से जुड़ने से ही फिर ये, इनसानियत का हमदर्द कहलाती
फिर लोग और करीब आतें, और दर्द उनके जुड़ाव और भाईचारें में बदल जाती

बहुत आसान है मज़लूमियत में पड़े आदमी से गैर हो लेना
बहुत मुश्किल है सामने के पीटते आदमी की खैर पूछ लेना
बहुत आसान है सामने के सिमटते आदमी से वैर हो लेना
बहुत मुश्कितहै सामने के लुटते आदमी से कट कर दिलेर हो लेना

बहुत आसानहै सब कुछ देख कर बातों को निगल लेना
बहुत मुश्किल है मुर्दाशुन्यता वाले इंसान का हम- सबल होना
बहुत आसान है करुणा और सहानुभूति के बदले में गरल देना
बहुत मुश्किल है भावशून्यता में जमे खून का आज नसों में तरल होना

जमा हुआ लहू पिघलता है हमारे हांथो के साथ साथ जुड़ने से
कायनात में सबके वजूद को समझ कर उनकी और मुड़ने से
या इनसानियत के आसमान में दूसरे इन्सानों के साथ साथ उड़ने से

या उस परवरदिगार की बारिश में सबके साथ फिर साथ साथ पड़ने से

प्रेरणा वश ग़ालिब : इन मुर्दों की बस्तियों में बहुत आसान है लहू का जम जाना
पर आज मयस्सर नहीं आपस की मुट्ठियों को जोड़ कर इंसान कहलाना

कठिन शब्द

1. *लहू : खून*
2. *रगों : शंका या संदेह, नाड़ी*
3. *समा : घुस जाना, अंदर प्रवेश करना*
4. *आदमजात : मानव की जाती*
5. *प्रतिरोध : विरोध करने की क्षमता*
6. *संवेदनहीन : संवेदना की कमी, महसूस न होना*
7. *भावशून्यता : भाव का नहीं होना*
8. *रुहानी : आत्मीय*
9. *इनायतों : कृपा*
10. *इतर : अलगाव या दूर*
11. *इनसानियत : 1. मनुष्यता; मानवता; आदमियत 2. उदारता; भलमनसाहत*
12. *प्रशित : जमा*
13. *करुणता : सह अनुभूति, दुःख व्यक्त करना, बुरी अवस्था में चिंता करना*
14. *कायनात : विश्व, खुदा की बनाई हुई वस्तु*
15. *लम्हे : क्षण. समय*
16. *बसर : गुजारना, जिन्दा रहना*
17. *हयात : जीवन; ज़िंदगी*
18. *कुदरत : प्रकीर्ति*
19. *हमदर्द : दर्द में शामिल*
20. *मज़लूमियत : भाग्य का मारा हुआ, गरीब, दुखी*
21. *वैर : झगड़ा, फसाद*
22. *दिलेर : दिल का बड़ा होना*
23. *हम- सबल : साथ में शक्ति देना, साथ साथ चल कर सहायता करना*
24. *गरल : जहर, विष*
25. *तरल : द्रव्य*
26. *परवरदिगार : भगवान, खुदा, जो हमें प्रेरणा देता हो*
27. *मयस्सर : प्रभावकारी.*

English Translation

5. Impassivity or hibernation

Cold is on rise nowadays, climate has started to clot the blood in human veins for its existence
Cold existed as Bone shivering form earlier, now cold has entered the veins with persistence
What is this new ailment of human race's that has eaten away men's ability of resistance?
Why is man so insensitive about surrounding, how did he got infected with such indifference?

Such internal impassivity is dangerous; it fills up human blood with ice crystal of passivity
Then Difference of living and dead disappears, when insensitivity becomes social capativity
DepartedEven souls can speak due to supernatural intervention,
but this insensitivity silences the living persons activity
Even if destitute shrieks in its front of a man,
insensitivity separates human living from that greatness of humanity

Every time humanity dies when frozen blood, throws a human in grief out of its consideration sympathetic procilivity
Man remains unaware of the inside frozen human blood,
he sees everything, tuns away his face and goes on without situational hibernation
Even on seeing all around, pays no heed to outside, continues in own direction without attention.
he seals his lips and never utters voice of resistanece or protest due to selfish consideration,
Man is no longer compassionate, probably because his eyes have faded to stomach in low position

Poison from environment doesn't differentiate between commoner or significant;
the man is uninformed about this lest

But if venom spreads inside human veins, man will have to face death eventually and put to rest.
Today, someone else's head is on guillotine, but tomorrow it can be one's own head for test.
A person can spend only few more days at most in life while he is having impassivity at its best
In current times, no visible cure exist in the nature's basket for impassivity's dilution

Wind of resistance to injustice and to support humanity is not there for sale in market as solution.
only through the thought of considering others as our own this impotence melt with dissolution
Only on feelings others pain in one's heart, pain of other person melt the heart for contribution
When hands meet together and join to unite, then only they face the pain together of destitution
Then eyes of sympathizer spurt out tears, affliction is felt into sympathetic heart for consideration

Only when mankind joins hand together, they will be called humanity's sympathizer for contribution
Subsequently People come closer their differences are reduced, and their sufferings turned into brotherhood chain for evolution

It is very easy to distance oneself from a righteous sufferer,
But to take heed of person being assaulted afore is difficult.
It is easy to be hostile to the man collapsing in front,
But to feel the pain of a looted man and becoming generous is difficult.
It's very simple it is to swallow the event of around even if it has been witnessed but not to tremble

It's tough for remaining oneself-able for man possessing mortal emptiness and insensitivity considerable.

To exchange poison in favour of compassion and sympathy is very accessible,

Liquefaction of impassivity stricken frozen blood in human veins is troublesome not easily feasible.

Frozen blood melts by joining hands together,

Understanding everybody's existence in cosmos and welcoming them further,

Or by flocking together in sky of humanity whenever,

Or by getting soaked together in rain of the Almighty wherever.

It is apparent that blood will freeze in these settlements of dead in our world with shiver,

Today it's not feasible to gather in clumps and being labelled as humane indeed as saver.

No Image Supplied

6. प्रकाश के दुर्भक्षि

प्रकाश के दुर्भिक्ष में भी सूरज तो निकलता ही है
सूरज तो अंतरिक्ष होता है पर दुर्भिक्षता में सदा क्षेत्रीयता ही है
बंद रहते कुछ गवाक्ष हिंसायुक्त संबाल से, औरों के पास सूरज पहुंचता ही है
गुजर कर क्षुद्राक्षों से भी प्रकीर्ति वश सूरज अंदर अपनी रश्मि देता ही है

प्रकाश के दुर्भिक्ष तो समाज में हर बार प्रभाव में मायावी होते है
इसलिए कभी कभी प्रकाशविहीनता भी जन के नियंत्रण में संपूर्ण प्रभावी
होते है
कुछ कुण्ठितों के कृत्य वश प्रकाश-दुर्भिक्ष समाज के दुर्भावी होते है
अंततः सूरज के विभास ही समाज के सर्वकालिक सर्वव्यापी निश्चय
और सम्भावी होतेहै

कुछ गवाक्ष बंद रहते शायद पथ पर चतुर्दिश घूमती हिंसा के भय से
फिर प्रकोष्ठ में कातर स्वर भी मुखरित होते दमित कंठों के वलय से
अंततः फिर जालक खोलने के आदेश देती हिंसा अपने अनुकूलता के
समय से
प्रसाह ढूंढती अनुकूलता और सम्मान मिले, पर वो कभी बह न सकते
सबके हृदय से
तब सूरज परोक्ष होता अब्द समाहित होकर, पर प्रकीर्ति वश दिव्य प्रकाश
प्रस्फुटित होता अलय से

शनैः शनैः
उद्भ्रांत सूरज समाहित प्रकीर्ति में और दिखता नव विचार किसलय में
अग्निद सूरज शनैः शनैःमिलता विश्व में प्रकीर्ति के अनेकों आलय में
उदक्त सूरज लिप्त होकर भू पर फैलता हमारे नव विचारों के आशय में
अंततः प्रच्छादित नव प्रसून अम्बर पर, उदित सूरज सम्भाषित उतुंग हिमालय से
फिर वर्षा होती भारत वर्ष में और मिटता वैचारिक दुर्वीक्ष्य, सूरज के दिखते नए वैचारिक महालय में
अंश २

प्रकाश के दुर्भिक्ष में गंधबीज
आवृत कुछ सूरजमुखी की गँधबीज उप्तियां, आच्छादित होती प्रथम इस भारत देश में
कुछ गँधबीज गुजरती अनिल से या तारित होकर वारिधि मार्ग से पहुँचती फिर विदेश में
आधारित दया करुणा के गंध तत्त्व तब फैलते विदेश में, और विस्तारित होते नए भू को संदेश में
अंततः परिपूर्णता पाती संपूर्ण मानवता, प्राचीन ज्ञान सूर्य की दिव्यता के महिमा मंडन विशेष में

कुछ सूरजमुखी के साक्ष विदेश में पा लेते धीरे धीरे अपनी धरा
उस देश के विचार दुर्वीक्ष्य भी निगलना चाहते उन्हें, या देते डराvकाल
पश्चात स्नेह पा कर फूटते गँधबीज उस धरा में भी, बनाते उस धरा को भी हरा-भरा
आभास देता रहता सूरज दूरस्थ गंधेवीजो को, बनती नव धरा भी आदि दिव्यता से परिपूर्णता भरा

क्रमशः गँधबीज के विचार मकरंद शनैः शनैःसमाहित होते उस धरा के अन्य फूलों में
विनिपातित गँधबीज हो जाते आह्लादित होकर सम्मिलित उस धरा के प्रतिकूलता भरे धूलों में
आकृष्ट नव धरा की प्रकीर्ति गंधवीजों से, गंध के प्रभाव दिखते स्थानीय वनस्पति के अन्य कुलों में
अंततः एकीकृत हो जाती प्राचीन धरा के सूरज की दिव्यता गांधवीजो द्वारा नव धरा के अनेकों स्थूलों में

मानवीय शंका वश कभी कभी वैचारिक दुर्भिक्ष ही समाज के सूरज को भक्ष कर जाता है
तब उस वर्तमान की फैली कालिमा को ही उस काल की उपयुक्त मानवीय गरिमा कहाँ जाता है
पर ध्यान से सुनो उन अंधेरे में भी मानव अपने उद्भव के कुछ गीत गुनगुना रहा होता है
सूरज के गीत, प्रकाश के गीत, विजय के गीत, विश्वास और प्रेरणा के गीत जिन्हें कहा जाता है

फिर फैलता विभास, अंधेरे को चीर सूरज निकलता एक नव विहान लाता है
प्रकाशीय दुर्भिक्ष भी कभी कभी गँधबीज को क्षेत्रीय विस्तार दे जाता है
तमसो माँ ज्योतिर्गमयः ही भारत का सर्वकालिक मूल विचार कहलाता है
और महान सूरज अपने व्यवहार में कभी न क्षेत्रीय अशिक्षा को आकार देता है
सूरज की किरणे जब पड़ती मानवता पर तो हरदम एक प्रकशित नव संसार लाता है

कठिन शब्द

1. *दुर्भिक्ष : कमी, कठिन परिस्थिति, अकाल*
2. *अंतरिक्ष : आकाश, अंतरिम स्थान पृथ्वी और स्वर्ग के बीच, वातावरण*
3. *क्षेत्रीयता : एक क्षेत्र विशेष से जुड़ा होना*
4. *गवाक्ष : गोल खिड़की, हवा का रास्ता, लक्ष्य*
5. *क्षुद्राक्षों : छोटी आँख या छेदा*
6. *रश्मि : किरण, लगाम, पुंज, प्रकाश*
7. *मायावी : जादूगरी, धोखा, पारलौकिक शक्तियां*

8. प्रकाशविहीनता : प्रकाश की कमी, न होना
9. कुण्ठितों : मुर्ख, घिरा हुआ, कमज़ोर, पकड़ा हुआ
10. प्रभावी : प्रभाव लाने वाला, प्रतिकिर्या होना
11. दुर्भावी : बुरा प्रभाव लाने वाला, बुरा भाव वाला
12. सम्भावी : वास्तविकता, प्रायिकता
13. चतुर्दिश : चारो तरफ
14. प्रकोष्ठ : अंदरूनी भाग, घर का आँगन, कमरा
15. दमित : दवाया हुआ, बहाया हुआ, शांत कराया हुआ
16. वलय : वृत्ताकार, टेढ़ा मेढ़ा
17. जालक : खिड़की, जाल, घोसला, नेटवर्क
18. प्रसाह ; बल प्रयोग या हिंसा
19. अनुकूलता : समृद्धि, सहमति, के अनुसार
20. परोक्ष : अदृश्य, अज्ञात, दृष्टि से ओझल
21. अब्द : बादल, पानी देता हुआ, साल
22. दिव्य : 1. अलौकिक; लोकातीत 2. चमकीला; दीप्तियुक्त 3. अतिसुंदर; भव्य 4. स्वर्ग या आकाश संबंधी।
23. उद्भ्रांत : चढ़ता और उद्वेलित, बढ़ता हुआ
24. अग्निद : जलता हुआ. आग देने वाला
25. आलय : घर, शरण स्थली, जगह
26. उदक्त : ऊपर चढ़ा हुआ, ऊपर खिंचा हुआ
27. आशय : अर्थ, विषय, अभिप्राय, आत्मा, आनंद, पेट, संपति
28. 28.प्रसून : 1. फूल; पुष्प 2. फूल की कली। 3. प्रसूत 4. उत्पन्न 5. संजात
29. प्रच्छादित : छुपा हुआ, या लपेटा हुआ, फैला हुआ
30. सम्भाषित : बात करना, वार्तालाप
31. उतुंग : ऊँचा, लम्बा, पहला हुआ, भव्य
32. महालय : मठ, शरण स्थली, महान मंदिर, तीर्थ यात्रा की जगह
33. आवृत : ढंका हुआ, फैला हुआ, विनिवेश किया हुआ, घेरा हुआ, भरा हुआ
34. गँधबीज : सुगंध देने वाले बीज
35. अनिल : वायु के देवता, पवन, लकबा
36. तारित : गुज़रते हुए, मुक्त, बच जाने पर
37. वारिधि : समुद्र, सागर
38. दिव्यता : देवत्व, देवत्व की प्रकीर्ति
39. महिमा मंडन : महानता या महिमा से सजाना या गहना पहनाना
40. साक्ष : बीज

41. आभास : लगना, चमकना, प्रकाश देना
42. दूरस्थ : दूर में स्थित
43. परिपूर्णता : पूरी तरह से भरा हुआ
44. भक्ष : खा जाना
45. मकरंद : मधु, फूलों का रस, आम की जाती
46. विनिपातित : गिरा हुआ, खत्म किया हुआ, मारा हुआ
47. आकृष्ट : खींचना, आकर्षित
48. उद्भव : जन्म देता हुआ, पैदा करता हुआ, बढ़ता हुआ
49. एकीकृत : एक ही बना हुआ
50. विभास : चमक, प्रदीप्ति, बहुत अच्छा गुण वाला
51. तमसो माँ ज्योतिर्गमयः : अंधकार से प्रकाश के ओर की यात्रा
52. विहान : सुबह
53. नव : नया

English Translation

6. Scented seeds in famine of light

Even in the famine of light, the sun always comes out
The sun is like space and complete, while the famine is narrow and regional in its clout
Only some windows are forcibly closed region as sun reaches other places in world a lot
Even after passing through holes, sun gives the light particles to all about

Famine of light always have their illusion as effect
Sometimes absence of light is completely effective in controlling the people as affect
Dues to action of some disillusion people, famine of light has on society creates defect
But splendour of sun is eternal, omnipresent and effective thing for society to reflect

Windows are closed due to walking violence all around in society
In closed chambers crying sounds are pronounced by distortion of suppressed voice impropriety
At their own determined time violence ask the windows to be opened to show the normalcy
Violence tries to search for acceptability, but cannot flow through common hearts with advocacy
Sun also goes in behind clouds, but due to nature, light is visible and there in non-fallacy
Slowly and slowly
The rising sun is seen being integrated in nature, visible in new flowers of thought

Rising sun is visible slowly and slowly in multiple houses of thought in the world a lot
Finally risen sun is visible in the intentions of new thought after getting integrated in knot
The spread flower rises to sky, and risen sun on zenith is visible on height of Himalaya with clout
Then comes the rain of thoughts to India and famine of thought is over, due to shining house of sun

Part 2
Scented seeds in famine of light

Spread and covered scented seeds of sunflower, first covered the country with its intend
Later, with help of air or through swimming in sea reaches out the new foreign land
Based on smell of kindness and compassion from seeds spreads gets messages in new land
In this manner full humanity get completeness, in the special praise of old sun of knowledge as blend
thought of famine in new land tries to swallow them
or create fear in them after scented seeds advent

After some time, along with care and warmth of new
the scented seeds come out in foreign land also, and make the land verdant
The old sun of knowledge continues to support the seeds growing in far land,
new land is filled with old great thoughts and reverent
Nectars of new thought through scented seeds slowly entered other flowers of the new land
Environment of new land is attracted towards scented seeds, effect is visible on other variety of flora
Finally, the knowledge sun of old land gets integrated scented seeds into the structure of new land

Sometime due to human doubts, famine eats the sun and knowledge of society

In those moments of time the darkness is called glory of human being with propriety

But listen carefully, in those hour of darkness also man is humming some song under adversity

songs of sun are called song of courage, song of light, song of victory and song of trust for feisty

Then comes the splendour, sun pierces through the darkness and brings a new dawn and sobriety

Sometimes the famine of light a gives the regional extension of range of scented seeds as mighty

Journey from darkness to light is called one of fundamental tenants of Indian thinking as lofty

And the great sun through its behaviour never gives rise to regional bad teachings and ferocity

Whenever the rays of sun fall on worlds, it always brings an enlightened world with dignity

7. वध का कुवचिार

आज तीस जनवरी है बरसों पहले चली गोली पर दिल्ली आज भी उदास है
हिंसा के प्रतिरोध और जन करुणा को समर्पित इस दिवस का आज का
इतिहास है
महात्मा कि नृशंस हत्या में सफलता पर जनता से संवाद-मिलन का
टूटा हुआ विश्वास है
बाहर से देखो तो ये हिंसा की जीत, पर अंततः अहिंसा के विचारों का
हिंसा पर परिहास है

हिंसा विचारों को मिटा नहीं सकती, जब तक की जन जन कि उसमे
आस है
हिंसा विचारों को कभी जीत नहीं सकती, इसका हर क्षण हिंसा को भी
अहसास है
आदमी सिर्फ काया और माया नहीं होता, विचार जन्य प्रतिबद्धता और
समाहित प्रयास है
अहिंसा और करुणा से ही बना आज भी हमारे देश भारत के विचारों
का आकाश है

विचार विरुद्ध हिंसा, फिर हताशा से भरकर उठाती बन्दूक, गोलियां यों
भी बेशरम हैं

44

पर सबसे पहले हिंसा कोशिश करती कि उसके विचार भी समाज के प्रासंगिक मरहम हैं
दावा वीभत्सों का कि वो भी समाज के रहनुमा, उनकी बातों में भी सामाजिक मर्म हैं
पर अंततः उभरता सत्य का सूरज, और दिखता सबको हिंसा की बातों में न दम हैं

हिंसा हर युग में कोशिश करती हमारा स्वाभिमान मिटाने की
हिंसा हर दिवस में कोशिश करती हमारी स्वतंत्रता घटाने की
हिंसा फिर हर क्षण में कोशिश करती कल्पित भय फैलाने की
हिंसा अंततः हताशा में हार कर कोशिश करती विचार मिटाने की

पर हमारे देश में मानव हमेशा हिंसा का अनादर और प्रतिरोध संजोता है
आम आदमी भयाक्रांत चेहरों में भी ढांढस वश शक्ति और हुंकार पिरोता है
हिंसा सफल होती दिखती तभी तक, मानव जब तक डर रहा होता है
ताड़का भी प्रहसन करती दंडकारण्य में तभी तक, जब तक राम यूँ ही सोता है
संभवामि युगे युगे प्रतिरोध से हारती हिंसा, मानव जब भी आँखों में साहस बोता है

कई बार इतिहास और समाज में गोलियां चलायी गयी थी महान व्यक्ति पर
पर गौर से सोचो तो गोलियां चलाई गयी थी महान विचारों के अभिव्यक्ति पर
हिंसा में अस्तित्व का भय प्रश्न सदा विदित होता, जन जन का महान सुविचारों में भक्ति पर
हिंसा का विजय फिर आधारित होता तब विचार और व्यक्ति के पार्थिव विरक्ति पर

पर हिंसा हर बार भूलती कि विश्व में मानव सिर्फ काया नहीं विचार भी होता है
हिंसक में तो कभी विवेक तो होता नहीं, इसलिए हिंसक सिर्फ हिंसा बोता है
हिंसा की विष -फसल फैलती समाज में, सुविचार जिससे हर बार रोता है

45

देश की कुर्सियां शायद नीति वश स्थिरप्रज्ञ होती, इसलिए दर्द जन जन ही ढोता है

हिंसा और तानशाही के इतिहास के हर युग में विश्व पटल पर कई नाम होते हैं
मूलविचार उन सभी के एक से होते, और जन शोषणयुक्त उनके काम होते हैं
तानशाही की उत्पत्ति भी एक विचार से ही होती, पर कालक्रम में उसमे विचार गुमनाम होते हैं
शोषण और नियंत्रण से उदित होती मानवीय नव विकृति के नए पहलु, जो पहले अनाम होते हैं

मानवीय वध तो हर युग में बस घृणा और विवशता का का गैर तार्किक चरम है
वध वही उपयोग करते अंततः जिनके अपने प्रयास विफल और विचारों में भरम है
असहाय हिंसक सोचता चेतना में, वह क्यों निष्फल, कैसे उसके विचारों में न धर्म है
हाय निकलती हृदय से जब देखता मर कर भी, मृतक के सुविचार समाज के परम है

कैसा लगता होगा हिंसक को मृतक की सफलता और अपने प्रयासों की विफलता पे
मृतक और उसके विचारों का समाज में ससम्मान पूर्वक कौतुहलता और अपनी गरलता पे
शायद अन्तर्मन में पश्चताप करता होगा हिंसावादी ईश्वर से, अपने मर्म की विह्लता पे
उसे जीवन की हर सांस कलुषित लगती होगी, हारे हुए हर सांस की प्रत्येक आकुलता पे

हिंसा से विचारों को मिटाने का प्रयास करना मानवता का अपमान है
मनुष्य को सिर्फ विचार रहित काया समझाना ईश्वरीय विस्मरण के समान है
विचार सिर्फ तर्क से ही परिशोधित होते, तार्किकता से ही बनता मानव महान है

कई तुच्छ विचार मिटायें हिंसा के इतिहास ने, जिनमें उच्च विचारों का ही योगदान है

हत्या युक्त हिंसा से कभी सुविचारों का वध न हो सकता
अथक प्रयासों से भी हिंसा मानव में नव विचार न बो सकता
हिंसा केबल वध की दुराग्रह से महान विचार करने वालो को खो सकता
और अंततः जागृत विवेक में हिंसा अपने अक्षम्य गलतियों पे रो सकता

कठिन शब्द

1. *परिहास : व्यंग्य, चुटकुला*
2. *काया : रहने की जगह*
3. *माया : जादू, मन्त्रमुग्धता*
4. *प्रतिबद्धता : जुड़ा हुआ, बाधित, रोका हुआ,*
5. *समाहित : सोखना, जुड़ाव*
6. *आस : 1. आशा; भरोसा 2. कामना 3. सहारा*
7. *अहिंसा : हिंसा की कमी या न होना*
8. *करुणा : दया, भाव में दूसरे के दुःख से जुड़ना*
9. *प्रासंगिक : 1. किसी अवसर, विषय आदि के अनुकूल 2 उपयुक्त; उचित 3. सार्थक*

9\. *वीभत्सों : जघन्य, बहुत बुरा*

10\. *रहनुमा : राह दिखने वाले, नेतृत्व गण*

11\. *स्वाभिमान : अपने आप के गर्व महसूस करना*

12\. *कल्पित : कल्पना किया हुआ*

13\. *अनादर : घृणा*

14\. *प्रतिरोध : विरोध करने की शक्ति*

15\. *भयाक्रांत : ज्यादा डरा हुआ*

16\. *हुंकार : हम्म्म्म की आवाज़*

17\. *संभवामि युगे युगे : हर काल में होना*

18\. *ताड़का : रामायण की एक असुरी पात्र जिसका बध्ध राम ने किया था*

19\. *दंडकारण्य : दण्डक नाम का आरण्याक, जहाँ तड़का राज्य करती थी*

20\. *अभिव्यक्ति : व्यक्त करना*

21\. *पार्थिव : पृथ्वी, चन्द्रमा या गृह से जुड़ा हुआ*

22\. *विरक्ति : अलग होना*

23\. *नीतिवश : नीति के कारण से*

24. स्थिरप्रज्ञ : जिसकी चेतना बदलती नहींहै
25. मूलविचार : आधार भूत विचार
26. गुमनाम : खोया हुआ
27. लोलुपता : लालच
28. पहलु : चेहरा, चरित्र और विन्यास
29. वेवशी : नियंत्रण के बाहर
30. पश्चताप : दुखी महसूस करना
31. अंतर्मन : 1. मन की भीतरी चेतना; अंतःकरण 2. अचेतन मन।
32. विह्वलता : चिंता, उत्तेजना, दुःख का तरंग
33. आकुलता : शंका, संदेह
34. विस्मरण : भूल जाना
35. तर्क : किसी वस्तु की व्याख्या, पक्ष में कुछ कहना
36. परिशोधित : समाधान, साफ़ करना
37. तार्किकता : तर्क का तरीका
38. अथक : बिना थके हुए
39. अक्षम्य : जो क्षमा न किया जा सके

English Translation

7. Thought of murdering

Today its 30th January and Delhi is even sad now due to a bullet fired years ago
History of the days is commited to resistance of violence and compassion to bestow
Due to brutal murder of a saint the faith of mingling with common public is at stow
When you look from outside it is victory for violence, from inside its mockery of violence for its low

Violence cannot wipe out a thought, till the public has faith in that greatness of thought
Violence cannot win over the thought; this fact is known to violence every moment brought
Human being is just not its body and Illusion, but commitment of thought and associated ought
Compassion and non-violence still constitute the cosmos of thought of my country India aloft

When the violence is against thought it picks up gun, and bullets are anyway shameless
But first violence tries to show that, it is the panacea for problems of society eventhough useless
Ugly people of violence also first claims to be leader,
also know the heart of social problems as business
But in the end, sun of truth comes out, and
everybody understand that there is no substance in words of violence

Violence in every era first tries to reduce the self-pride that we are having

Violence tries to reduce our freedom every day
Violence tries to spread imaginative fear every moment
In the end violence after its defeat tries to obliterate the thought
In my country people keep the feeling resistance and hatred against violence

Even in fear filled faces human being keep the power and voice to fight back the lies
In every fight, violence has always been defeated when man sow the courage in eyes
Violence looks like succeeding till the point when the man is filled with fear begins arise
Tadka also laughs in forest Dandkaranya till that time Lord Ram is sleeping and denies

Many times, in history bullets has been fired on great people by criminal and louts
When you will deep, it was just on great people but also on expression of their clout
Violence is always filled with fear, when public start praising the great thinking's sprouts
Then the victory of violence is based on, physical separation of body and thought in doubt

But every time violence forget that human beings are not just body, but also a thought
Violence is never blessed with wisdom, hence violent person only sows further violence as taught
Then violence's harvest of poison spreads in society, virtuous thoughts always weeps in distraught
Power authorities are non challent due to policies, people have to pay the price for the fraught

Dictatorship of violence in every era of human history has multiple manifestations

But all of them has same theme, each works towards exploiting the human being as inclination
Dictatorship also originates from a thought but latter on, the thought vanishes into oblivion
Then greed comes up, and newer forms and facets of distortion earlier unknown get manifestation

Killing of human being in every era is due to ultimate manifestation of hatred and frustration
Killing is used only by those in the end, who's efforts has failed and they have doubt in self-assertion
Helpless violent man thinks in his consciousness for failure, why the morality gives him dersion
He feels bad from heart, when he sees even after being killed, thought of dead person is in exalted status in society with veneration

How the violent person must be filling on failure of his effort
On great success and respect of thoughts of dead person as preferred
On the inner self violent person, must be repenting to god, his heart must be crying after hurt
Every remaining breath of his life he must be filling repentant, on uneasiness of every breath he takes
Thought of eliminating the great thought through violence is insult against humanity
Just to think of human being as body without any thought, is to forget god
Thoughts can be refined only by better logic and rationality and argument makes man great
Many small thoughts of violence have been eliminated by history, but that has been done through higher thoughts
Violence filled with murder cannot kill the great thoughts
Even with great effort, human mind cannot be impregnated with new thoughts
Violence due to its insistence on murder, can only lose the great thinker
After being in awareness, violence can only cry for unpardonable mistakes

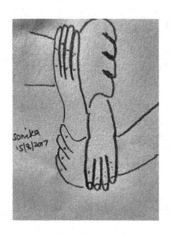

8. सामाजकि वर्ग की नव अस्मति

इस युग का हर क्षण समाज में न्याय के हुंकार का है
कल का भी भविष्य सामूहिक मानवता के नए प्रकार का है
वर्तमान भी पिछड़े हुए लोगों के सामाजिक न्याय के साकार का है
लेकिन जो बाँट रहा हमारे समाज को आपस में, समय उसके धिक्कार का है

मानवता के हर हंस को मिलने दो, जो उनके समाज में मौलिक अधिकार का है
जो पददलित यूँ ही जीवित युगों से, समय उनके भी सामूहिक उद्धार का है
इस युग का हर क्षण वर्ग संघर्ष के लिए नमन, और मानवों से आदरनिहित व्यवहार का है
जो रोकता समाज में नव वर्गों के सृजन को, हर युग का हर क्षण उसके भी प्रतिकार का है

इस युग का विचार आदर्श, मानवता के अपूर्ण आशाओं से हमारे सामूहिक उत्कर्ष के लिए है
देश के लोकतंत्र की अब परम आकांक्षाएं भी जन जन से आपसी परामर्श के लिए है
समाज के वर्गों का संघर्ष, सिर्फ सामाजिक परिमार्जन है, जो मानवता के चरमोत्कर्ष के लिए है

परिवर्तन ही समाज का शाश्वत नियम है, यह युग भी अनुदान्त के अधिकार संघर्ष के लिए है

हर युग में विभिन्न देशों और समाज के वर्ग विन्यास सर्वदा गतिमान होते है
हर युग में समाज के सभी वर्ग के आकांक्षों के अपने अपने प्रतिमान होते है
वर्ग की विलीनता और नव वर्ग विन्यास के सृजन, ही सामाजिक परिवर्तन के पहचान होते है
जो शोषक नीतिगत रोकते इस दौर में सामाजिक बदलाव को, समाज में उनके कभी न यशोगान होते है

सामाजिक बदलाव देती वर्ग को उत्तरजीविता, ऐसे ही समाज विश्व में हर युग में महान होते है
रुके हुए वर्ग, समाज के सड़े विचारों और गतिहीनता के के प्रतीक, उनके न वैचारिक रोशनदान होते है
समाज के बदलाव के भाव को जो लोग परिलक्षित कर रहे होते, उन्हीं के समाज में महिमागान होते है
उत्तरकाल में इतिहास करता निर्णय बदलाव के कीर्तियों ओर विकृतियों का जो भी उनके योगदान होते है
समाहित और परिभाषित करते जो शीर्ष, वर्गों के बदलाव की अभिलाषा, वहीँ सर्वकालिक मही मान होते है

चलिए घुसते है अपने समाज में, और लेते है हमारी जाती की अवधारणा को
समझते है समाज के वर्ग की संरचना को, और कुछ अन्य वर्गों की प्रताड़ना को
समाज के अभिरचना में कुछ वर्ग के अभिमान को और कुछ के तात्कालिक लांछना को
नहीं उद्गारित कर पातें अब ये वर्ग जीवाश्म, नव युग की अभिलाषीत वर्ग रचना को
हमारा इस युग का हर क्षण, बंचितों को वर्तमान युग में मिलने के अधिकार का है

आइए बनाए एक नया युगधर्म जो वर्ग समाकलन के नए चमत्कार का है

समाकलित वर्गों से जो बनेगा कल का भारत का भविष्य, वो कल के विश्व मंच पर सत्य उद्गार का है
विश्व तक रहा आज भी भारत की ओर आज, आशा प्रणीति की जो सर्व पीड़ितों के उद्धार का है
अगर कोई चिपकता अछूतता की रूढ़ियों में तो समय उसके सक्षम प्रतिकार का है

इस बदलाव की हवा हमारे देश के बाहर के वहंत से नहीं है आती
ढूंढों तो अपनी सभ्यता और महापुरुषों की वाणी में है अनायास मिल जाती
परिस्थितियां फिर सामाजिक आयास से निकल कर फिर वर्ग परिवर्तन के प्रयास में घुल जाती
पिघले हुए वर्ग और उनकी मिली हुई मुठ्ठियाँ ही तब, देश और समाज की नव अस्मिता कहलाती

कल का भविष्य

कब तक हमारे देश का दलित आज के समाज के तात्कालिक सामंतों के पराधीन रहेगा
कब तक इस समाज की चेतना, मुँह फेर कर, अनुदान्त के समस्या से उदासीन रहेगा
कल का उदित प्रकाश, अवश्य ही उदस्य वर्गों की अभिलाषा समकालीन कहेगा
देख क्षितिज पर अभ्युदित होती जन लालसाओं को, जब हमारा समाज वर्ग विहीन बनेगा

धीरे धीरे समाज आज के वर्गों को तोड़ कल जरूर करुणापूर्ण उदार हो जायेगा
तब की सामूहिक सामाजिक मानसिकता एक नूतन वर्ग विहीन प्रकार कहलायेगा
ऊँच नीच फिर न होगा समाज में में, वह व्यवस्था आज के पुराने सारे विकार मिटाएगा
उस वर्ग विहीनता के आधार पर ही तब समाज वंचितों को कल सामाजिक सत्कार दिलाएगा

कठिन शब्द

1. नव अस्मिता : अपने होने का भाव; अहंभाव 2. हस्ती;हैसियत; अहंता; अहंकार; अस्तित्व; विद्यमानता; मौजूदगी
2. हुंकार : हम्म्म्म या प्रतिरोध की आवाज़
3. मौलिक : आधार भूत, जिससे जड़ से लिया हुआ हो, वास्तव वाला
4. पददलित : पैरों के नीचे दवा हुआ
5. उद्धार : सहयोग करना, बाहर निकलना, चुनना, कर उतना, सार निकलना
6. प्रतिकार : विरोध या बदला लेना
7. परामर्श : निर्णय, सोचने की प्रकिर्या
8. परिमार्जन : साफ़ करना, हटाना
9. चरमोत्कर्ष : सबसे अच्छा,
10. शाश्वत : जिसका कभी नाश नहीं हो, अविनाशी
11. उद्धांत : वमन कर के निकला हुआ, बाहर निकल हुआ
12. विन्यास : एक संरचना, चीज़ के रखने का एक ढंग
13. प्रतिमान : मूर्ति, मिलता जुलता, एक विन्यास
14. सृजन : नए सिरे से बनाना, पैदा करना
15. यशोगान : प्रशंसा का गीत, महिमा के गीत
16. उत्तरजीविता : खतरे से बच जाने वाला
17. परिलक्षित : अच्छी प्रकार से निरूपित, वर्णित या कथित, चारों ओर से देखा हुआ
18. महिमागान : बड़ाई; गौरव; बड़प्पन, महत्वपूर्ण या महान होने की अवस्था या भाव; महानता
19. कीर्तियों : यश; प्रसिद्धि; नेकनामी, शोहरत ; बड़ाई, ख्याति
20. विकृतियों : विकार; दोष, बिगड़ा हुआ रूप; रूपांतरित; परिवर्तित, रोग; बीमारी, माया;
21. समाहित : एकत्र किया हुआ; संगृहीत तय किया हुआ; निश्चित. समाप्त स्वीकृत। परिभाषित
22. अभिलाषा : इच्छा; कामना; चाह; चाहत; हसरत; आकांक्षा लोभ; लालसा।
23. संरचना : वस्तु की रचना या बनावट इमारत; भवन।
24. मही : पृथ्वी, मिट्टी. सेना; फ़ौज. समूह।
25. अवधारणा : सुविचारित धारणा या विचार 2. संकल्पना।
26. प्रताड़ना : सताना; सताने की क्रिया 2. डाँट-फटकार 3. कष्टदायक स्थिति

27. जीवाश्म : बहुत प्राचीन काल के जीव-जंतुओं, वनस्पतियों आदि के वे अवशिष्ट रूप जो ज़मीन की खुदाई पर निकलतेहैं; पुराजीव; (फ़ॉसेल)।
28. समाकलन : एक ही तरह की इकट्ठी की गई अनेक वस्तुओं का मिलान करके उनकी व्यवस्था या क्रम देखना; आशोधन; समाशोधन
29. प्रणीति : मार्गदर्शन, नेतृतव, सहायता
30. अछूतता : जिसे छुआ न जा सके का भाव
31. वहंत : हवा, वायु
32. अनायास : बिना कोशिश के; बिना मेहनत के, आसानी से, स्वत:
33. आयास : 1. परिश्रम; मेहनत 2. मानसिक पीड़ा 3. प्रयत्न
34. प्रयास : कोशिश; प्रयत्न; किसी नए अथवा कठिन काम को आरंभ करने के लिए किया जाने वाला उद्योग; मेहनत; परिश्रम।
35. उदस्य : जिससे बाहर फेका गया हो
36. करुणा : 1. मन में उत्पन्न वह भाव जो दूसरों का कष्ट देखकर उसे दूर करने हेतु उत्पन्न होता है 2. दया; अनुकंपा; रहम।
37. समकालीन : वर्तमान काल का; एक ही समय का; आधुनिक 2. एक समय में होने वाला; उसी समय होने वाला; सहवर्ती; युगपत 3. समसामयिक;
38. अभ्युदित : 1. उन्नति; उत्थान 2. उत्तरोत्तर वृद्धि या लाभ 3. आरंभ 4. कल्याण 5. मनोरथ की प्राप्ति या सिद्धि; इष्ट लाभ
39. विहीन : 1. रहित; ख़ाली; शून्य 2. बगैर; बिना 3. छोड़ा हुआ; त्यागा हुआ 4. अधम; हीन; नीच
40. उदार : विशाल हृदयवाला; दयालु; उदात्त; धीर; दानशील; भला; दूसरों में गुण देखने वाला 2. पक्षपात एवं संकीर्णता से दूर रह कर आत्मीय व्यवहार करने वाला
41. विकार : 1. बिगड़ना; ख़राबी 2. प्रकृति, रूप, स्थिति आदि में होने वाला परिवर्तन
42. सत्कार : आवभगत 2. आदर; सम्मान 3. अतिथि, अभ्यागत का सम्मान और सेवा 4. दान आदि देकर किया गया सम्मान।

English Translation

8. New diginity of class in society

Every Moment of this era is for raise voice for justice
Future of tommorrow also belongs to collective humanity
Today also is the time for giving shape to social justice of people
All those who are dividing the society time insists to condemn them

Every human being should get, whatever fundamentally belongs to them in society
The trampled people, who are surviving just like, time has come for their emancipation also
Every moment of this era belongs to bow to their struggle, and treat human being respectfully
All those who stymie the growth of new classses,
every moment of each era is tiem for their resistance

Ideal of thoughts of this era is for realization of incomplete hope of human being achieved collectivly
Highest aspiration of countries democracy is for consultantion among the public
Class structure is society is social correction, and that in turn is for zenith of humanity
Change is the constant rule of society, this time is also for struggle of trampled people

In every era class configuration of society and country is dynamic
In every era classes of society have their new standards of aspiration
Abolition of classes and re configuration of classes are symbols of change in society
And those tyrants those who try to stop this change, are never praised by the country

Change gives ability to survive for new classes and such society are great in every era of world

Classes which are not growing are in indication of rotten status, they do not have window of thought

Those who show the emotions of change in society, society singd their greatness only for them

Latter on history judges the contribution of change for creadit as well as blame,

whavtver is their contribution

Those who define and include the aspiraton of change of classes, the earth feels proud for them

Let us enter our society and try to understand the cocept of caste

Let us understand the class structure of society and blaime on some other caste

In the beautyfull class structure of society let feel the proud of some group and band name to others

These fossils of class called caste, are not able to describe the desired structure for new era

Every moment of current is for purpose striving for giving rights of depreived in future

Come let make a new religion of this era, which is based on magic of integration of classes

And tommorrow a fused classed will be created in India in future, that will be time to share the truth on world stage

World is even looking at india, for guidance and leaadership, which is for emanicpation of downtroddens

If some is trying to stick to rituals of untoucability then this time is fit for active resitance of same

Direction of such a change does not comes by breeze coming from outside the country

If we will search in our cluture and great people thought, we can find them easily

From fatigue and weary society this gets converted into an effort for change of class

Fused class and connected fist will then give rise to a new social degnity of country and society

How long the downtroddens will remain slave to the feaudal lords of country

How long the society will be careless towards the problems of downtroddens

New risen light of tommorrow, will sure show the aspiration of rising class contenporarly

Look at the rising aspiration of peiople on horizon, when the society has become classless

Slowly and slowy society will be more lieberal tommorrow

Then the collective social mentality will be called a class of new type tommorrow

There will be no high or low in society, all the distrotion of current arrangement will be wiped out

And based on the classlessness only society will give rights and dignity to deprived people

9. बंजारों का घर

आज इस नए शहर में एक बंजारा ढूंढ रहा है अपना घर
हर शाम-वो-सुबह, कई गुजरे वर्षों से वो भटक रहा है दर व दर
पूछता फिर रहा हर आम-व-खास को घर के लिए, जो मिल गए जिधर
चल रहा वो तलाश में, आज भी जारी है उसके बिना नींद के ख्वाबों
का सफर

बंजारो के घर आजकल शहरों में नहीं होते
घर के अरमान दिल में हैं पलते और आँखों में है खोते,
बंद आँखों में वो हर दम सपने बोते,
और खुली आँखों में हर रोज़ सपने दूर पाते
बंजारो के होंठ तो मुस्कुरा रहे होते
पर दिल टूटे सपनो के गर्द ढोते

जब भी रोटियों के पीछे चाँद दिखता तो बंजारे चाँद पे अपना घर बनाते
भूख से तड़प कर रोटियां चबाते और घर के अरमान फिर से है दब जाते
वक्त के साथ दूसरे अरमान परवाज चढ़ते घर के अरमान धुएँ में बदल
जाते
रोटियों की अलख उन्हें जगाये रखती, वो फिर जिंदगी भर खानाबदोश
कहलातें

घर के अरमान न बदलते हैं न मिटते हैं बस गुज़रते दिनों में वो रगों में है छुप जाते
जैसे ही फिर रात ढलती, यादों के घर, चाँद से उत्तर कर ख्वाबों में वापस आ जाते
रोज घर के अरमान हैं दिल के गुबारों से निकलते और आँखों की मोतियों में बदल जाते
आज फिर सांसे लंबी हो रही हैं, पर घर के अरमान तो हैं अब साँसों को भी रोक लाते

ख़्वाब और जिंदगी दोनों साथ साथ चलते हैं बस कुछ ख़्वाब जिंदगी के अंदर हैं सिमट जाते
गांव के मंज़र उसे फिर बार बार याद आतें, पर पकड़ो उन्हें तो हर वार हांथो से हैं फिसल जाते
कभी कभी तो घर की मंज़िल पास आती दिखती, जब जिंदगी में ख्वाबों के घर छोटे हो जाते
उफ़ महंगाई आजकल कितनी बढ़ गयी है कि, हमारे ही ख्वाबों के घर अब जेबों में न हैं समातें

आखरी सांस तक एक ही बात उठती है, की मेरा सपना कभी, पूरा होगा कि नहीं
इस महानगर में है अनेकों लाखों घर, पर मेरा अपना कोई, दुरा होगा कि नहीं
ख़्वाब जिंदगी में मुकम्मल नहीं मिलते, तो भी इस शहर में अपना कोई, धूरा होगा कि नहीं
चला तो था ख़्वाब मेरी जिंदगी की ओर, शायद पूरा न मिले सही, अधूरा होगा कि नहीं

हर सांस में मचलती है ख्वाबों की आस, जब तक न सांसें मिटती है
आशाएं चल रही होती जिंदगी के कंधे पर, पर अकेले में कुछ तो कहती है
आशाएं याद दिलाती उस जुनून और इरादे को, जो हमारे सायें के साथ चलती है
किसी भी मुकाम पे मुड़ के देखो तो आशाएं चुपचाप व्यक्तित्व के पास खड़ी मिलती है

बंजारों के आँखों में मत झांकना वहां एक गहरा अँधा कुआँ होता है
जहां बंद आँखों के सपने रिस रहे होते और अन्तः जिनमें सपना खोता है

सपना और कुआँ अंततः फिर एक हो जाते है, तब आँखों में भी स्याह पन मिलता है
उसके अरमानों की बारिश अब तक न हुई है, ओर आँखों में भी अब सूखा दिखता है

अब तो सांसें भी रुक रही मानो जीवन समाप्त होना चाहता
अब तो आशाएं भी मिट रहो मानो हौसला पस्त होना चाहता
शायद हमारी आशाएं ही जीवन शक्ति है इन्ही से हमें जीने के कड़ी मिलती है
आओ अपनी आशाओं को उकेरे देखे कैसे वो एक दूसरे से जुड़ी मिलती है

ख्वाबों का शहर बनाता है जीवन हर वक्त के जुनून से, जो न अस्त होना जानता
जीवन जोड़ता है सांसें और ढूंढता है उनमे आशाएं और वो पुनः समस्त होना जानता
जीवन चलता रहता है रास्ते पर पसीने और खून से लथपथ, पर मानव न परास्त होना जानता
देख अपने जीवन के नए उगते हौसलों को, इन्ही से जीवन सतत फिर उदस्त होना जानता
और इस तरह जीवन नया रास्ता चुन फिर से जीवन की कड़ी में चिरस्थ होना जानता

कठिन शब्द

1. *आम-व-खास : सामन्य और ख़ास आदमी*
2. *अरमान : इच्छा; लालसा; कामना महत्वाकांक्षा हौसला।*
3. *गर्द : राख; धूल; रज मिट्टी; खाक सूर्य. खेद; रंज फ़ायदा।*
4. *परवाज : 1. उड़ान 2. अहंकार; नाज़। 1. उड़ने वाला 2. डींग मारने वाला*
5. *अलख : अलक्ष्य; जो दिखायी न पड़े; अदृश्य 2. अगोचर; इंद्रियातीत। 3. परमेश्वर 2. किसी अच्छे काम के लिए उत्प्रेरक अभियान*
6. *खानाबदोश : वह जो एक जगह पर स्थायी रूप से न रहता हो; सदा घूमने वाला; घुमंतू।*
7. *रगों : 1. नस; नाड़ी 2. आँख का डोरा 3. तार; तागा 4. हठ; ज़िद 5. बुरी आदत।*

8. गुबारों : 1. धूल; गर्द 2. आँखों की वह स्थिति जिसमें चीज़ें धुँधली नजर आतीहै 3. मन में दबा हुआ दुर्भाव या क्रोध; शिकायत; मैल 4. दुख; द्वेष।
9. मंज़र : देखने योग्य वस्तु या स्थान; दृश्यावली; दृश्य; नज़ारा
10. दुरा : घर का दरवाज़ा, बरामदा
11. रुबरु : आमने-सामने; सम्मुख; समक्ष।
12. आस : आशा; भरोसा 2. कामना 3. सहारा
13. जुनून : पागलपन; उन्माद; विक्षिप्तता 2. नशा; लगन।
14. मुकाम : 1. ठहरने का स्थान; खड़े होने की जगह; टिकना; पड़ाव; ठहराव 2. वास स्थान; घर 3. अधिष्ठान 4. पता; ठिकाना 5. साधक की अवस्थान भूमि
15. हौसला : उत्साह; साहस; हिम्मत।
16. रिस : कोप; क्रोध; गुस्सा।
17. अस्त : 1. ओझल; अदृश्य 2. समाप्त 3. गत 4. डूबा हुआ 5. फेंका हुआ।
18. समस्त: :1. आदि से अंत तक जितना हो वह सब; संपूर्ण; सभी; पूरा; कुल 2. किसी के साथ मिला हुआ; संयुक्त 3. संक्षिप्त; समास-युक्त।
19. परास्त : 1. पराजित; हारा हुआ या हराया हुआ 2. दबा हुआ; झुका हुआ 3. विनष्ट; ध्वस्त।
20. उदस्त : 1. फेंका हुआ 2. उजाड़ा हुआ 3. नीचा दिखाया हुआ 4. निकाला हुआ; निरस्त 5. नष्ट किया हुआ।
21. चिरस्थ : चिरस्थायी; बहुत दिनों तक बना रहने वाला

English Translation

9. Nomad's Home

In the city, a Nomad is searching for his home.
Searching days and nights, years have passed, wandering from one place to another
Inquires all-over; the commons and the specials, whosoever he can find
Going on is his search for house, Continuing with his wakeful dreams of life

Nomads now a day, don't have homes in cities.
Desires of home thrives in the Hearts and ceases in the eyes.
Dreams woven in the closed eyes, dreams are found far off in open eyes
Hearts carry the filth of broken dreams, but they keep smiling with lips

Whenever they looked and felt the moon, they made their house on moon
Nomads would Build mansions of dreams on the the moon,
Due to hunger gulps down the bread. Desire for home is crushed due to the need of home,

With time new aspirations grow wings Breeding yearning for home wanes
Fire for bread would keep them burning and awake Being called Nomads for the life

Desires for home never transform or die with passing time, they keep hiding in the veins
As soon the night sets in, Gravitates from the moon, into the dreams

Desire of home come from the corners of heart and turn to the pearls of eyes.
Once again, the breath is heavy, but the thirst for home is now stopping the breaths also

Dreams and Life go together, just few dreams shrink within self.
Reminiscence of homeland come often, but slip away when caught.

Realization of home seems close many a times,
When the dream house shrinks into small size.

Alas! Cost the dream homes has gone up and it don't fit into our pockets.

Till last breath, only one hope, if my dream will come true or not.
Donot know If one of the houses in city will ever be mine also.
Dreams don't transcend to reality of life Still unsure if will have a shed in the city

Dream walked towards the reality, I do not whether it will pass closer to me or not
Hope is alive, may be not all but a part I will transcend.

Dare not look at the eyes of the Nomads, its keeps darkness inside well.
dreams are leaking out out of closed eyes; ultimately the dreams are lost in eyes.
Dreams merge into the well; eyes get darkened and dried.
Rains of his wishes havn't poured yet; eyes are still barren.
Waves of desire in every breath; it doesn't cease till the breath ends.

Longings continue the life's shoulderBut whisper to soul in silence.

Aspirations remind us of the passion, which grows and walks with our shadows.
If you look back at any point, the expectations are also quietly standing near the person's shadow

Now, breath is ceasing as If life wants to end.
Now the hopes are lost, as if courage is also likely to be defeated.
Perhaps our hopes are life-force, giving links and reasons to live.

Let's rise and look how desires get associated with each other.
Our cities of Dream are made from the passions of life, which never sun-sets.
Life finds new breath and in them the hopes. again, becomes one with the hopes.
Live goes on with sweat and blood on the way but man is irrepressible and cannot be defeated.

Look at the budding aspirations of life and a new dawn in life that it has drawn

10. भारत का अबीर

सुन भई साधो ये कबीर सिर्फ कवि नहीं भारत के भाल का अबीर है
इसके बीजक में छुपे है हमारी परम्पराओं के बीज, देश के विचारों का ये आद्यनूतन समीर है

सच कहता है वो इसलिए गर चुभती है उसकी बातें, तो दिल में चुभनी भी चाहिए
पूछता है वो, कहाँ है रब से तेरी वस्ल, गर न हो सही, पर पाने की शिद्दतें न रुकनी चाहिए
दिखाता कबीर आइना सिर्फ इसलिए कि, तेरे जिंदगानी के हासिल की सीरत बदलनी चाहिए
सब घट घट बसता एक ही साई है, तो तुझे भी उसकी मूरत अपने अंदर दिखनी चाहिए
बार बार समझाता कबीर तुझे, क्यों ढूंढता अपने साई को बाहर, जबकि तुझमे ही रमता तेरा पीर है
सुन भई साधो ये कबीर सिर्फ कवि नहीं भारत के भाल का अबीर है

उसने तुझ से कभी कहीं न कहानी अपनी जिंदगी के गुर्बतों और किल्लतों की
कहता रहा वो ताउम्र अफ़साना, रब से तेरे मेरे इबादतों और मिल्लतों की

वो कहता है बस याद रख वाहे गुरु को, और उफ़ न कर ज़माने के अदावतों और ज़िल्लतों की
अदब से जहर तक पीया है कबीर ने ज़माने का, लानत न दी उन बर्ताबों ओर हालातों की
उसके सिखलायें जो हमें हमारी पुराने अदब की बातें, उन्हीं से ही बना नया भारतीयता का जमीर है
सुन भई साधो ये कबीर सिर्फ कवि नहीं भारत के भाल का अबीर है

कबीर कहता, साई ने हम सब को बनाया उससे आशनाई के लिए
सब इस जिंदगी में दुखी, कबीर कहता अपने अपने साई से जुदाई के लिए
वो याद दिलाता साधो निर्गुण सत्य -उद्घोष कर हो सुखी, तू जी जिंदगी आखिर विदाई के लिए
हे साधो, बसता हम सब में एक ही नूर है, बस देख साई की ओर, तू हर वक्त रोशनाई के लिए
जब तक साई की इनायत न होती तुझ पर, तू न ज़माने का सबसे बड़ा अमीर है
सुन भई साधो ये कबीर सिर्फ कवि नहीं भारत के भाल का अबीर है

दिखाता कबीर अपने उदाहरण से कैसे अपनी जिंदगी की चादर बुनते है
दुनिया के तंग गलियों और स्याह दीवारों से कैसे जिंदगी के रस्ते चुनते है
वो बतलाता तेरा साई कैसे मिले एक पल की तलाश में, चल पहले उसके इशारे सुनते है
कहता है वो की तू भी कर ले परवरदिगार से मिलने का इरादा, चल मन की नई माला जपते है
जो बोयेगा तू वहीँ पायेगा, पहले भी कहा था उसने, चल एक बार फिर से उसकी बात कहते है
झांक अपने अंदर और बदल खुद को, कहता हर बात में मेरे देश का फ़क़ीर है
सुन भई साधो ये कबीर सिर्फ कवि नहीं भारत के भाल का अबीर है

कबीर केबल खुदा का नाम नहीं, उसके प्रेम के पैगाम का भी तमाम है
बार बार कहता कबीर, हम सभी में बसता एक ही खुदा और राम है
देख इस कायनात में चारों और, हर तरफ उसी साई का ही नाम है
जब तक तू न समझेगा इन बातों को जिंदगी में तुझे चैन न आराम है
कबीर सर्वदा समसामयिक है, वो इस देश का सांस्कृतिक प्रवीर है

सुन भई साधो ये कबीर सिर्फ कवि नहीं भारत के भाल का अबीर है

कठिन शब्द

1. *भाल : 1. ललाट; कपाल; मस्तक; माथा 2. तीर की नोक 3. भाला; बरछा*
2. *बीजक : कबीर की पुस्तक का नाम*
3. *आद्यनूतन : पुराना और नया*
4. *समीर : 1. वायु; हवा; पवन 2. प्राणवायु 3. शमी नामक वृक्ष*
5. *वस्ल : 1. मिलन; संगम 2. संयोग 3. संभोग 4. इंतकाल; मृत्यु*
6. *शिद्दते : 1. प्रबलता; तीव्रता 2. लगन; तीव्र भावना; गरमजोशी 3. कठिनाई; परेशानी; प्रचंडता; उग्रता 4. भीषणता; अधिकता।*
7. *हासिल : 1. किसी वस्तु का अवशेष 2. उपज; पैदावार 3. नतीजा; निचोड़ 4. भूमि का कर या लगान 5. उपलब्धि। 1. जो कुछ शेष या बचा हो 2. जो कुछ हाथ लगा हो; लब्ध; प्राप्त।*
8. *सीरत : स्वभाव; चरित्र; प्रकृति*
9. *रमता : 1. कामदेव 2. पति 3. प्रेमी 4. आनंद 5. लाल अशोक. प्रिय; मनोरम; आनंददायक।*
10. *पीर : 1. महात्मा और सिद्ध पुरुष 2. परलोक का मार्ग दर्शक; धर्म गुरु 3. मुसलमानों के धर्म गुरु 4. सोमवार का दिन।*
11. *गुर्बतों : 1. विदेश प्रवास 2. निरुपाय या गरीब होने की अवस्था; निस्सहाय होने की अवस्था 3. परदेस या किसी यात्रा में व्यक्ति को होने वाले कष्ट; यात्रा में यात्री की दीन स्थिति 4. विवशता; परवशता।*
12. *किल्लतों : 1. किसी वस्तु के कम होने या कम मिलने की अवस्था या भाव 2. अभाव; कमी 3. तंगी; कष्ट 4. कठिनाई; दिक्कत।*
13. *इबादतों : बंदगी; आराधना; पूजा; उपासना; वंदना*
14. *ताउम्र : पूरी उम्र*
15. *अफ़साना : 1. किस्सा; कहानी 2. दास्ताँ 3. कथा; उपन्यास 4. लंबा वृत्तांत।*
16. *मिल्लतों : 1. मज़हब; धर्म 2. संप्रदाय; फ़िरका 3. कौम*
17. *बर्ताबों : व्यवहार*
18. *जमीर : 1. अंतरात्मा; अंतःकरण; मन; दिल 2. सर्वनाम (व्याकरण) 3. विवेक।*
19. *आशनाई : 1. इश्क; मुहब्बत; प्रेम 2. दोस्ती; यारी; मित्रता 2. जान-पहचान; परिचय 3. स्त्री-पुरुष के बीच अवैध संबंध।*

20. निर्गुण : 1. निर्गुण या निराकार ब्रह्म 2. त्रिगुण से रहित परमात्मा 1. जिसका कोई रूप, गुण या आकार न हो; निराकार 2. जिसमें सत, रज और तम नामक गुण न हों; त्रिगुणातीत।
21. उद्घोष : 1. घोषणा 2. तेज़ आवाज़ में कि गई पुकार 3. ऊँची आवाज़ में कुछ कहना 4. जनता में प्रसारित बात; मुनादी; डोंड़ी; डुग्गी।
22. नूर : 1. ज्योति; प्रकाश; रोशनी 2. छवि; कांति; आभा; शोभा; छटा 3. चमक-दमक।
23. इनायत : दया; कृपा; अनुग्रह; मेहरवानी; अहसान; उपकार।
24. स्याह : 1. काला; कृष्ण या श्याम (वर्ण) 2. अशुभ।
25. परवरदिगार : ईश्वर; भगवान
26. कायनात : 1. सृष्टि 2. जगत; ब्रह्मांड; संसार; विश्व
27. पैगाम : 1. संदेशा; समाचार 2. विवाह प्रस्ताव
28. तमाम : 1. समस्त; कुल; सब; पूरा; सारा 2. समाप्त; ख़त्म
29. समसामयिक : समकालीन; वर्तमान समय का
30. प्रवीर : 1. वीर व्यक्ति 2. महान योद्धा। 1. बली 2. उत्तम 3. प्रधान।

English Translation

10. Kabir - the mark of pride on forehaed of India

Listen folks this person kabir is just not a noted poet, but he is pride-mark on the india's forehead His book Veejak has seeds of our rituals and conventions, he is breeze of our thought as title head

He always insists on truth, even if his words pinch you
in consciousness, it must do so
He asks question about your meeting with god,
but the passion to meet The god you should show
He shows you mirror only to change the result and essence of your life
On eveyboy inside only one god resides,
then you also should see his statues inside your self
Kavir makes you understand why do you serach god outside,
when god resides inside you
Listen fellow country man this person kavir is just not poet,
he is mark of pride on forehaed of India

He never shrared with you the story of his life about its miseries and
poverty
He continued to tell the story of meeting between self and one's
personal god
He says just remember the god and do not pay heed to
animosity and problem of time
He drank the poison offered by time and never cursed
the situation and treat to him
What he taught as act of culture and custom,
that only has defined the conciouness of being indian
Listen fellow country man this person kavir is just not poet,
he is mark of pride on forehaed of India

Kavir says that god has created us to love the Lord
In the life, everybody is in sorrow state due to its separation for God
Kavir says that we should just chant the formless god,
and live the life for end journey
Only one hallows resides in all of us,
lets look towards the god for the blessed by his light
Untill you get the kindness of lord you can not be the rich person of
the world
Listen fellow country man this person kavir is just not poet,
he is mark of pride on forehaed of India
Kavir shows you by his own example,
how to weave the bedsheet of your own life
How to choose the path of life in narrow
lanes and by lanes and among the dark walls
He teaches you how you can realize god in a moment, but lets first
listen to him
He says you also should firm your intention to meet the almighty,
lets us run the new garland of beads
He has said earlier also that what you will sow,
so you will reap, let say it one more time
Look inside and change your self, that what this saint of India says
Listen fellow country man this person kavir is just not poet,
he is mark of pride on forehaed of India

Kavir is not the name of Lord, but the completeness of his love for us
Kavir has said it many times that only god resides in all of us
Look all around yourself in world, everywhere name of lord is inscribed
Till then you will not understand all these facts
you will not have peace and quietness in life
In every era Kavir is contemporray, he is cultural scholar of india
Listen fellow country man this person kavir is just not poet,
he is mark of pride on forehaed of India

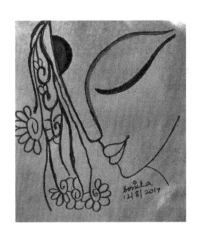

11. स्त्री - मैं कौन हूं

मैं वो हूं, जो घर में हमेशा सबसे पहले उठती हूं
क्योंकि मुझे समेटनी होती है तुम्हारी सारी चिंताएं
इसलिए मैं पहले उठती हूं

मुझे अब अपना दर्द महसूस नहीं होता, जब से मैंने सृजन किया है
अपने आराम और सुखों का तो मैंने बहुत पहले ही विसर्जन किया है
मेरी गलतियां तो कभी क्षम्य न हुई पर औरों की त्रुटियों का मैंने हमेशा
परिमार्जन किया है
जब जब मेरे परिवार में महकते कभी खुशियों के फूल
लगता उस दिन कुछ नया मैंने जीविकोपार्जन किया है

मैं अपने हर नन्हें पौधे में रोज प्यार का पानी डालती हूं
पर इन नन्हें पौधों से उत्पन्न फल रूपी आशा को न पालती हूं
इतना उड़ेलती मैं खुद को इनमें, पर मैं कभी न रीतती हूं
चिरंतन नूतनता समाती अपने अंदर, पर समय की धारा में न बितती हूं

मैं ही हूं जो अपने स्वतत्व के लिए घर में असमता से डरती हूं
पर अपनों के अधिकार के लिए हर बार सारता से कहती हूं
कमजोर नहीं हूं मैं, पर प्रत्युत्तर न पाकर भयभीत सहती हूं
मैं धरा बन अपने हर पेड़ के लिए रोज़ समर्पित रहती हूं

अपनों के संग्राम के लिए, मैंने अपना पुराना संघर्ष छोड़ दिया है
अपनों को विजेता बनाने हेतु उनके संघर्ष से रिश्ता जोड़ लिया है
मैंने अपने अन्य संघर्षों के ऊपर अपनों का भी संघर्ष ओढ़ लिया है
अपनों को विजय की पराकाष्ठा मिले इसलिए निज प्रयासों को उनकी और मोड़ लिया है

मैं अपने हर नन्हें परिंदे में, आसमान में उड़ने की आदत डालना चाहती हूं
मेरे पंख तो ज़माने ने कतरे थे, इसलिए इन नन्हें परिंदों में उदय की ताकत डालना चाहती हूं
मेरे अपने उत्साह को आवाज़ दे सकें, इसलिए इनके ख्यालों में अभ्युदय की कहावत डालना हूं
मेरी वो हर इच्छाएं जो पूरी न हुई, इन परिंदो के पंखों के बनाबट में डालना चाहती हूं

मैं चाहती हूं कि मेरे हर अपने का सर शाश्वत समाज में तन कर खड़ा रहे
गौरवान्वित रहूंगी मैं भी, जब मेरे अपनों का विचार सर्वदा उनसे बड़ा रहे
विवेक हो अपनों के विचारों में, सत्यानुरोध के लिए वो आग्रह पे अड़ा रहे
अन्याय के प्रति रोष हो उनमें, सोच सर्वदा सर्वकल्याण से भी जुड़ा रहे

आज की इस निशा में पूछती मैं खुद से, मैं कौन हूं,
मैं मौन हूं, इस निस्तब्ध निशा का, जिसमें हर रोज मैं ढलती हूं
समाहित करती सबको अपने अंदर, और फिर समेट कर चलती हूं
कई संघर्ष चलते मेरे अंदर समानांतर, पर हर रोज़ मैं बच्चों से खेलती हूं

मैं तो जानती, मैं कौन हूं
मैं धरा का सम्पूर्णता भरा आदिकाल से पसरा मौन हूं.

कठिन शब्द

1. *सृजन : 1. उत्पन्न या जन्म देने की क्रिया या भाव; सर्जन; रचना 2. सृष्टि; उत्पत्ति।*
2. *विसर्जन : 1. त्याग; परित्याग; छोड़ना 2. किसी देवी-देवता की मूर्ति को पूजन के बाद नदी, जलाशय आदि में प्रवाहित करना 3. (सभा आदि का) अंत; समाप्ति 4. मल-मूत्र का उत्सर्जन।*
3. *परिमार्जन : 1. त्रुटियाँ दूर करना; सुधारना 2. धोने या माँजने का काम 3. झाड़ने-पोछने का काम; स्वच्छ करना।*

4. जीविकोपार्जन : 1. जीविका चलाने के लिए धन अर्जित करना 2. रोज़ी कमाने की प्रक्रिया।
5. रीतती : खाली होने की अवस्था
6. चिरंतन : 1. बहुत दिनों से चला आने वाला; पुरातन 2. प्राचीन; पुराना।
7. नूतनता : नूतन होने की अवस्था या भाव; नयापन; नवीनता।
8. असमता : असमानता; विषमता; असाम्य
9. सारता : विश्वास के साथ, ढीढता, ठोस तौर पे
10. स्वतत्व : 1. स्वयं की भावना; स्वयं के होने का भाव; निजत्व; अहमन्यता 2. स्वामित्व; अधिकार।
11. प्रत्युत्तर : 1. उत्तर; जवाब 2. प्राप्त उत्तर का उत्तर
12. समर्पित : 1. जो समर्पण किया गया हो 2. आदरपूर्वक सौंपा गया; अर्पित 3. स्थापित
13. पराकाष्ठा : 1. चरम सीमा; अंत; चरम कोटि; 2. उच्चता; उत्कृष्टता 3. किसी कार्य या बात को ऐसी स्थिति में ले जाना जहाँ से आगे ले जाने की कल्पना असंभव हो
14. अभ्युदय : 1. उन्नति; उत्थान 2. उत्तरोत्तर वृद्धि या लाभ 3. आरंभ 4. कल्याण 5. मनोरथ की प्राप्ति या सिद्धि; इष्ट लाभ
15. कहावत : 1. जन सामान्य में प्रचलित लोकोक्ति; मसल; कहनूत 2. कथन; उक्ति 3. संबंधियों को मृतक कर्म आदि की सूचना देने के लिए भेजा जाने वाला संदेशा अथवा पत्र
16. निस्तब्ध : 1. विशेष रूप से स्तब्ध 2. जो हिलता-डुलता न हो; गतिहीन 3. निश्चेष्ट 4. कोलाहल रहित; शांत 5. जड़।
17. सत्यानुरोध : सत्य के लिए. विशेष आग्रह; निवेदन, विनय; विनती; प्रार्थना
18. आग्रह : 1. अनुरोध; निवेदन 2. किसी वस्तु को ग्रहण करना 3. नैतिक बल 4. किसी बात पर बार-बार ज़ोर देना 5. किसी बात पर अड़े रहना; हठ।
19. समानांतर : दो या दो से अधिक रेखाएँ जो एक सिरे से दूसरे सिरे तक बराबर दूरी पर रहें;
20. समाहित : 1. एकत्र किया हुआ; संगृहीत 2. तय किया हुआ; निश्चित 3. समाप्त 4. स्वीकृत
21. गौरवान्वित : 1. सम्मानित 2. गौरवयुक्त; महिमायुक्त

English Translation

11. Woman - who am I

I am the one who, rise earliest from house bed as warrior
Because I want to collect all the worries of my family as their saviour

Woman, I am
I do not feel my own pain since the time I have done the creation
My pleasure and happiness has been silenced since long and has undergone dispersion
My errors were never pardoned by people around, for other's mistakes I pay the price for their correction
Whenever flowers of glee blossom in family, I earn that day for family through my contribution
.
Pouring myself onto every bud of this house for letting them grown and be well known
still never expecting fruits of their growth, don't want benefit their benefit to be only for my own
I pour myself so much into family but remain eternally cherished and never feel tired and worn
I infuse myself with eternal youthfulness and joy, untouched by situation & time gone

For my own benefit, I always talk with humility.
But for benefit of my loved ones, I voice concern with full audacity
I am not weak but afraid of being unheard in family & fear of duplicity
I became the goddess Earth and devoted to each tree of mine with love as proclivity

I have Left my own fights and rise in time; I am providing strength in conflicts delaing my family.

To make my family memebrs victorious in fights, since long I joined them in their struggles firmly

Over and above the battles of mine I have woven their battles of my family miraculously

My family should get the pinnacle of success that why I have bent my own efforts to them truly

I Want to install the passion of flying high in those tiny eyes of each of my family hatchings.

Though my wings were broken by the time, I have put strength of ascend in juniour's tiny wings

My child must give voice to their enthusiasm; so, I have filled their dreams with phrase of spring

In making of their wings I have constructed them with all unaccomplished desires of mine as ring

each of my family should holds their head high for with certainity and pride in our society

I feel proud when thoughts of my family member are greater than moral demand of community

Let them be filled up with Wisdom in their thoughts, insistence on truth should be their conformity

Injustice should make them angry, let them take community's universal welfare, from dream to reality

In today's night with darkness I am inside house and moonlight outside

, I ask myself, who am I?

But remain calm like the Earth and do not say anything to any one

I am the silence of this quiet night, in which every day I am made to provide

Consolidating and Harmonizing everything in my life, I march will glee and face the adversity

Combating Raging parallel battles inside on multitude of issues and face life as reality,
I still play with my kids daily to shape their future and bring up their capability
Who am I? I know myself.
I am The Absolute Silence embracing and supporting world from eternity

12. साधना या वंदना?

हे प्रभु धन्यवाद तेरा जो निज अर्पण तू ने कराया
तेरे चरण कमल के अर्पण से ही मैं मोक्ष द्वार को पाया
अनेकों तेरे रूप विदित है प्रभु, और अनेकों तेरे भजन के पद्य
हर मानवीय अंतर्यात्रा अनोखी होती प्रभु, तुझे शाश्वत कह के गए सब विद्य
आख्यानों में ढूंढता रहा था तुझे मैं पूर्व में, और पढ़े ढेरों तेरे अनेक गद्य
अन्तः तुझमे बन्ध हुआ मैं प्रभु, और तू मिला मुझे सर्वदा असम्बाधय
तेरे चरणों की आसक्ति ने आज है मेरी माया को मिटाया
हे प्रभु धन्यवाद तेरा जो निज अर्पण तूने कराया

मेरी भक्ति कि याचना स्वीकार कि तूने प्रभु, फिर विराट रूप दिखलाया
तूने पहले अपनी भावनाएं समझाइ, जो अब तक मैं था, समझ न पाया
तेरे निज रूप प्रदत्त प्रकाश ने ही प्रभु फिर मेरी सुषुप्त आत्मा को जगाया
तूने स्थान अपने हृदय में भी दिया मुझे प्रभु और फिर अखिल विश्व का सार सुनाया
तू अनंत मुझे मिला मेरी वाणी के स्वरमें, मैं गीतों में तेरा ही उद्बोध गाया
लोक परलोक की चिंता अब नहीं जब से है मैंने तेरा ध्यान लगाया
हे प्रभु धन्यवाद तेरा जो निज अर्पण तूने कराया

तू तो बसता मेरे अंतर्मन में हर क्षण तेरा अंतर्दर्शन मैंने पाया
पावन बनाता तू मेरे विचार तत क्षण, जब भी ध्यान तुझमे है लगाया
तेरे भाव जब भी जगते रहे, तो फिर उन्होंने वैश्विक अभावों को मिटाया
जब जब मुझे मिला तेरा सान्निध्य, उसने जगत के कुप्रभावों से भी बचाया
जब जब तुझमे समाहित हुआ मै तब विलीन हुई मेरे भ्रम की छाया
हे प्रभु धन्यवाद तेरा जो निज अर्पण तूने कराया

हर दुःख की पराकाष्ठा में हे प्रभु मैं विहलतावस तेरी ओर ही आया
फिर हर वार तूने पहले गले लगाया तत्पश्चात मेरे हृदय को समझाया
तुझमे ही अब मिलते भूत और वर्तमान, गुज़रता समय भी है तेरी माया
संपूर्णता की परिपूर्णता मिली तुझमे, जब से तूने है मेरे जीवन को क्षणांश बतलाया
सम्पूर्ण लोक समाहित तुझमे ही, क्या ब्रम्हांड, क्या विश्व की माया और काया
हे प्रभु धन्यवाद तेरा जो निज अर्पण तूने कराया

मैं तो बस तेरे दिए कर्म करता रहा, हर वार मेरा उत्कर्ष तुझी में समाया
मैं इस विश्व के क्षद्म नैतिकता में मिटता रहा जब जब ध्यान तुझसे हटाया
हिंसा दर्प ओर घृणा के विचारों में सिमटता रहा, जब जब तेरे भावों को मैंने घटाया
मैं इस भव-सागर का परिप्लव पंछी. मैंने सतत अभय तेरे नाव पर ही निरंतर पाया
फिर तेरे चिरंतन आशीष वश ही तुझमे जुड़कर तेरा चरण वंदन मैंने गाया
हे प्रभु धन्यवाद तेरा जो निज अर्पण तूने कराया

मैं इस जगत पथ का तुच्छ रजकण जिसे तूने अपने रथ का जयन्ति बनाया
धन्य हो गया मेरा जीवन, जब तूने चरण शरण में अभिक्रान्ति दिखाया
उस क्षण मेरा अस्तित्व आविर्भुत था,
ऊपर तेरे राजीव नयन थे, जहाँ मैंने अपनी विभ्रांति मिटाया
मूक थे मेरे स्वर, पर हृदय में थे तेरे उद्गारित भक्ति के स्वर को फिर मैंने गाया
उस दिवस के समाहित तेरे आँखों की करुणा ने मेरी अनभिज्ञता को घटाया

विस्मृत हुआ मेरा अस्तित्व उस क्षण, फिर मैं तुझसे ध्यान हटा न पाया
भक्ति पुष्प प्लावित था मेरा जयति हृदय पर कह रहा था जय जय जय जय

मैं ढूँढ रहा था अपना अस्तित्व तेरे विशाल मर्म में
मैं देख रहा था तेरा स्नेह कृतित्व अपने परिश्रम के कर्म में
अब तुच्छ लगा तुझको ढूंढना दुनिया के बतलायें धर्म में
क्योंकि तू हर वार मिला रज कण ओर रथ के मिलन परम में
झुक हुआ था मेरा शीश, मैं बस समर्पित था तेरे चरम में

मूक थे स्वर ओर बह रहे थे अश्रु इस मिलन के क्षण में
बाध्यता न थी स्वीकार मिल रहा था उस हृदय के प्रफुल्लन में
कंपित था शरीर, सांसें भी रुक रही थी उस करुणा के गहन में
पूर्ण हो गयी थी जन्म जन्मांतर की कामना, दास के प्रभु से मिलन में

विवेक विचार सब पीछे छूट गए थे उस क्षण के तेरे मनन में
आज तक मेरा निष्क्रांत न हुआ, जब से देखा खुद को तेरे करुण लोचन में
दिखने लगा है तू अब हर क्षण इस अखिल ब्रम्हांड के कण कण में
बस अब शांत हो गया हूं मैं जब से पायाहै तुझे अपने प्राणों के प्रण में

कठिन शब्द

1. *अर्पण : 1. देना; सौंपना; भेंट करना 2. दान; प्रदान; बलिदान 3. वापस करना 4. रखना 5. समर्पण*
2. *मोक्ष द्वार : 1. बंधन से मुक्त; बंधन से छूटना; छुटकारा 2. चार प्रकार के पुरुषार्थों में एक; अलौकिक पुरुषार्थ 3. मौत; मृत्यु*
3. *विदित : 1. जाना हुआ; जिसे जाना-समझा जा चुका हो; अवगत; ज्ञात; मालूम 2. प्रसिद्ध 3. स्वीकृत।*
4. *पद्य : 1. पद के नियमों के अनुसार होने वाली साहित्यिक रचना; छंदोबद्ध रचना; काव्य 2. (पुराण) ब्रह्मा के पैरों से उत्पन्न 3. कीचड़ जो अभी पूरी तरह सूखा न हो*
5. *विद्य : 1. अध्ययन और शिक्षा से प्राप्त ज्ञान; इल्म 2. किसी विषय का व्यवस्थित ज्ञान 3. इंद्रजाल; जादू; मंत्र 4. कला 5. गुण वाला आदमी*
6. *असम्बाध : बिना रूकावट के, बिना रोक टोक के, बिना भीड़ भाड़ के*

7. आसक्ति : 1. आसक्त होने की अवस्था या भाव 2. अनुरक्ति; अनुराग; लगन; लिप्तता;
8. प्रदत्त : एक गंधर्व का नाम। जो दिया जा चुका हो; दिया या प्रदान किया हुआ
9. सुषुप्त : 1. गहरी नींद में सोया हुआ 2. जो निष्क्रिय अवस्था में स्थित हो
10. अखिल : 1. सारा; संपूर्ण; समस्त, जैसे- अखिल भारतीय, अखिल विश्व 2. अखंड 3. खेती योग्य (भूमि) 3. जो खिला न हो, अनखिला।
11. उद्बोध : 1. जागना; जागरण 2. स्मरण 3. ज्ञान
12. अंतर्मन : 1. मन की भीतरी चेतना; अंतःकरण 2. अचेतन मन
13. अंतर्दर्शन : 1. मन की परख; भीतरी निगाह 2. आत्मसाक्षात्कार; आत्मनिरीक्षण 3. अंतःकरण में ईश्वरानुभूति।
14. पावन : 1. पवित्र; शुद्ध 2. पवित्र करने या बनाने वाला 3. पापों से छुड़ाने वाला
15. सान्निध्य : 1. समीप होने की अवस्था या भाव; सामीप्य; निकटता 2. मोक्ष का एक प्रकार
16. विलीन : 1. घुला हुआ 2. ओझल; गायब 3. लुप्त; अदृश्य 4. संबद्ध; संलग्न
17. विहलतावस : उत्तेजना चिंता, बदलाव
18. पराकाष्ठा : 1. चरम सीमा; अंत; चरम कोटि 2. उच्चता; उत्कृष्टता 3. किसी कार्य या बात को ऐसी स्थिति में ले जाना जहाँ से आगे ले जाने की कल्पना असंभव हो।
19. परिपूर्णता : 1. अच्छी तरह भरे होने का भाव 2. परिपूर्ण होने की अवस्था या भाव; किसी कार्य की पूर्ण समाप्ति
20. क्षणांश : अत्यंत छोटा पल; क्षण मात्र; पल भर
21. समाहित : 1. एकत्र किया हुआ; संगृहीत 2. तय किया हुआ; निश्चित 3. समाप्त 4. स्वीकृत।
22. ब्रम्हांड : संपूर्ण विश्व; विश्वगोलक।
23. माया : 1. दौलत 2. भ्रम 3. इंद्रजाल; जादू 4. कपट; धोखा
24. उत्कर्ष : 1. ऊपर की ओर जाने या उठने की क्रिया या भाव 2. उन्नति; विकास; समृद्धि
25. क्षद्म : जो सच नहीं हो
26. दर्प : अहंकार; घमंड; गर्व; मन का एक भाव जिसके कारण व्यक्ति दूसरों को कुछ न समझे; अक्खड़पन।
27. भवसागर : संसार रूपी समुद्र; भवांबुधि

28. परिप्लव : 1. तैरना 2. बाढ़ 3. अत्याचार 4. नौका; पोत 5. चंचल; अस्थिर 6. तैरता हुआ
29. आशीष : 1. किसी के कल्याण, सफलता आदि के लिए कामना करना; आशीर्वाद; मंगल कामना 2. एक अलंकार जिसमें आशीर्वाद प्राप्त करने की प्रार्थना होतीहै
30. रजकण : 1. रज 2. मिट्टी या बालू के छोटे-छोटे कण; धूल; गर्द
31. जयन्ति : 1. वह स्त्री जिसने विजय प्राप्त कर ली हो 2. दुर्गा; पार्वती 3. ध्वजा; पताका 4. हल्दी 5. एक बड़ा पेड़ जिसे जैंत या जैंता कहतेहै 6. ज्योतिष का एक योग 7. किसी महापुरुष की जन्मतिथि पर मनाया जाने वाला उत्सव। ; विजय प्राप्त करने वाली; विजयनी
32. अभिक्रान्ति : किसी चीज़ को एक स्थान से दूसरे स्थान पर स्थानांतरित करना; विस्थापन
33. विभ्रांति : 1. भ्रांति; भूल; भ्रम 2. घबराहट; हड़बड़ाहट
34. विस्मृत : 1. भूला हुआ; भुलाया हुआ 2. जिस का स्मरण न रहा हो
35. उद्गारित : 1. भले विचार या भाव; भाव-विह्वलता में अभिव्यक्त बात; आंतरिक भावों की अभिव्यक्ति 2. आधिक्य; बाढ़
36. प्लावित : 1. डूबा हुआ ; जलमग्न 2. जिसपर बाढ़ का पानी चढ़ आया हो 3. जल से व्याप्त; तैराया हुआ 4. जिसमें बाढ़ का पानी भरा हुआ हो
37. जयति : एक संकर राग जिसे कुछ लोग गौरी और ललित तथा कुछ लोग पूरिया और कल्याण के योग से बना हुआ मानतेहै
38. मर्म : 1. भेद; रहस्य 2. स्वरूप 3. गूढ़ अर्थ 4. किसी बात के अंदर छिपा हुआ तत्व
39. अस्तित्व : 1. वजूद; होने का भाव 2. हस्ती;हैसियत 3. सत्ता; विद्यमानता; मौजूदगी; उपस्थिति। अस्तित्व मिटा देना : नामोनिशान मिटा देना; न रहने देना; समाप्त कर देना
40. कृतित्व : 1. किसी लेखक आदि के द्वारा किया गया रचनात्मक कार्य; किसी रचनाकार की समस्त कृतियाँ 2. कारयित्री प्रतिभा 3. कारनामा
41. कर्म : 1. कार्य; काम 2. आचरण 3. भाग्य 4. ऐसे धार्मिक कार्य जिन्हें करने का शास्त्रीय विधान हो 5. मृतात्मा की शांति हेतु किया गया कार्य
42. शीश : सर; सिर; मस्तक; माथा
43. मूक : 1. मौन; शांत 2. बोलने में असमर्थ; गूंगा

44. प्रफुल्लन : खिलता हुआ, मुस्कुराता हुआ, फूलता हुआ, खुश
45. गहन ; 1. कठिन; दुरूह 2. निविड़; घना 3. दुर्भेद्य; दुर्गम 4. गंभीर। [1. लेना; पकड़ना 2. ग्रहण 3. बंधक 4. कलंक 5. कष्ट; विपत्ति; पीड़ा 6. गहराई 7. गुफा 8. दुर्गम स्थान 9. जंगल 10. जल 11. परमेश्वर। 1. गहने या पकड़ने का भाव; पकड़ 2. ज़िद; हठ
46. मनन : 1. विचार करना 2. सोचना
47. निष्क्रांत ; 1. बाहर निकला या निकला हुआ 2. जिसका निष्क्रमण हो चुका हो 3. निर्गत
48. लोचन : 1. देखने की क्रिया 2. नेत्र; आँख; चक्षु; नयन

English Translation

12. Devotion or prayers

My lord, thanks you that you gave me opportunity to offer myself completely to you
After offering myself to your feet, I am feeling of my freedom from world that I knew
There are many explained faces of yours, there are many poems in knowledge that praise you
I was searching you in the compendiums of thought, I read many prose amd grew
Every internal travel is unique god, your immortality has been told by scholars to ensue
In the last I am bound to you, you came to me in boundless form to pursue
My passion and prayer for your feet has removed all my illusions and rue
My lord, thanks you that you gave me opportunity to offer myself completely to you

My lord you accepted my request for devotion, then you showed greatest form of yours to me
you made me comprehend all feelings of my life. which I have never understood in my life's fee
With the light given by you shown to me, has awaken my sleeping soul and search for thee
You gave myself the place in your heart and told me the essence of the whole world to be
You met me as infinite in my own words, I tried to sing you in my songs for glee
Now I do not think of this world or other world, since I am meditating on you to see
My lord thanks you that you gave my opportunity to offer myself completely to you

You dwell in my inner self, when ever I get in my heart your lovly view whenever I meditated on you, You continue to purify me at every moment as dew

Whenever your emotions arise in me, my existential inadequacies vanished from sinew

Whenever I come close to you, those moments saved me from ill effect of world's askew

Whenever I was integrated with you, shadow of my doubts were always removed to few

My lord thanks you that you gave my opportunity to offer myself completely to you

On the peak of poverty and troubles, I came to you emotionally chocked state

Every time you embraced me in yourself, and pulled myself closure to yours estate

In you I find the time of past and future, present time is illusion of yours to narrate

I got the completeness of existence in you, even though you call life just momentary to rate

Whole world is integrated in you. including the full cosmos and illusion of this world in the set

I continue to do the work given by you, every time excellence found in yourself was greatest

Whenever I removed my devotion from you, was reduced by illusory morality of world in haste

I collapsed into violence, haughtiness and hatred, whenever I reduced emotions about you to test

I am the restless bird of this world, every time I have found fearlessness on your ship at its crest

Due to your continuous blessings only, I could sing the songs of praise for you my lord, at its best

My lord thanks you that you gave my opportunity to offer myself completely to you

I am just a small dust particle of the path of world, and you have made the mast flag of your chariot
My life became extreme when you showed beauty of life after taking me in your feet scope
At that moment, your lotus eyes where manifesting for me, I forgot all the tiredness of mine
My voice was silent so, I sang the songs of expounding devotion emerging in my heart for you
That day whatever compassion I saw in your eyes. removed and lack of knowledge in myself
My self-existence was forgotten at that point of time, I was not able to come out of your charm
Flower of devotion was filling up my heart and heart was saying praise to my lord, praise to you.

I was searching for my existence in the huge heart of yours
I was searching for creation of your love in my labour of work
It was very shallow to search for you in path told by world to look for you
Every time I found you in the union of chariot and dust
My head was bowing before your feet, I was completely submitted to ecstasy of union with you

I was silent and my tears were flowing in that moment
There were constraints on me and I was finding acceptance of my hearts happiness
I was shivering and my breath was stopping in that Moment of compassion for me
My wishes of many birth has come true, in meeting between master and devotee at that time

Thoughts and wisdom were left behind in thinking of you at that moment
I have not exited from you even today, since the time I saw myself in your eyes filled with compassion

Now I can see you in every particle of this cosmos
I have turned quiet now, when I see you in vows of my breath & life

13. नरि्णय

आज कहने दो मुझे मेरे शब्दों को उनसे, हो सके तो तुम भी दो मेरे शब्दों पे ताल
आज मैंने लिया है निर्णय, खुद के संबधों पे उठने दूंगा मैं अपने अनुत्तरित सबाल

आज मैं ज़माने के सवालों के साथ जरूर चल पाऊँगा, खुद से ये मेरे वादा है
अपने जीवन के हक़ीक़तों के ठोकर अवश्य झेल पाऊँगा, आज किया मैंने इरादा है
ज़माने के तीरों के तामीर अब दिल तक न लूंगा, आज मैंने ओढा नया लबादा है
अपनों के जहर के तासीर अब और न पीऊंगा, सबको ये जबाब मेरा सीधा साधा है
बस मैं चाहता हूं बदलना उनके तसव्वुर में मेरा पुराना गैर-संजीदा सा ख्याल
आज कहने दो मुझे मेरे शब्दों को उनसे, हो सके तो तुम भी दो मेरे शब्दों पे ताल

आज मैंने स्वीकार किया है अपने जीवन के अपूर्णता और अर्ध-सत्यों को

आज मैंने अंगीकार किया है अपने जीने के लिए ऐतिहासिक निबाध कृत्यों को
इस कठपुतली ने आज अंगीभूत किया है अपने गुज़रते समय के यंत्रणा युक्त नृत्यों को
इस अनभिज्ञ ने भी आज समझ लिया है वर्तमान समाज के सामंतों और भृत्यों को
मैं सिर्फ माटी का पुतला नहीं, जिंदगी के यथार्थ से आगे निकलने की हूं जिजीविषा कमाल
आज कहने दो मुझे मेरे शब्दों को उनसे, हो सके तो तुम भी दो मेरे शब्दों पे ताल

अपने इतिहास के समय तो मैं बदल नहीं सकता, इसलिए उन्हें आज मिटाने का प्रण किया है
पौराणिक सामाजिक मान्यतों के साथ अब चल नहीं सकता, इसलिए उन्हें छोड़ अब गमन किया है
अपनी पुरानी शंकाओं को मैं मिटा नहीं सकता, इसलिए आज उनका सप्रयास सम्मार्जन किया है
औरों के इरादों की गठरी तो मैं ढो नहीं सकता, इसलिए पुराना सर्वस्व आज अब दफ़न किया है
आज दिख रहा मुझे क्षितिज पर मेरा उगता विभास, अब न लूँगा मैं ज़माने के कोई और सवाल
आज कहने दो मुझे मेरे शब्दों को उनसे, हो सके तो तुम भी दो मेरे शब्दों पे ताल

जिंदगी के सफर में कोयले बहुत मिले थे पर हीरों ने हरवार मंज़िलों का आस दिखाया
हीरों ने बार बार टूटी सांसों में भी जिंदगी के समर में लौटने का विश्वास दिलाया
जिंदगी के सफर की खिज़ां के दौर में में हीरों ने ही पाल पोस कर आम से ख़ास बनाया
हार्दिक धन्यवाद उन हीरों का, जिन्होंने इस तुच्छ को ज़माने में प्रयास सिखलाया
मेरा सज़दा उस वाहे गुरु को भी, जिसने मिलवाएं जिंदगी में इतने सारे हीरे कमाल
आज कहने दो मुझे मेरे शब्दों को उनसे, हो सके तो तुम भी दो मेरे शब्दों पे ताल

कठिन शब्द

1. ताल : 1. हथेलियों के टकराने से होने वाली ध्वनि; करतल ध्वनि 2. संगीत (गायन, वादन और नर्तन) की निश्चित मात्राएँ 3. बाँह या जाँघ पर हथेली के प्रहार से होने वाली ध्वनि 4. वाद्ययंत्रों से निकलने वाली लयबद्ध ध्वनि 5. नृत्य में उसके समय का परिमाण ठीक रखने का एक साधन
2. अनुत्तरित : जिसका उत्तर न दिया गया हो; जिसका ज़वाब या हल न मिला हो
3. तासीर : 1. गुण; योग्यता; प्रकृति 2. असर; प्रभाव
4. तामीर : 1. मकान बनाना या मकान मरम्मत करने का कार्य 2. इमारत निर्माण
5. लबादा : 1. अन्य वस्त्रों के ऊपर पहना जाने वाला भारी और लंबा पहनावा 2. चोगा
6. तसव्वुर : 1. चित्त को ध्यान करके किसी को प्रत्यक्ष करना; समाधि-दर्शन 2. कल्पना 3. विचार; ख़याल; ध्यान।
7. संजीदा :. जिसके व्यवहार में गंभीरता हो 2. गंभीर; शांत 3. समझदार; बुद्धिमान
8. अपूर्णता : अपूर्ण होने की अवस्था या भाव; पूरा न होने का भाव; अधूरापन; अधकचरापन
9. अर्धसत्यों : आधा सच
10. ऐतिहासिक : इतिहास में उल्लिखित 2. इतिहास संबंधी 3. कोई बहुत महत्वपूर्ण तथा स्मरणीय घटना
11. अंगीकार : 1. स्वीकृति; मंजूरी; ग्रहण करना 3. अपने ऊपर लेना 4. ज़िम्मेदारी उठाना।
12. निबाध : बल प्रयुक्त किया हुआ फेका हुआ, मज़बूरी
13. अंगीभूत : 1. स्वीकृति प्रदान किया हुआ; सम्मिलित, शामिल 2. अंगीकृत।
14. यंत्रणा : 1. यातना; तकलीफ़ 2. मानसिक अथवा शारीरिक कष्ट; दर्द; वेदना; पीड़ा।
15. अनभिज्ञ : जो किसी बात को जानता न हो; अनजान; नावाक़िफ़।
16. सामंतो : 1. किसी राजा के अधीन रहने वाला ऊँचे ओहदे वाला सरदार जो अपने क्षेत्र में राजा जैसा ही व्यवहार करता हो; राजा को कर देने वाला अधिकार भोगी भू-प्रमुख 2. वीर; योद्धा।
17. भृत्यों : नौकर; सेवक; दास। भरण करने योग्य।
18. जिजीविषा : जीने की इच्छा या उत्कट कामना; जीवटता 2. जीवन की चाह

19. गमन : 1. प्रस्थान; जाना 2. विजययात्रा करना

20. सम्मार्जन : साफ करना या पोछना

21. क्षितिज : वह स्थान जहाँ पृथ्वी और आकाश मिलते दिखाई दें।

22. विभास :. दीप्ति; चमक 2. (संगीत) सुबह के समय गाया जाने वाला एक राग

23. समर :. युद्ध; संग्राम; लड़ाई; रण; जंग 2. कामोद्वेग 3. कामदेव; मनोज 4. वृक्ष का फल; मेवा 5. किसी कार्य का परिणाम; नतीजा 6. सत्कर्म का सुफल।

24. सज़दा : 1. नमाज़ पढ़ते समय माथा टेकने की क्रिया 2. प्रणाम करना; सिर झुकाना।

English Translation

13. Declaration

Today let me speak my words aloud; if possible, you too give clapping to my proclamation
Today I have taken the decision; I will back my unanswered questions on my any association

Today I have promised myself to be able to live with the questions of time,

Have build intentions to withstand if I get stuck in hard realities of life and people.

I have taken up new cloak of mine; will not pay heed to arrows constructed by time,

Will not drink poison extended by loved ones, kin get clearly this blunt reply of mine.

All I want is to transform my rigid old speculation in their imagination,

Today let me speak my words aloud; if possible, you too give rhythm to my declamation.

Today I have accepted incompleteness and half-truths of mine,

Now I have adopted my endless acts from history of time.

Recently feudal and devotees of society has been inferred by this ignorant,

This puppet has embraced dancing in its own musical instruments.

Don't take me for clay statue; I am an amazing urge to overcome life's definition

Today let me speak my words aloud; if possible, you too give rhythm to my declamation.

I cannot change the pages of my history, so I vouch to erase them permanently.
Cannot move now with old social beliefs of mine,
So, I have left them behind.
I cannot erase my old doubts and questions,

Thus, today I have done their consolation.

Now I cannot move anymore; so, have buried bundle of others' intentions,

Today on panel I see my own vibes, thus will not take any further questions.

Today let me speak my words aloud; if possible, you too give rhythm to my declamation.

Coal were abundant in paths of life, but diamonds guided in every road and direction
Every time for restoring broken breaths to life, diamonds served as inspiration.
In the annals of the journey of life, I owe to diamonds my commoner to special transformation,

Heartfelt thanks to diamonds that shaped this trivial's sky escalation.

Almighty, you blended such incredible diamonds in life, thee accept my adoration.

Today let me speak my words aloud; if possible, you too give rhythm to my declamation.

14. प्रेम का सम्पूरण गीत

पहले वो हवा से हमारे पास आतें हैं फिर साँसों से दिल में उत्तर जाते है
ढूंढते रहते हम उन्हें हवा की खुशबुओं में, पर कभी कभी ही उन्हें हम पा जाते हैं
बाहर वो ज़माने के दस्तूरों से नहीं मिलते, मेरे गुलिस्ताँ में भी कभी तो गुल खिल जाते हैं
मेरे आस पास की हर चीज़ उनका ही अहसास कराती है, पर वो जब मिले तो मेरे होंठ सील जाते हैं

हमारे दिल में हमेशा अरमान पलते है उनके साथ साथ आसमान में उड़ने का
जिंदगी के मौजूद रास्तों ओर लोगों को वहीँ छोड़ कर उन्हीं कि ओर मुड़ने का
उनसे तो बस हर वक्त हमारी इल्तिज़ा होती, और पास आकर करीब से जुड़ने का
अपने दिल की ख्वाहिशों से ही हमें फिर डर लगता, जब जब बातें होती उनसे बिछड़ने का

और फिर शुरू होती है अपने शिद्दतों से उन्हें पाने की इबादत
जैसे कटोरे के पानी में चाँद को देखकर होती है उसे छूने की चाहत

जब जब दीदार- ए -चश्म होता उनसे, तो फिर पूरी होती हमारी भी मन्नत
तिस्नगी मिटती जिंदगी की भी, सामने आतें वो वो जब, तो मानो मिलती जन्नत

और इस तरह धीरे धीरे परवान चढ़ता हमारे भी इश्क ओर वस्ल का जुनून
ढूढता अपने हबीब को, और मन्नतों में गजलें कहकर ही मिलता मेरे दिल को सुकूँ
सुर्ख होते फिर कुछ हमारे भी ख़्वाब, और इनमें होता मेरे माहताब का ही मजमून
तबस्सुम सी तब लग रही होती जिंदगी, मैं बस कह रहा होता आफ़रीन आफ़रीन

ज़ाहिद हूं खुदा का पर तेरे यादों की शराब पी है
तुमसे ही जिंदगी मुकम्मल तो कौन सी बात ख़राब की है
तुमसे इश्क करके मैंनें जिंदगी में बस एक ही चीज़ तो लाज़वाब की है
आओ अब आकर समा जाओ मुझमे, इससे आगे न मैंने ख़्वाब की है

तुम मेरे जज़्बातों को एकबार अपने हाथों में तो लो, फिर चाहे कहीं और जोड़ देना
एक बार तो अपने नज़रो की इनायतों से नहलाओ फिर चाहे मुझसे मुहँ मोड़ लेना
दूरियां मिटाओ और पास तो आओ, फिर चाहो तो छूकर मुझे बिलकुल खुश्क छोड़ देना
गर मेरी टूटी हसरतें ही देखनी हो अपने इस खादिम की रुकती सांसें ओढ़ लेना

आजकल जमाने में तेरी बंदगी करने में मुझे कोई शर्म महसूस नहीं होता
आजकल इस ज़माने में तेरा गुलाम कहलाने में मेरा ज़ेहन बेखुलूस नहीं होता
आजकल मेरी दुनिया को सुकूँ सुनाने को कोई और खूबसूरत मलबूस नहीं होता
मेरी सद्र अता कर मुझको अपना सबकुछ, मेरी महजबीन, बद्र का चाँद कंजूस नहीं होता

हर मुलाकात के अंजाम की बातें क्यों जुदाई में ख़तम होती है
अब हमारी-तुम्हारी हर बात भी क्यों चुप्पियों की छुपाई में ख़तम होती है
हमारी ग़ज़लों और नज़्मों की कहानी भी क्यों दूरियों की रुसवाई में ख़तम होती है
पर मेरे हबीब, अब भी बनाएं है मैंने तेरे लिए कसीदे जो तेरी सानाई पे ख़तम होती है

लगताहै अब हम दोनों का तसव्वुर और अहसास कुछ बदल सा गया है
तुम्हें मिलने और पाने का अरमान क्यों अब गुरबतों और गुबारों में बदल सा गया है
हर बार पूछा है मैंने खुद से, क्या बदला हूं केबल मैं, या वो भी बदल सा गया है
पता नहीं वो पहले की बातें कहाँ गयी शायद हमारे इरादों में कुछ खल सा गया है

अब जमाना कहता है, मैं तेरे इश्क में अमूमन पागल हो गया हूं
अब मैं दायरों की जमीन पर नहीं, आसमान का बादल हो गया हूं
पर संभाल रहा हूं अपने गुबार अब तक सीने में हमनशीन जबकि घायल हो गया हूं
ढूंढता फिर रहा हर ज़र्रे में मेरी हमनफ़ज़ तुझे, जब से मै तेरा कायल हो गया हूं

कठिन शब्द

1. *दस्तूरों : दुनियादारी; परंपरा; रिवाज; रस्म; प्रथा; चाल; परिपाटी 2. कायदा; विधि*
2. *गुलिस्ताँ : 1. फुलवारी; फूलों का बाग 2. बगीचा; उद्या*
3. *इल्तिज़ा : प्रार्थना; विनती; निवेदन; मिन्नत; दरख़्वास्त; दुहाई*
4. *शिद्दत : 1. प्रबलता; तीव्रता 2. लगन; तीव्र भावना; गरमजोशी 3. कठिनाई; परेशानी; प्रचंडता; उग्रता 4. भीषणता; अधिकता।*
5. *दीदार- ए -चश्म : आँखों से देखना*
6. *तिस्नगी : प्यास*
7. *इवादत : बंदगी; आराधना; पूजा; उपासना; वंदना*
8. *मन्नत : किसी विशिष्ट कामना की सिद्धि या अनिष्ट के निवारण पर किसी देवता की पूजा करने का संकल्प; मनौती*
9. *जन्नत : 1. स्वर्ग; बहिश्त 2.उद्यान; वाटिका; बाग*

10. परवान : 1. प्रमाण 2. सीमा; हद 3. अवधि 1. उचित 2. विश्वसनीय एवं प्रामाणिक।
11. वस्ल : 1. मिलन; संगम 2. संयोग 3. संभोग 4. इंतकाल; मृत्यु
12. हबीब : दोस्त; मित्र 2. प्रेमपात्र; प्यारा
13. गजलें : सामने बैठ के बातें करना, उर्दू काव्य की एक विधा
14. सुकूँ : चैन, करार, आराम
15. सुर्ख़ : 1. गहरा लाल रंग 2. रक्त-वर्ण।
16. माहताब : 1. चंद्रमा; चाँद 2 चाँदनी;
17. मजमून : 1. वह विषय जिसपर कुछ कहा या लिखा जाए 2. लेख; निबंध; पाठ
18. आफ़रीन : बहुत अच्छा किया! वाह! शाबाश! धन्य हो! (बहुत अच्छा या बड़ा काम करने पर कहा जाने वाला शब्द)।
19. तबस्सुम : 1. मुस्कराहट; मुस्कान; मंद हँसी 2. कलियों का खिलना
20. ज़ाहिद : 1. सांसारिक प्रपंचों से दूर नियम से जप-तप करने वाला व्यक्ति 2. जितेंद्रिय 3. विरक्त 4. संयमी।
21. मुकम्मल : 1. संपूर्ण 2. पूरा; सारा 3. समाप्त; ख़त्म 4. सर्वांगपूर्ण
22. जज़्बातों : भाव; भावनाएँ।
23. इनायतों : दया; कृपा; अनुग्रह; मेहरवानी; अहसान; उपकार
24. हसरतें : हार्दिक इच्छा; दिली ख़्वाहिश; चाह; अरमान; लालसा।
25. खादिम : ख़िदमत करने ; नौकर; मज़दूर; सेवक; दास
26. खुश्क : 1. जिसमें नमी शेष न रही हो; सूखा; शुष्क; रसहीन 2. रूखा; बेरौनक 3. नीरस या रूखे स्वभाववाला 4. जिसके हृदय में कोमलता, रसिकता आदि का अभाव हो; निष्ठुर स्वभाव का
27. बंदगी : 1. किसी की अधीनता और दीनता स्वीकार कर लेना 2. नमस्कार; अभिवादन सलाम; नमस्ते 3. ईश्वरीय आराधना; उपासना; पूजा।
28. ज़ेहन : मति, अक्ल, बुद्धि, मेघा, प्रज्ञा
29. बेखुलूस : खुलापन ईमानदारी सच्चाई, पवित्रता की कमी
30. मलबूस : आवर्तन, कपडा, ढंका हुआ या कोयल
31. मह-ए-जबीन : जिसके माथे पे चाँद हो, चाँद के जैसा चेहरा वाला
32. बद्र : चौधवी रात का चाँद, उस रात चाँद पूरा होताहै
33. नज़्मों : पद्य; कविता, प्रबंध; इंतज़ाम
34. रुसवाई : बेइज्जती 2. फ़ज़ीहत 3. बदनामी
35. हबीब : 1. दोस्त; मित्र 2. प्रेमपात्र; प्यारा

36. कसीदे : 1. उर्दू या फ़ारसी की क्रमिक रूप से सत्रह चरणों वाली कविता या गज़ल जिसमें किसी की प्रशंसा, निंदा अथवा उपदेश का भाव हो। 2. खिंचा हुआ; आकृष्ट

37. सानाई : कलाकारी या प्रसंसा का भाव

38. तसव्वुर : चित्त को ध्यान करके किसी को प्रत्यक्ष करना; समाधि-दर्शन 2. कल्पना 3. विचार; ख़याल; ध्यान।

39. अहसास : 1. अनुभव; प्रतीति; संवेदन 2. ध्यान; ख़याल

40. हमनशीनी : साथ में उठना बैठना; मुसाहिबत

41. अरमान : 1. इच्छा; लालसा; कामना 2. महत्वाकांक्षा 3. हौसला।

42. गुरबतों : 1. विदेश प्रवास 2. निरुपाय या गरीब होने की अवस्था; निस्सहाय होने की अवस्था 3. परदेस या किसी यात्रा में व्यक्ति को होने वाले कष्ट; यात्रा में यात्री की दीन स्थिति 4. विवशता; परवशता

43. गुबारों : 1. धूल; गर्द 2. आँखों की वह स्थिति जिसमें चीज़ें धुँधली नजर आतीहैं 3. मन में दबा हुआ दुर्भाव या क्रोध; शिकायत; मैल

44. खल : 1. दुष्ट; दुर्जन 2. क्रूर 3. बेहया 4. नीच; अधम 5. धोखेबाज़

45. अमूमन : 1. साधारणतः; आम तौर पर 2. प्रायः; बहुधा; अकसर।

46. हमनफ़ज़ : काटना, घुसना, फैल जाना का साथ

47. कायल : 1. तर्क-वितर्क से सिद्ध बात को मान लेने वाला; कबूल करने वाला 2. किसी सिद्धांत या मत को मानने वाला 3. मुरीद; प्रशंसक 4. उत्तर देने में असमर्थ होने पर चुप हो जाने वाला

English Translation

14. The Complete Song of Love

With the breeze you come close,
Into the heart, you come as breathe.

We keep chasing Them, in the fragrance of breeze.
We find Them in the essence of breath.

For the restrictions of society, they do not meet outside
But in this Garden, Flowers do blossom sometime.

Every existence gives a sense of their presence
But the lips are sealed when they meet.

Together, the Heart Always Longs to soar in Sky
Turn to Them, parting with All relations and Path in Life

They always pray/desire for me,
Fearful of Heart's desire to come close,
Whenever the hint of separation rise

Then starts the intense prayers to realize Them.
Urge like feel
the Moon reflected in Water-Bowl.

Prayers are heard each time,
We get the Glimpse of the Stream; ends the thirst for life.
When they come in Front, its as if getting Heaven.

Passion to meet and Love rises slowly
Searching for the loved,
Comfort in singing love-songs as prayers.

Prosper some dreams of ours,
and these held the thought on our Moon
Life felt fortunate,
Me repeating Beautiful! Beautiful!

Devoted I am to Allah,
But intoxicated by your Memories

Because of you Life is Perfect,
Then What's wrong
By loving you, I have done One thing proper in life.
Come and evanesce in me, not dreamt after it.
Take my emotions in your Hands,
Then if you wish would unite anywhere

Once Oblige, bathe me with your Gaze,
If then you wish would turn your face

End the distance, come near
If then you wish would leave me sear

If wish to see my desires broken,
Embrace the ceasing breath of this servant of your's

Now-a-days I am unashamed of your worship
Now –a –days being called your servant doesn't wound me.
Now-a- days to sing comforts for this world, there's no beautiful
Cuckoo as you
Oh, my love, grant me your all,
Oh my beloved, the full Moon is not a miser

Why the talks of each meeting end into separation?
Why each talk of ours now ends in hiding of silence?
Why do stories in our love-songs and poems end in anger?

But my Beloved! even now I have composed couplets
which end at your brilliance.
It seems our imagination and emotions have changed.
Why the desires to meet and hold you have changed to helplessness
and grudge

Each time I question myself if I have changed or They?
May be something has खल in thoughts
People say, Certainly mad I am, In your love

Now I am not on restricted Earth, I have transformed to be in Air
Even when Wounded, still holding Grudges inside
Searching you again my partner, Since I am influenced/induced by you

15. गांव में शहर

आजकल शहरी मूल्य और मर्यादाएं भी अब गांव में अंदर आ गये हैं
आजकल गांव में भी शहर के प्रभावी दुर्भावनाओं के समंदर आ गये हैं
अब तो गांव गांव न रहे मूल्यों में बस शहरों के औपनिवेशिक विदर हो गए हैं
मिट रही गांव की पहचान आजकल, जब से शहर विकास के प्रखर हो गए हैं

शहर तो हमेशा आपसी मानवीय संबंधों में शोषण के प्रतीक
शहर में हर दिन मिट रहे होते, आपसी जन संबंधों के हार्दिक
ग्राम में आज भी मिलते जन संबंधों की संरचना के अतीक
पर अब तो ग्राम भी ढो रहे शहर की मर्यादाएं अधिकाधिक

आजकल ग्राम के वर्ण स्थुलों में मिलते शहरी भावों के रसायन
आजकल यूँ तो सर्वत्र दिख रहेहै जन जन के रिश्तों में पलायन
पर शहर के रिश्तों में नहीं होते कभी भी पडोसी के संवादों के वातायन
शहरी प्रभाव से बस मिट रहे ग्रामों में भी अब आपसी रिश्तों के परायण

शहर तो कभी सृजित नहो कर पातें आपसी रिश्तों की श्रेष्ठता को
शहर तो हर युग काल में अंतर निहित करते संबंधों की अरिष्ठता को
अद्यनूतन समय में भी ग्राम विदित करते हमारे संबंधों की उत्कृष्टता को
पर अब तो गांव भी दिखला रहे है विकृति आपसी संबधों की अवशिष्टता को

शहर के बदलाव की ऊर्जा अग्रसारित, जन संबंधों के कुपोषण की ओर
मानवीय मूल्यों को शहर ले जाते अर्वाचीन काल में परिस्थिति जनक प्रदुषण को ओर
शहर में प्राचीन समय से घट रही जन संबधों की ऊष्मा, मानवीय गरिमाहै अग्रसारित प्रतिकूलन की ओर
इस तरह शहर विस्तारित होते मूल्य रहित बनकर, जन संबंधों के स्थापत्यों में अबलिमन की ओर

पर आजकल गांव क्यों शीर्ण संबंधों के साथ शहर जैसे बनना चाहते
गांव क्यों शहरीकरण कर जन संबंधों में आत्मीयता छोड़ विहर बनना चाहते
ग्राम अपने ग्रामीणों के जन सम्बन्ध निहित कलषों में क्यों जहर घोलना चाहते
ग्राम आपसी संबंधों के जुड़ाव का सुबह का विभास मिटा कर, क्यों जलती दोपहर होना चाहते

हमारे सामाजिक बदलाव का भी तो एक लक्ष्य होना चाहिए
गांव के शहरीकरण युक्त विकास में गांवों को शहर का न भक्ष होना चाहिए
गांव को अपने बदलाव में ग्रामीण सामाजिक उत्कृष्टता ही उसका अक्ष होना चाहिए
विकास के बदलाव में मानव को हर बार हमारे अद्यनूतन आदर्श के समक्ष होना चाहिए

शायद गांवों के पुराने जन समाहित संस्कृति को विरुक्षण की जरूरत
ग्रामजनों के आपसी विश्वास को वर्तमान में परिक्रमण की ज़रुरत
शहर के विस्तारण प्रथाओं से गांव को वैचारिक परिपालन की जरूरत
शहर के आधारहीन जन मूल्यों से गांव के संबंधों को संरक्षण की जरूरत

शायद इसी तरह बच पाएंगे गांव में सामाजिक मूल्यों के स्थापत्य
बची रह सकेगी देश में मानवता अगली पीढ़ी के लिए सातत्य
इस तरह वर्तमान में भी मिलगे ग्राम में जन संबंधों को जरूर विदथ्य
पर कल के प्रगाढ़ सहजीविता के लिए शहर ओर गांव के बीच जरूरी संवाद का तथ्य

कठिन शब्द

1. मर्यादाएं : 1. सीमा; हद; अंत; छोर 2. परंपरा आदि द्वारा निर्धारित सीमा; आचार सीमा 3. लोकप्रचलित शिष्ट व्यवहार और उसके नियम; लोकाचार 4. गौरव; प्रतिष्ठा; मान
2. प्रभावी : 1. जिसका प्रभाव पड़ता हो; असरदार 2. जो लागू हो 3. शक्तिशाली
3. दुर्भावना : 1. बुरी भावना; दुष्कामना; वैमनस्य; कुविचार 2. आशंका; खटका
4. औपनिवेशिक : उपनिवेश में रहने वाला व्यक्ति। 1. उपनिवेश संबंधी 2. उपनिवेश
5. विदर : 1. विदारण; फाड़ना 2. दरार; दराज; सुराख़ 3. एक प्रकार का रोग
6. प्रखर : 1. बुद्धिमत्तापूर्ण 2. तीक्ष्ण; प्रचंड; उग्र
7. शोषण : 1. सोखना या चूसना 2. मुरझाना; सुखाना; कुम्हलाना 3. किसी के धन तथा संसाधन आदि से अनुचित लाभ उठाना 4. कर्मचारियों-श्रमिकों पर होने वाला शारीरिक और मानसिक अत्याचार
8. हार्दिक : 1. हृदय संबंधी 2. हृदय से; दिली; आंतरिक
9. संरचना : 1. वस्तु की रचना या बनावट 2. अनेक अवयवों को जोड़कर वस्तु बनाने की क्रिया या भाव 3. इमारत; भवन
10. अतीक : 1. पुरातन; कदीम 2. आज़ाद; बंधनमुक्त 3. गिरामी; श्रेष्ठ
11. रसायन : 1. पदार्थों के अणुओं या परमाणुओं में प्रतिक्रिया से उत्पन्न होने वाला पदार्थ 2. ताँबे से सोना बनाने का एक कल्पित योग
12. अधिकाधिक : अधिक से अधिक; ज़्यादा से ज़्यादा, जैसे- रैली में अधिकाधिक संख्या में आइए।
13. पलायन : 1. एक स्थान से दूसरे स्थान पर जाने की क्रिया 2. आपदा, अत्याचार आदि के कारण एक स्थान से दूसरे स्थान पर चले जाना या भाग जाना
14. वातायन : 1. झरोखा; खिड़की; गवाक्ष 2. रोशनदान
15. परायण : 1. अत्यासक्ति 2. अंतिम लक्ष्य 3. सार 4. शरणस्थल 5. विष्णु 6. लगा हुआ; निरत 7. किसी के प्रति पूर्ण निष्ठा या भक्तिवाला
16. सृजित : 1. उत्पन्न या जन्म देने की क्रिया या भाव; सर्जन; रचना 2. सृष्टि; उत्पत्ति

17. अरिष्ठता : उत्साह के साथ प्रसंसा करना
18. निहित : 1. किसी चीज़ के अंदर स्थित; छिपा हुआ; अंतर्भुक्त; दबा हुआ 2. स्थापित; रखा हुआ; धरा हुआ 3. किसी के अंदर पड़ा हुआ 4. उपलक्षित (अर्थ) 5. प्रदत्त; सौंपा हुआ
19. अर्वाचीन : 1. आधुनिक; वर्तमान का; नया 2. इधर का; हाल का 3. 'प्राचीन' का विलोम
20. अवशिष्टता : 1. शेष; बचा हुआ; अवशेष 2. फ़ाज़िल; अतिरिक्त
21. विकृति : 1. विकृत होने की अवस्था या भाव 2. विकार; दोष 3. बिगड़ा हुआ रूप; रूपांतरित; परिवर्तित 4. रोग; बीमारी 5. माया; कामवासना
22. अग्रसारित : 1. आगे बढ़ाया हुआ 2. किसी का निवेदन बड़े अधिकारी के पास भेजा हुआ
23. कुपोषण : वह अवस्था या स्थिति जब शरीर को संतुलित और पर्याप्त भोजन नहीं मिलताहै; शरीर में होने वाली आवश्यक और पोषक तत्वों की कमी; अपर्याप्त पोषण
24. प्रदुषण : 1. नष्ट करना; चौपट या बरबाद करना 2. अपवित्र करना 3. दोषयुक्त बनाना
25. प्रतिकूलन : 1. जो अनुकूल न हो; खिलाफ़ 2. विरुद्ध; विपरीत 3. रुचि, वृत्ति, निश्चय आदि के विरुद्ध या उलटा पड़ने वाला 4. कार्य में बाधक।
26. आत्मीयता : आत्मा का सम्बन्ध, नज़दीकी
27. अबलिमन : कमज़ोरी
28. शीर्ण : 1. कुम्हलाया हुआ 2. सड़ा-गला 3. चिथड़े-चिथड़े हुआ 4. छितराया हुआ 5. कृश
29. विहर : अलग, अनुपस्थित या एक से दूसरी जगह जाना
30. विभास : 1. दीप्ति; चमक 2. (संगीत) सुबह के समय गाया जाने वाला एक राग
31. लक्ष्य : 1. उद्देश्य 2. वह शिकार, वस्तु या निशान जिसपर निशाना लगाया जाए 3. शब्द की लक्षणा शक्ति से निकलने वाला अर्थ 4. वह जिसका अनुमान किया जाए।
32. भक्ष : आहार; भोजन; भक्ष्य; खाद्यपदार्थ
33. अक्ष : 1. पहिया; चक्र 2. गाड़ी का वह मोटा डंडा जिसके चारों तरफ़ पहिया घूमताहै; पहिए का धूरा; चूल; कीला; अक्षदंड;
34. अध्यनूतन : पुराने से नया तक
35. समाहित : 1. एकत्र किया हुआ; संगृहीत 2. तय किया हुआ; निश्चित 3. समाप्त 4. स्वीकृत

36. विरुक्षण : सुखना, प्रतिबंध, कड़ा करना
37. परिक्रमण : ऊँचा उठाना, पैदल चलना
38. प्रथाओं : 1. परंपरा; रिवाज 2. किसी जाति, समाज आदि में किसी विशिष्ट अवसर पर किसी विशिष्ट ढंग से किया जाने वाला कोई काम; रीति 3. नियम 4. प्रसिद्धि; ख्याति
39. संरक्षण : 1. रक्षा करने की क्रिया या भाव; पूरी देख-रेख 2. अधिकार; कब्ज़ा 3. अपने आश्रय में रखकर पालन-पोषण करने की क्रिया 4. शासन द्वारा विदेशी माल से देशी माल की सुरक्षा करना
40. स्थापत्य : भवन निर्माण से संबंधित विद्या; वास्तु विज्ञान; ज्ञानानुशासन का वह क्षेत्र जिसमें भवन निर्माण संबंधी सिद्धान्तों आदि का विवेचन होताहै
41. सातत्य : स्थिर, लगातार
42. विदथ्य : पवित्र या उत्सव का माहौल
43. तथ्य : 1. यथार्थपरक बात; सच्चाई; वास्तविकता 2. किसी विशेष अवसर पर प्रस्तुत आँकड़े 3. सार; अर्थ 4. ठोस विवरण 5. हकीकत

English Translation

15. Cities in Village

Urban values and inhibitions made their routes to Villages.
The dominant seas of malicious thoughts, entered the villages.

Villages have become colonial habitats of the Urban
Missing are the village identity and uniqueness,
Since the development of the towns have seen rise

The Cities, symbols of exploitations of Human Relations.
Humanity is being eroded each passing day.
Villages still have the relics of the Humanity.
Now haul more and more of urban inhibitions.
Even the village potholes are filled with Urban Artificial Emotions.

Though there is drift in everyone's relations.
City do not have exchange of dialogues in relations.
Urban influence has distorted relations in Grams.

Cities have never established the prestige/supremacy of relations.
Now, even villages are showing the distorted trivial Human associations.

The force of urbanization is headed towards malnourished Humanity
Cities take humanity to the circumstance derived contamination

The warmth of relations is decreasing; Humanity is towards deterioration.
If the Human Values devoid cities keep expanding, established on the remnants of the Humanity.

Why do the villages want to live with ripped relations, and become Urban these days?
Why do villages want to leave humanity and become toxic?
Why they want to contaminate their relations with venom?
Why they want to erase the diverse inter-attached- relations and become scorching noon?

Societal development should have a purpose.
Villages should not be ingested into the cities for urbanization
Villages should be the roots and axis of their own social transformation.

In the transformation, every human should mirror the renewed ideal.
Probably, there is need for the upkeep of old village cultures.

Village dweller's mutual trust need to return in present
Villages need protection from the light and glitter of expanding towns
Need for the protection to Humanity in villages from baseless values of the town.

Probably it's the way the social values of villages will survive.
Humanity will be carried to the future generation
The villager's humanity will be found dispersed.
For the future cities and villages to co –exist in harmony,
Needed is the righteousness

16. बाज़ारवाद

आजकल बाजार अब शहर के पणी तक सीमित नहीं
आजकल दुकान सड़क से उठ कर घरों में निहित कहीं
हर आदमी का नया चेहरा नए लेबल से आधारित यहीं
अब तो बाजार दिख रहा पारिवारिक रिश्तों में भी प्रचारित यहीं

हमने वर्षों पहले दूरदर्शन को आमंत्रण देकर घर पे बुलाया था
और फिर विपणन ने हमें तब विज्ञापन का तब नव अर्थ समझाया था
हमारी गैर जरूरती आवश्यकताओं को उसने नयी फ़ैंटसी से सजाया था
और धीरे धीरे इस तरह बाजार का मूल्य उभर कर मेरे अंदर समाया था

और फिर शनैः - शनैः बाजार ने बदल दी मेरी वैचारिक प्रतिवद्धताएँ
और फिर धीरे से बाजार ने कहा, चलो तुम्हारा नया व्यक्तित्व सजायें
और लगातार कहता रहा वो विज्ञापन से चलो अर्धनिद्रा में चेतना भूल जाएं
केबल उपभोग ही सत्य है तो सबलोग चलो एक अच्छा ग्राहक बन जाएँ

इस तरह बाजार मेरे नव व्यक्तित्व के नए चित्र में रंग भरता रहा
और नए उत्पादों का विज्ञापन मुझमे नए विचार का ढंग भरता रहा
और फिर इसतरह धीरे धीरे मै उन विचारों का नवरंग बाजार बुनता रहा

और मेरा बाजार निर्धारित अस्तित्व लेकर, मैं पूर्णतः मति-भंग बन चलता रहा

आजकल बाजार ही समझा रहे हमें बाजार आधारित नए सामाजिक मूल्य
बाजार के नव नियंत्रक ही नये समाज के नीति निर्धारक कहलाते अतुल्य
बाजार की उद्योग संस्थाएं रहती परकोटि, नहीं समझती किसी को अपने समतुल्य
और इस तरह धीरे धीरे मंद पड़ रहा है मेरा पुराना सामाजिक विचार बहुमूल्य

पता नहीं बाजार से निकलने के लिए हम कैसे नये वैचारिक सांसें ले पाएंगे
या शायद रेशम के कीड़े की तरह इस बाजार की नई परिभाषा में उलझ रह जायेंगे
लगता है अब बाजार निर्धारित प्रसार माध्यम ही हमें समाज के नए सत्य-उद्घोष समझायेंगे
आने वाले समय के आदर्श व सामाजिक मूल्य अब हमें लगता है बाजार ही सिखलायेंगे

बाजार तो चिर काल से जन जन में उपभोग पिरोता है
बाजार तो सर्वदा उस काल के शक्ति सामंतों के विचार का मूर्त रूप होता है
पर मानव तो हर काल में युग के आदर्श भी पुन: निर्धारित कर रहा होता है
मानव हर काल में अपने समाज में उद्धभव के विकासबीज भी बो रहा होता है

शायद उपभोग के नियंत्रण से ही बाजार, बस बाजार रह पायेगा
शायद जन जन में विचार मंथन से ही, बाजार पर नियंत्रण हो पायेगा
शायद समाज के प्रयोजन से ही बाजार बस दुकानों में सिमट रह जायेगा
और अंततः इस तरह मानव बाजार के विस्तारण धीरे से अलग हट पायेगा

कठिन शब्द

1. *पणी : बाजार और खरीद बिक्री की जगह*
2. *निहित : 1. किसी चीज़ के अंदर स्थित; छिपा हुआ; अंतर्भुक्त; दबा हुआ 2. स्थापित; रखा हुआ; धरा हुआ 3. किसी के अंदर पड़ा हुआ 4. उपलक्षित (अर्थ) 5. प्रदत्त; सौंपा हुआ*
3. *समाहित : 1. एकत्र किया हुआ; संगृहीत 2. तय किया हुआ; निश्चित 3. समाप्त 4. स्वीकृत*
4. *फ़ैंटसी : 1. कोरी कल्पना; कपोल कल्पना; दिवास्वप्न 2. कल्पना दर्शन 3. मन की काल्पनिक आकांक्षा; मन की उड़ान 4. स्वप्न; हवाई ख़्वाब; आकाश कुसुम 5. विलक्षणा; अद्भुत चित्रण 6. भ्रम शैने-शैने : धीरे धीरे*
5. *चेतना : 1. ज्ञान 2. बुद्धि 3. याद; स्मृति 4. चेतनता 5. जीवन। [क्रि-स.] 1. सोचना 2. समझना। [क्रि-अ.] 1. होश में आना 2. सावधान होना*
6. *मति-भंग : 1. प्रज्ञा; अक्ल; बुद्धि; समझ 2. इच्छा; कामना 3. अभिप्राय 4. याद; स्मृति का न होना*
7. *अतुल्य : जिसकी कोई बराबरी न हो*
8. *परकोटि : चरम या उच्चतम स्वर में*
9. *पुन: निर्धारित : फिर से 1. जिसका निर्धारण हो चुका हो 2. निश्चित किया हुआ या ठहराया हुआ 3. जिसका विधान किया जा चुका हो; विहित 4. जिसका मूल्य निश्चित किया जा चुका हो 5. जिसकी आय तथा व्यय को आँका जा चुका हो*
10. *विकासबीज : विकास के आधार, मूल तत्त्व*
11. *मंथन : 1. मथना; बिलोना 2. किसी समस्या या सिद्धांत के लिए किया जाने वाला गंभीर विचार-विमर्श; चिंतन 3. गूढ़ तत्व की छानबीन*

English Translation

16. Marketization

Now a day's market is just not limited to market we see
Now a day's shops have moved from road and has entred our house for glee
new face of every human being is included on the label of products
now market can be seen in being advertised in our family relations for conduct

years ago, we invited television to our house for entertainment
then marketting taught us the new meaning of advertisement
they decorated our unneccessary needs with a new fantasy for procurement
and this manner new values of market entered my personality for inducement

then gradually market changed my commitment of principles
then market told me, let's go for a new personality of yours for miracles
now advertisement is saying that you be half sleep and forget your consciousness new pinnacles
if the consumptioni is only truth in life, then let's become a good consumer with reciprocals

in this manner market continues to fill up new colors in new picture of mine
advertisement of new product continued to fill new thoughts in me fpr new design
in this manner, I continued to weave a colorful market of those value with new sign
after taking the market determined personality of me, I continued without mind with decline

now a day's market is telling the new societal values based on money
new controllers of market are now called determiners of policy and very sunny
organization and institution of market think themselves in exalted position
they do not think any body is equvalent to them for competition
in this manner, my old thought of social value is getting reduced to an apparition

I donot know how to come out of market, how we will take new breaths
Or like the cocoon of silk we will get embedded in market for slow death
It seemd now media only will teach us the proclaimantion of new truth
Ideals and social values of future will also be taught by market with stealth

Market has always been promoting consumption in people as principle
Market is aways given shape by powerful and feaudal lords look invincible
Man is always in process of redetermining the new ideals for current trouble
In every era man also tries to sow the seeds of growth and rising of fture to be enabled

Perhaps through regulation of consumption only market will remain controlled
That why due to churing of thoughts of people only market can be for told
Perhaps with planning by society market will be confiend only to shops rolled
And man will be permitetd to go out of extension of market in this manner unsold

17. जंगल के पेड़

आइए विवेचना करें आज हमारी धरा पर जो भी बदल रहा, वो क्यों घट रहा है
क्या सिर्फ दुनिया का मौसम बदल रहा, या इंसान का तेवर भी पलट रहा है
कट रहा है सिर्फ जंगल का पेड़, या जिंदगी के रिश्तों का जंगल भी सिमट रहा है
सुख रहा है भाईचारे की नदी का पानी शायद, और इंसान भावनाओं के सूखे दरया में मरट रहा है

इंसान सिर्फ सूखी नदी में नहीं, वहां भी मर रहा जहाँ का भी प्रदूषित पानी है
कम पानी में तो इंसान जीवित रहता, इसलिए इंसान की मौत सामाजिक नदी की कलुषितता की कहानी है
पानी के कलुषित पंक अब फैलते दिख रहे शहरों में, हर और मिल रही नए सड़न और बदबू की परेशानी है
इंसान को दिए रोटियां अब बन्दर चबा रहे, कहते यहीं नयी सियासतदानी है

जंगल के पेड़ कटने से अब बंज़र बनती जा रही है हमारी धरा
जंगल से रास्ता बनाने के लिए, धरा हो रही शर्कर और प्रलोभनी भरा

आसमान वालुका के उड़ने से दिखता धूसर, जंगली वातावरण अब देता डरा
खुद जंगल की सांसें भी अब टूट रही, अब न बचेगा जंगल में कुछ भी खरा

जंगल की लकडियां शहर में एक सेतु के हेतु कटी थी, जो अब तक न पूरा हुआ
कुछ और लकडियां शहर में स्कूल के स्थूल हेतु जुटी थी, जो अब तक है अधूरा हुआ
नेतृत्व का का दावा की अब शहर को स्कूल और सेतु की जरुररत नहीं, तो क्या बुरा हुआ
क्यों भाईचारा पालते थे पुराने लोग, शहर तो आज है लकड़ी की तरह चूरा हुआ

शहर में लकड़ी की जरूरत हर किसी को हर दिन पड़ती है
शहर में जब झोपड़ी धधकती हो या कोने में कोई लाश सड़ती है
लकडियां हर लाश के लिए ज़रुरी, जो जलतीहै या जमीन में गड़ती है
टेढ़ी लकडियां आग लगाकर रोटियां सेंकने में भी काम आती, पर सेकने पर हालात बिगड़तीहै

ताज़ी हवा और सुकून के सांस की आस हम सब में पलती है
जंगल के पेड़ो को बचाने के आशा, हम सब में भी फलती है
उड़ती रेत की चुभन हरवार हमारे आँखों के दर्द में ढलती है
जंगल के पेड़ की कृपा, बालुका हटाकर हमारी साफ़ सांसों में बसती है

आजकल नयी बारिश का इंतजार सूखे के बाद जंगल में हमसबको, कब वो नयी बूँदे गिरती है,
फिर जमीन तब लेती सांस, धीरे धीरे बारिश से फिर खिज़ां वाली फ़िज़ां बदलती है
और पहाड़ की नयी मिटटी कठल्या पथ को भी हमवार कर जंगल के रिश्तों में फैलती है
इसतरह बंज़र पड़ी धरा में भी गर बारिश हो तो, बूँदे धरा में ही समाहित होकर अंदर धुलती है
धरा के सूखे हृदय बीज फिर प्रस्फुटित होते, जो नए अंकुरों के उगने के विश्वास में खिलती है

बीजों के अंकुरण के लिए ऊष्मा की भी है जरूरत, जो आज भी हमारे आपसी रिश्ते में मिलती है
नए अंकुरों से नए पेड़ बंज़र धरा पर भी कल निकलेंगे, इसकी चिरंतन आशा हम सब में पलती है

जंगल अपने को पुनर्जीवित कर सकता है पुरानी बंजरता से
शहर भी अपने को पुनसंकलित कर सकता है पुरानी ख़ंजरता से
देश भी अपने को शिष्टाचारित कर सकता है, पुरानी बर्बरता से
क्षेत्र भी अपने को पुनःनिर्मित कर सकता है, पुरानी खंडहरता से

चलो बंज़र जंगल में आज नए अंकुर उगाकर पेड़ बढ़ाने की शुरुआत करते है
चलो धरा में नए बीज बोते और पुराने बीजों पर भी आज नयी बरसात करते है
हमें तो जंगल के विरासत से मिले थे, चलो उन्हीं विरासतों की पुरानी बात करते है
जंगल के जो पेड़ बचे है उन्हें कटने मत दो, आओ इसे पुनः आत्मसात करते है
ठूंठ पड़े पेड़ों को उष्मा और पानी दो, चलो शहर में जंगल लगाने की शुरुआत करते है

कठिन शब्द

1. *विवेचना : 1. भली भाँति परीक्षण करना 2. विवेचन*
2. *तेवर : 1. क्रोधयुक्त भाव; त्योरी 2. भृकुटि; भौंह 3. देखने का ढंग; दृष्टिकोण; नज़रिया 4. तिरछी नजर।*
3. *मरट : मृत्यु*
4. *सियासतदानी : राजनीति*
5. *प्रलोभनी : बालू या छोटे कंकर*
6. *शर्कर : छोटे छोटे पत्थर*
7. *वालुका : कंकर या बालू*
8. *रेत : कंकर या बालू*
9. *खिज़ां : 1. पतन या ह्रास का समय 2. बुढ़ापा 3. पतझड़ की ऋतु*
10. *कठल्या : छोटे छोटे पत्थर*
11. *प्रस्फुटित : 1. फूटा या खिला हुआ 2. प्रकट; व्यक्त 3. जिसे स्पष्ट किया गया हो 4. विकसित 5. खुला हुआ।*

12. ऊष्मा : 1. ऊष्म या गरम होने की अवस्था; तपन; गरमी 2. ताप; ऊर्जा 3. गरमी का मौसम; गरमी के दिन 4. भाप

13. चिरंतन : 1. बहुत दिनों से चला आने वाला; पुरातन 2. प्राचीन; पुराना

14. पुनर्जीवित : पुनः सक्रिय किया हुआ; पुनः उसी उत्साह, प्रेरणा और सक्रियता से परिपूर्ण

15. बंजरता : अनुपजाऊ; खेती के अयोग्य ज़मीन; वह ज़मीन जिसपर खेती न की जा सकती होपुनसंकलित

16. खंजरता : छोटी तलवार; कृपाण; दुधारा हथियार, कटार से मारने का भाव

17. बर्बरता : जंगली या असभ्य प्राणी, क्रूर; असभ्य; उजड्ड; जंगली

18. शिष्टाचारित : 2. किसी समाज, संस्था आदि द्वारा निर्धारित नियमों के अनुसार आचरण 3. शिष्ट व्यक्तियों का आचार अथवा व्यवहार; सदाचार 4. औपचारिक व्यवहार; आवभगत; सत्कार 5. तौर-तरीका; सलीका

19. पुनःनिर्मित : फिर से बनाना

20. अंकुर : 1. बीज, गुठली आदि में से निकलने वाला नया डंठल या अँखुआ; कल्ला; डाभ 2. कोंपल; पल्लव 3. कली; किसलय 4. बीजांकुर

21. विरासत : 1. उत्तराधिकार में प्राप्त धन 2. वारिस होने की अवस्था या भाव

22. आत्मसात : अपने अधिकार में लिया गया; अपने में लीन या समाहित किया हुआ

English Translation

17. Trees of the Jungle

Let's ponder why the climate is changing b Earth, why thing are happening like this?

Only climate is changing,
or Human attitude is also taking turns with winking
Falling only, are the Trees of our Jungle,
Or the Forest of Human relations is also shrinking

The River of Humanity is also receding,
In this dryed up pond Humans are dying.

Humans die not only in arid Rivers,
But more so also in the polluted waters.

In the Shallows water also, Human beings are alive
Thus, Human deaths, is the caused by profane Rivers.
The filthy mud and foul smell of Rivers is now seen scattered all over the city.
Giving the new aftermath of foul odour and rotten thing are kiiling people with audacity
Breads given to Human welfare in society are being snatched and chewed by Monkey
these monkeys claim it to be new political arrangement to be followed by every clunky.

Falling of trees of the Jungle, make our land barren for needy
To make way for roads through the Jungle, Earth is becoming sandy and greedy
Rising dust paint the sky grey, Frightens Atmosphere of Jungle

Even the Jungle's breath has collapsed, Nothing pure will remain in developmental bungle

Jungle's woods were cut for a bridge, still pending to build looks diminished
Few more were accumulated for a blackboard and bench in school, still unfinished.

Leaders asserts that bridges and schools, no more needed
what went wrong, Why did elders fosterd brotherhood and greeted?
City today is in powdered form as sawdust like the wood and dimmest

Each city dweller needs woodfor many reasons every day
When either a hut fumes or a corpse rots in corner to lay
Logs needed for every Corpse putrid,
to be either Burned or Buried
Woods needed to bake Bread as reason,
but baking worsens some time the situation.

Desire of fresh air and calm breath cultivate inside us all
Desire to save Jungle trees also cultivate inside us all
Every time prank of floating Dust shows in pain of our eyes small

Now Jungle waits for rejuvenation from the fresh Rain,
Slowly the rain comes, irrigates jungle and changes the terrain

Mountain's fresh soil spreads and evens the rocky dry paths
If rain pours on barren land, drops scatter in Earth through bath
The Earth's heart-contain seeds, which grows as new buds, do sprout
Mutual trust gives the warmth, to seeds, change environment they sneak out

The fresh buds in future will give rise to new Trees on the barren land
Tomorrow there will be new sprout, this desire we always cultivates and understand
Jungles can be revived from its old loss of fertility

Cities can be revived from its old violent adversity
Country can be revived from its old Barbarity
Area can be revived from its old ruins with curiosity.

Let's go to the Barren Jungle
Lets plant the seed and start growing trees and mingle
Let's sow new seeds and pour new water onto the old trees for suckle
We have inherited from Jungle from forefathers for our intermingle
Let's start the same old friendly Conversation so shape us as a bundle

Don't let, the trees left in the Jungle save them not to be cut
Lets integrate it again with new initiation remain uncut
You give the water and warmth to dead trees for bew creation
Let's grow a jungle in city also with emotional intervention

18. प्रयि तुम्हारे लिए गीत

प्रिये मैं गीतों में जो कह रहा हूं वो भाव पहले भी प्रभूत प्रदीप्त है
फिर भी सुनो मेरे गीत क्योंकि इनमें तुम्हारा व्यक्तित्व अभिव्याप्तहै
मेरा योगदानहै मात्र शब्द, इसके विधान तेरे स्वप्न से ही पर्याप्त है
इसमें अनुदान केबल मेरे स्वर, इसकी आत्मा तेरे दुःख से भी अभिशप्त है

देखो मेरे काव्यों में तेरे व्यक्तिगत गीत, स्वर दो तुम अपनी ही सुरस रागनी में
ढूंढ़ो तो इनमें छुपे अपने अतीत, प्रवह हो तुम मेरे विचारों की सृजित सज्जनी में
अवश्य दिखेंगे तुम्हें इनमें अपने प्रतीत, गुम्फित अविर्भावों की विशिष्ट रंजनी में
सुनो तुम्हारे लिए सृजित मेरे प्रणय का अद्यानूतन संगीत, गुंजित मेरी अंतर्ध्वनि में

हर काल में आभरित करो अपने लिए उत्साह की भाषा, जिस काल की सीमा में भी तुम रीतती हो
पी लो मेंरे शब्दों में समाहित तुम्हारी कल्याण-अभिलाषा, आकुलता की परिसीमा में क्यों बीतती हो
अनुज्ञात करो मेंरे शब्दों के भरे धैर्य कलश, आज प्रेमपान करों प्रिये, व्यकुलता की परिमा में क्यों खिंचती हो

परिग्रह करो इन शब्दों से तुम्हारे प्रफुल्लन के स्वर, प्रतिकूलता की वेदना में क्यों चीख़ती हो

इन कविताओं में अन्तर्निहित है तुम्हारे-हमारे जीवन सम्बद्ध, इनमें मैंने तुम्हारे भावों को ही गाया है
हो सकताहै तुम्हें कुछ मिले अपने दुःख के भाव भी निर्बद्ध. मैंने तुम्हारे कुछ अभावों को भी इनमें बताया है
पर इन गीतों में समाहित प्रिये, तुम्हारे अद्वितीय प्रारब्ध, मैंने इनमें तुम्हारी प्रभा को ही दिखाया है
पर साथ में संकलित है हमारे युग काल के सम्बन्ध, मैंने हमारे पुराने समभावों को ही पुनः दोहराया है

आओ प्रिये सुनो में मेरे उद्गीतों में तुम्हारी गहनता का उद्घोष, और बनाओ अपने स्वतंत्रता का गान
तुम्हारे परिश्रम और लगनता पर ले लो मेरे शब्दों का भी परितोष, आजअम्बर दृष्ट हो तुमहारे मान सम्मान
देखो मेरी रचनाओ में अपने प्रखरता का उदगारित पुरजोश, पुनः आह्लादित करो इनसे अपने जीवन व प्राण
स्वीकृत करो कुछ बुझे पुष्प मेरी विफलता के भी, पर मत करो रोष, बस समाहित करो खुद में मेरा भी गान

कठिन शब्द

1. *प्रभूत : 1. जो हुआ हो 2. निकला हुआ 3. उत्पन्न; उद्गत 4. बहुत अधिक; प्रचुर 5. पूर्ण; पूरा 6. पक्व; पका हुआ 7. उन्नत*
2. *प्रदीप्त : 1. जलता हुआ या जलाया हुआ 2. प्रकाशित 3. जगमगाता हुआ 4. उज्ज्वल; प्रकाशमान 4. उत्तेजित*
3. *अभिव्याप्त : समझ जाना या जुड़ जाना*
4. *योगदान : 1. सहयोग करना; हाथ बँटाना 2. योगदीक्षा*
5. *विधान : 1. किसी प्रकार का आयोजन और उसकी व्यवस्था; प्रबंध 2. निर्माण; रचना 3. नियम; कायदा 4. उपाय; तरकीब 5. बतलाया हुआ ढंग, प्रणाली या रीति 6. निर्देश; आज्ञा 7. विधि, कानून आदि बनाने का कार्य; बनाया गया कानून*
6. *पर्याप्त : 1. जितना चाहिए उतना; जितना ज़रूरीहै उतना; अभीष्ट; आवश्यकतानुकूल 2. उचित; उपयुक्त; काफ़ी 3. कामचलाऊ; ठीक 4. योग्य; समर्थ 5. बड़ा; विस्तृत।*

7. अनुदान : सरकार से मिलने वाली वित्तीय सहायता राशि; आर्थिक मदद।
8. अभिशप्त : 1. किसी के शाप से प्रभावित; शापित 2. जिसपर मिथ्या दोष या आरोप लगाया गया हो।
9. सुरस : 1. सुंदर रस से युक्त; सरस; मधुर 2. स्वादिष्ट; रसीला 3. सुंदर। [1. जल; पानी 2. आनंद; हर्ष 3. प्रेम; स्नेह।
10. रागिनी : 1. संगीत में किसी राग का स्त्रीलिंग; संगीत में किसी राग का परिवर्तित रूप 2. भारतीय शास्त्रीय संगीत में कोई ऐसा छोटा राग जिसके स्वरों के उतार-चढ़ाव आदि का स्वरूप निश्चित और स्थिर हो 3. जयश्री नामक लक्ष्मी 4. चतुर और विदग्धा स्त्री।
11. प्रवह : 1. बहाव; तेज़ बहाव 2. वायु 3. घर आदि से बाहर जाना 4. सात वायुओं में से एक
12. सृजित : 1. उत्पन्न या जन्म देने की क्रिया या भाव; सर्जन; रचना 2. सृष्टि; उत्पत्ति
13. सज्जनी : खुटीं, जिसमें कोई चीज़ टांगी जाये
14. गुम्फित : साथ में बंधा हुआ, एक क्रम में रखा हुआ
15. अविर्भावों : उदय; अवतरण; जन्म; प्रकट होना
16. समभावों : 1. समानता की सूचक स्थिति; बराबरी 2. सभी को समान समझने की वृत्ति
17. रंजनी : 1. रंजन करना 2. मन या चित्त प्रसन्न करना
18. अद्यानूतन : पुराना और नया दोनों
19. अंतर्ध्वनि : अंदर की 1. आवाज़ 2. गूढ़ार्थ 3. व्यंग्यार्थ
20. आभरित : सजाना
21. समाहित : 1. एकत्र किया हुआ; संगृहीत 2. तय किया हुआ; निश्चित 3. समाप्त 4. स्वीकृत
22. रीतती : रिक्त होना, रिक्त करना; खाली करना।
23. कल्याण-अभिलाषा : कल्याण की 1. इच्छा; कामना; चाह; चाहत; हसरत; आकांक्षा
24. आकुलता : 1. व्यग्र; उतावला 2. विह्वल का भाव
25. परिसीमा : 1. किसी बात, क्रिया या स्थिति की पराकाष्ठा; अंतिम सीमा; हद 2. किसी स्थान या क्षेत्र के चारों ओर की सीमा; चौहद्दी 3. काल; अवधि
26. अनुज्ञात : स्वीकारोक्ति, सम्मान, दिशा निर्देश
27. परिमा : माप या परिधि
28. उद्गीतों : गाया हुआ, घोषणा किया हुआ, सामवेद का पाठ

29. गहनता : 1. गहराई; गहन होने की अवस्था 2. गंभीरता; दुर्गम होने का भाव
30. उद्घोष : 1. घोषणा 2. तेज़ आवाज़ में की गई पुकार 3. ऊँची आवाज़ में कुछ कहना 4. जनता में प्रसारित बात; मुनादी; डोंड़ी; डुग्गी
31. परितोष : मन के अनुसार काम होने या करने पर होने वाला संतोष; तुष्टि; तृप्ति; इच्छापूर्ति होने की प्रसन्नता या ख़ुशी।.
32. अम्बर दृष्ट : आसमान में दिखता हुआ
33. प्रभा : 1. दीप्ति; प्रकाश; आभा; चमक 2. सूर्य का बिंब या मंडल
34. उद्गारित : 1. भले विचार या भाव; भाव-विह्लता में अभिव्यक्त बात; आंतरिक भावों की अभिव्यक्ति 2. आधिक्य; बाढ़
35. प्रारब्ध : 1. भाग्य; नियति 2. पूर्वजन्म या पूर्वकाल में किए हुए अच्छे और बुरे वे कर्म जिनका वर्तमान में फल भोगा जा रहा हो 3. उक्त कर्मों का फल भोग
36. पुरजोश : भरपूर; पूरा; भरा हुआ; पूर्ण 1. अति उत्साह; आवेश; उत्तेजना 2. गरमी; उबाल; उफान 3. किसी आत्मीय या पारिवारिक रिश्ते के प्रति होने वाला उत्कट प्रेम या तत्परता; मनोवेग 4. क्रोध 5. तीव्रता
37. आह्लादित : प्रसन्न; बहुत ख़ुश
38. विफलता : विफल होने की अवस्था या भाव; असफलता; नाकामयाबी
39. समाहित : 1. एकत्र किया हुआ; संगृहीत 2. तय किया हुआ; निश्चित 3. समाप्त
40. स्वीकृत : मान लेना. स्वीकार करना

English Translation

18. Song for you - my love

Dear what I am telling you in my song, is a well-known in the knowledge of society
Still you should listen to my songs, as these songs are based on your personality

Just words are my contribution to these songs,
rules of poetry are infused fully with your dreams and reality
I have only given the voice to it, soul of these poems is cursed with your sorrows and adversity

Look for sprinkles of your personality in my songs, you just render your mellifluous voice for union
You should find your past in them, you are flowing in these songs created by me as a companion
For sure you can find your symbols in them, on music of connected efforts to rise in societal opinion
Listen the eternal song of my love for you, reverberating in my heart now for our communion

Have a botherless attitude with life along with your courage in this time of living,
when ever you feel empty from inside while in life you are contributing
You take my words and well wishes drapepd in my feeling, why do you feel suffocating
Accept my vessel of patience and good wished made in words of poem, you donot get get drawn in perimeter of loosing
Understand my words and raise your voice of exeuberance,
you donot start crying even in this sounds of accusing
In these poems, our life of toegtherness has been internalised,

I have just sung your emotions for our infusing
You may also find some boundless emotions of sorrow,
I have sung the scarcity of your's in these songs for suffusing
But these songs include the unique quality and your efforts,
I have included the hallow of yours for musing
But this is also a compilation of relations we have in time,
I have just the sung the possiblity of us for inducing

Come my love, and listen the announcement of your greatness in my
songs,
and you make own sound of frredom along with deny
You take the compensation of my words for your commitment and
labor,
let your dignity rise and be seen at zenith of sky
See in my writing the the intelligence of yours announced intensivly,
rejauvenate your soul and life and donot feel dry
And accept some flowers of my failure also, but do not be angry,
just include me in your song of defy

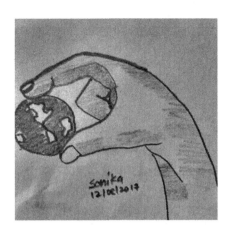

19. भोपाल और भारत का भूमंडलीकरण

देश की संसद भी अब कह रही ये भूमंडलीकरण का दौर है
गांव से जो चल चुका शहर की और उसका रहने का आज तक न ठिकाना और ठौर है
सो गए देश में लोग बड़े विदेशी विनिवेश की प्रतीक्षा करके, दिखता अब भी न उसका ओर छोर है
देश में बेरोजगारी की लंबी यातना भरी स्याह रात जारीहै, हुई अब तक न इसकी भोर है

बंद कर रहे दूसरे कबीले अपने घर के दरवाजे मानो ब्रेक्सिट की बहार है
किसी ने छीन ली है हांथो से तरक़्क़ी की सोहबत और बहा दी हवा बेकार है
कुछ लोगों का ही भूमंडलीकरण हो रहा, औरों का आज भी जीना दुश्वार है
देश में परदे की पीछे कोई भूमंडलीकरण का साथ दे रहा, देखें कौन सूत्रधार है

आइए कोशिश तो करें, जानने की देश और विदेश के बीच ये सूत्रधार तीसरा कौन है
ऊपर के आदेश पर ही कठपुतलियां हिल रही, अभिनय कर रही, देश की कार्यपालिका मूलतः मौन है

पर ढूंढ रहे कुछ लोग उस सूत्रधार को, अदालतो में ऊपर तक तक, सूत्रधार के अस्तित्व गौण है
कल कोई जरूर पकड़ा जायेगा घोटालों पर वो सिर्फ मोहरा होगा, तब भी मत पूछना सरदार कौन है

मत भूलों भोपाल की वह काली रात वो भी हमारे भूमण्डलीकरण की ही करामात थी
लोग सो रहे थे अपने घरों में, और जाड़े की सर्द दिनों में दिसंबर महीने की ही शुरुआत थी
बरसा था आसमान से कहर, और फैला था जहर हवाओं में, वो निजामत की मात थी
समय के साथ सारे हथकड़ियों गुनाह वाले हाथ बरी हो गए, क्योंकि बहुत ऊपर की बात थी

कहीं तो तुम भूले तो नहीं भोपाल का वो मंज़र जब सूबे के साबिका वजीरे आला सारथि बन चले थे
शहर के लाशों के गुनहगार को जेल की सीखचों के बदले, रथ कि सवारी ओर आजादी के राहें मिले थे
दिए पैसों से फिर कोशिश की हमने लाशें जिन्दा करने की, पर लाशें न उठी और न जले आँखों में सपने खिले थे
समय के साथ खा लिए हमने सपने, जिन्दा आँखों के भी, मूंद गए वो सारे सपने जो कभी उन आँखों में पले थे

रहनुमाओं का दावा की ये एक दौर है दुनिया के दूसरे कबीलों से जुड़ने का
वक्त अब आ गयाहै इस देश के अबाबीलों को भी आसमान में ऊँचा उड़ने का
हौसलों और नारों से केबल नहीं उड़ सकता आदमी, डर होता उसके पंखों के मुड़ने का
इल्म भूमंडलीकरण के दौर में पंखों का परवाज है, हौसला कर रोटियों को इनसे ही पकड़ने का

क्या भूमंडलीकरण से इस देश में सब कुछ चकाचक और ठीक हो जाएगा
क्या ये देश नए पालिश किये जूतों सा चमकेगा या फिर बिक ही जायेगा
न्याय की जंग जारी रहेगी तब तक, जब तक दुपहरी में आदमी जिन्दा सिकता रह जायेगा

शायद शहर का साहूकार एक नया मुखौटा लगाएगा, आम आदमी तो वहीं रुक जायेगा

कल कोई भी आकर खेल सकता हमसे, दिल बहला कर वापस लौट जायेगा
देश में पुराने रिश्तों और बाज़ारों पर भी एक नया चेहरा अब जुट जायेगा
पता नहीं कल आदमी कल कहाँ फ़रियाद करेगा जब अंदर से टूट जायेगा
न्याय की देवी तब भी आँखों पर पट्टियां चढ़ाये ही मिलेगी, जबकि पलड़ा झुक जायेगा

गुफ्तगू सिर्फ हमवार वाले देशों में होती है, आपसी टूटे वादों और इरादों में नहीं
न्याय तो हर बार गैर बराबरी में खोता दुनिया में, अन्याय के भूले इरादों में कहीं
मुल्कों का आपसी अदब तो कई वार ऊँच नीच में रोता है, बेअदब के झूठे बातों में कही
नस्लवाद तो अभी भी उनका बहता लहू, शान से ढोता है, दुनिया के जात पातों में कहीं

कुछ नहीं बदला है इस देश के सुनी आँखों के मंज़र में, इस भूमंडलीकरण के दौर में कहीं
कोई नए सपने अब भी नहीं दिख रहे लोगों को, गुजरे वर्षों के तथाकथित पूरे प्रकरण में कहीं
ढूंढ रहा वो आम आदमी अपना अक्स टी वी पर दिखते नए उत्पादों के विज्ञापन में कहीं
आज फिर भूख से मरने की खबर आयी है पर मृतक कहीं भी समाज के स्मरण में नहीं

नए उद्योग लगाने के लिए गांव के आम व खास किसान की जमीन चाहिए
किसान को खेती के सिवा कुछ आता नहीं, उसे जिंदगी का नया यकीन चाहिए
किसान के ख़्वाब की कोई अहमियत नहीं पैसेवालों के ख़्वाब जरूर रंगीन चाहिए
रहनुमाओं के वादों और इरादों की कोई मुद्दत नहीं, उन्हें गांव और शहर अब जन विहीन चाहिए

आजकल उन्हें नारें लगाती हमारी जुड़ी मुट्ठियाँ पसंद नहीं, उन्हें जनता संघर्षहीन चाहिए

देश में कल विकास जरूर होगा इस नयी विचारधारा से
पर प्रश्न ये है किसका होगा, इस नयी विकासधारा से
प्रश्न ये भी है विकास कहाँ होगा, इस नयी विकृतिधारा से
सूखी जमीन कल भी सूखी रहेगी, नयी विस्मृति धारा से

शायद लम्बे संघर्ष से सुनी आँखों के सपने कल बुझ जायेंगे
लगताहै भूले विसरे वादों के बातें शायद अब हम समझ जायेंगे
या रोटियों के लड़ाई में कल शायद हम आपस में ही उलझ जायेंगे
लेकिन शायद तब तक ये नए नाखून गरीबों को अंदर तक खुरच जायेगे
लेकिन फिर शुरू होगी इन गुरबतों में बंद मुट्ठियों की अदावत
टूटेंगे आज के आसमान के सितारे और भूमंडलीकरण की कहावत
ओर इस तरह हमवार बनेगी दुनिया, उभरेंगे कल के नए इंसानी करामत

कठिन शब्द

1. *भूमंडलीकरण : 1. सारे संसार में होने वाला प्रभाव या फैलाव; सार्वभौमिकता 2. वैश्वीकरण*
2. *विनिवेश : 1. निवेश की हुई राशि को वापस या कम करना 2. प्रवेश 3. आबाद होना*
3. *यातना : 1. बहुत अधिक शारीरिक या मानसिक कष्ट 2. तकलीफ़; पीड़ा; व्यथा*
4. *ब्रेक्सिट : ब्रिटैन से यूरोपियन यूनियन से बाहर आने का फैसला*
5. *सोहबत : 1. संगति; साथ; संग; संगत 2. मंडली 3. समागम*
6. *दुश्धार : 1. मुश्किल; कठिन; दुरूह 2. समस्यात्मक; विपत्तियों से भरा हुआ*
7. *सूत्रधार : संचालक या व्यवस्थापक*
8. *कार्यपालिका : शासन का वह अंग जिसका संबंध विधि और राजकीय आदेशों को कार्यान्वित करने से है*
9. *अस्तित्व : 1. वजूद; होने का भाव 2. हस्ती;हैसियत 3. सत्ता; विद्यमानता; मौजूदगी; उपस्थिति*
10. *गौण : 1. जिसका महत्व कम हो; साधारण; अप्रधान; अप्रचलित 2. दूसरे दर्जे का; 3. जो मुख्य या मूल अर्थ से अलग हो 4. गुणों से संबंधित*

11. गुनाह : 1. अपराध; पाप; क़सूर; दोष 2. दुष्कर्म 3. प्रचलित व्यवस्था, धर्म, विधि अथवा शासन इत्यादि के विरुद्ध किया गया आचरण
12. निजामत : 1. प्रबंध; व्यवस्था 2. व्यवस्था क्रम; सिलसिला
13. सूबे : देश का कोई भाग या खंड, जिसमें कई ज़िले शामिल हों; प्रांत; प्रदेश
14. साबिका : भूतपूर्व, पुराना
15. वजीरे-आला : मुख्य मंत्री
16. कबीलों : 1. फिरकों में रहने वाले लोग 2. पश्चिमी पाकिस्तान में फिरकों या समुदाय के लोग
17. रहनुमाओं : नेताओं
18. अबाबीलों : काले रंग की एक मशहूर चिड़िया जो प्रायः खंडहरों में अपने घोंसले बनातीहै
19. इल्म : जानकारी; ज्ञान; विद्या।
20. परवाज : 1. उड़ान 2. अहंकार; नाज़ 1. उड़ने वाला 2. डींग मारने वाला
21. गुफ्तगू : बातचीत, वार्तालाप, भाषण, विचार विमर्श
22. हमवार : एक-सा; बराबर; समान
23. बेअदब : बड़ों का आदर न करने वाला; जो विनम्र न हो; अशिष्ट; धृष्ट; गुस्ताख़
24. नस्लवाद : वह सिद्धांत या अवधारणा जो किसी एक नस्ल को दूसरी से श्रेष्ठतर या निम्नतर मानतीहै;
25. मंज़र : देखने योग्य वस्तु या स्थान; दृश्यावली; दृश्य; नज़ारा
26. तथाकथित : 1. अप्रामाणिक 2. संदिग्ध; विवादास्पद 3. कहने भर का; नाम भर का 4. किसी के द्वारा मान लिया गया; तथोक्त
27. प्रकरण : 1. निर्माण करना; उत्पन्न करना 2. मुद्दा; प्रसंग; संदर्भ 3. किसी ग्रंथ के अंतर्गत विभिन्न अध्यायों में से कोई एक 4. रूपक के दस भेदों में एक, जिसकी कथा काल्पनिक होतीहै तथा नायक ब्राह्मण या वणिक होताहै
28. विज्ञापन : 1. सब लोगों को दी जाने वाली सूचना; इश्तहार 2. जानकारी कराना; सूचित करना 3. प्रचारार्थ दी जाने वाली सूचना;
29. स्मरण : 1. किसी देखी, सुनी या बीती बात का फिर से याद आना; स्मृति; याद 2. याद रखने की शक्ति; याददाश्त 3. एक प्रकार का अर्थालंकार 4. नवधा भक्ति का एक प्रकार; जाप
30. यकीन : 1. विश्वास; एतबार; भरोसा 2. धारणा; प्रतीति; सोच

31. मुद्दत : लावधि; अरसा; बहुत दिन; अधिक समय; दीर्घकाल।
32. विचारधारा : 1. सिद्धांत; मत; सोच 2. विचारों का प्रवाह; चिंतन का तरीका; विचार प्रणाली 3. सैद्धांतिक दृष्टि
33. विकासधारा : विकास की धारा
34. विकृतिधारा : विकृति की धारा
35. विस्मृति धारा : भूल जाने की धारा
36. विसर्र : फैला हुआ, तीखापन, ढेर, प्रचुर
37. गुरबतों : 1. विदेश प्रवास 2. निरुपाय या गरीब होने की अवस्था; निस्सहाय होने की अवस्था 3. परदेस या किसी यात्रा में व्यक्ति को होने वाले कष्ट; यात्रा में यात्री की दीन स्थिति 4. विवशता; परवशता।
38. अदावत : शत्रुता; दुश्मनी; वैर भाव, जैसे- इस झगड़े का कारण पुरानी अदावत थी
39. हमवार : सम, एक-सतही, मैदान, चिकना
40. करामत : जादू

English Translation

19. Bhopal and globalization

Parliament is also saying that present time is era the of globalization
All those who have migrated towards city, do not have a place to reside and hide
People are feeling sleepy while waiting for promised investment, they are set aside
Long and totuous black night of countries umemployment continues, no dawn beside

Other tribes are closing their doors on us, there are plenty of Brexits events worldwide
Some people have separated growth from use of hands, and has given rise new snide
Only few people are getting globalized, for others is same tough life along with old deride
Some people behind the curtains are supporting globalization, let us find out the broker inside

Come let's try to find out who is connector between country and foreigners, who is this third person
Puppets are acting as per their order, playing their role of executive of country is silent version
People are searching for the name of this broker character from lower to uppper judiaciary,
but the existence of broker is not visible creating aversion
Some person will be caught tommorrow for sure, but he will be just a pawn,
let's not ask then who is leader for the subversion

Donot forget the night of Bhopal, that was also due to country's globalization as creator

People were sleeping in a cold night of winter, it was beginning of December as matter

Curse came from sky and venom spread in the air, it was failure of administration with a shatter

All the hands with cuff were exoenarated, as this was having very high connection with flatter

I hope you have not forgotten the time when chief minister of state acted as driver of chariot

The accused of all the dead person did not get the jail but got a ride or chariot by ruler as idiot

With the money given by killer, we tried to revive the dead, gave them solace and commissariat

dead bodies were never revived and dream in eyes were lost of all the proletariat

With the passing or time, we ate the dreams of live eyes also, all their dreams crushed in lariat

Our leaders are claiming this to be the time for connecting with other tribes of the world

Time has come for this country so that albataross of this country should fly high in sky and unfurled

Man can not simply fly by slogans and aspirations; his wings might get broekn when hurled

Knowledge is new passion to fly in the era of globalization, we can captrue breads and be earned

Will everything be all right in this country coming time will be bright and shinning?

Will this country shine like new polished shoe or will get sold out due to sinning?

Fight for justice will continue till eternity man will continue in furnace of noon for burning

Money lender of the city will put a new mask and common will be stopped where he is standing

Tommorrow any body can come and play with us and then go back
On our older relations and market of the country new faces will attack
I donot know where the man will appeal tommorrow, when he will be a heck
Goddess of justice will be contine to be blind even if one side will be favoured even if they lack

Conversation is always between countries at same level, not among broken promies and inattention
Justice is lost in inquality of the world, in forgotten in intentions of injustice along with pretention
Mutual respect for countries are lost in lowness and lies of rogues due their inherent contravention
Racism continues to flow in blood of the world, among the cast of various contries in real interntions

Nothing has changed in the dried background of eyes of common, in this globalization
No new dreams can be seen even now, in the complete episode of last few years realization
Everybody is searchimg for his existence in the advertising on television for concptualization
There is news of death due to starvation, but society does not find deceased as prioritization

To set up new industry, land is required belonging to common and speical farmers
Farmers only know the faming nothing else know, so they need confidence of life from saver
There is no value of dream of farmers, only the dreams of industrailaist must have color
There is no period of delivery for promises made by leaders people should wait to get the favour,

they just want he new land to be without people and new legal and social rules to adhere
They do not like to come together of fist to resiste them back, they want biteless people for labor

Country will grow for sure, with this thought of development
But question is who will grow with this stream of development
Question is which place will grow, by this new stream of distorted envelopment
Dry land will continue to be dry, with this new stream of forgetfullness as endowment

Due to long fight, the dreams of eyes will get dried up
It seems now we will be able to understand the story of promise getting broken up
Or we will be enagaged in fighting with oner another for share of bread to mash up
But till then these new nails will injure the poor people deeply and smash up
Then in this time of poverty, the close fist will begin to oppose the adversity
Some of the stars of sky will get broken, idioms of globalization will get oblivity
In this manner countries of world new wonders will evolve and build equality

20. चरखा पर परचिर्चा

आज मेरे हाथों में चरखा है पर हम दोनों पे कोई टीवी चैनल परिचर्चा नहीं करता
मैं भी मानता हूं आज देश में दूसरे मुद्दे भी है इसलिए हमपे कोई अपना समय खर्चा नहीं करता
हमारा और चरखा का सम्मान पड़ा धूलधूसरित होकर इस देश में, पर समाज हमारी प्रत्यरचा नहीं करता
अंतर्द्वंदहै इस समाज में आज भी हमारे महत्व का, इसलिए हमारे समस्याओं पर अब भी कोई चर्चा नहीं करता

पर मेरे लिए चरखा सिर्फ मेरी आजीविका नहीं मेरी पूरी पहचान है
चरखे से मैं जुड़ता हूं देश और इसके विकास से, जिसमें ये मेरा छोटा सा योगदान है
चरखे ने पहले भी हमें आजादी दिलाई थी आज भी ये हमारे स्वावलंबन का प्रतिमान है
ये सिर्फ घूमता पहिया नहीं, मेरी नयी अर्जित इज्जत के ज़मीं का नया पासबाँ है
चरखा और हमारी पहचान इतनी घनिष्ठ कि इनके बहाने हमपे भी कोई चर्चा नहीं करता
आज मेरे हाथों में चरखा है पर हम दोनों पे कोई टीवी चैनल परिचर्चा नहीं करता

गुजरी सदी में एक मौलिक विचारों वाला आया था, उसने मेरी आजादी का सम्पूर्ण मायने मुझे सिखलाया था
मेरा आत्म-सम्मान चरखा और देश से कैसे जुड़ा है उसी ने ये पहली वार मुझे परिपूर्णता में समझाया था
में अपनी कमज़ोर हड्डियों के साथ भी खड़ा हो सकता हूं, ये सपना उसी ने मुझे समग्रता से दिखलाया था
उसने हम जैसे दमित, शोषित को उदय का स्वप्न दिखलाया था,
इसलिए हमारे आदर वश ही वो देश का बापू कहलाया था
हमें और चरखे को बढ़ाने की कोशिश की थी उसने तब भी, पर आज भी हमें कोई पहला दर्जा नहीं कहता
आज मेरे हाथों में चरखाहै पर हम दोनों पे कोई टीवी चैनल परिचर्चा नहीं करता

इसी चरखे से मैं हटाऊंगा अपने गरीबी की लांछनाये और साथ में पाउँगा अपना आत्म सम्मान
चरखे सहित ही होगा मेरा भाग्योदय कल, आज पायाहै मैंने परिश्रम का साधन और आत्म ज्ञान
मेरे हांथो में भी अब काम है कल जरूर होगी पेट में रोटियां, और होठों पे भी फैली होगी मुस्कान
चरखा दिलाएगें मुझे मेरे भविष्य को सवारने की शक्ति, यहीं दिलाएगा मेरी नयी सामाजिक पहचान
देश को हमें और चरखे का हक़ देने में किसी और का कोई माली हर्ज़ा नहीं लगता
आज मेरे हाथों में चरखा है पर हम दोनों पे कोई टीवी चैनल परिचर्चा नहीं करता

मुझे लगताहै की चरखे और मेरे आत्मसमान की लड़ाई देश में बिलकुल सही है
अबतक देश हमें अनसुना कर रहा था इसलिए हमने जमाने में ये बातें फिर से कही है
हमारे लिए देश में कुछ भी न बदलाहै इसलिए हमारे मुद्दे की आवाज़ वहीँ की वहीँ है
कभी तो वो देखे हमसे जुड़े लोगों को, जबकि हमारे विनती की फाइल जहिं की तहिं है
लोग समझते हमें सिर्फ नारेबाजी की भीड़, सच में कोई हमें भारत की प्रजा नहीं समझता

आज मेरे हाथों में चरखाहै पर हम दोनों पे कोई टीवी चैनल परिचर्चा नहीं करता

देश में चरखा और मेरे हक़ की लड़ाई, लिखित मौलिक अधिकारों की संवैधानिक लड़ाई है
जिसमें हमारी गुजरी सरकारों ने कुछ न कर के, केबल पुरानी फाइलों में नयी टिप्पणियां लगाईं है
पर हम समझतेहै अब हमारे और चरखे के मिलने की ताकत, हमने अब ले ली जाग कर अँगडाई है
देश की सरकारी कुर्सियों का बदलो ईमान या खाली करों जनता अब सब कुछ पूछने आयी है
आज भी हमारे हक़ और आत्म सम्मान की बातें उनका ज़ुबान और पर्चा दोनों नहीं कहता
आज मेरे हाथों में चरखाहै पर हम दोनों पे कोई टीवी चैनल परिचर्चा नहीं करता

कठिन शब्द

1. *परिचर्चा : गोष्ठी; गुफ़्तगू; चर्चा; वार्ता; संगोष्ठी*
2. *धूलधूसरित : 1. जो धूल से लिपटा हो; धूल से लथपथ 2. जिसपर गर्द पड़ी हुई हो 3. जो धूल लगने से मटमैला या भूरे रंग का हो गया हो*
3. *अंतर्द्वंद : अंदर का संघर्ष, विरोधाभास*
4. *आजीविका : रोज़ी-रोटी; जीवन-यापन का साधन; रोज़गार; पेशा।*
5. *योगदान : 1. सहयोग करना; हाथ बँटाना 2. योगदीक्षा*
6. *स्वावलंबन : 1. आत्मनिर्भर होने की अवस्था, गुण या भाव; आत्मनिर्भरता; ख़ुदमुख़्तारी 2. अपने भरोसे रहने का भाव।*
7. *प्रतिमान : 1. परछाईं; प्रतिमा; प्रतिमूर्ति; चित्र; नमूना 2. वह मूर्ति जिसके नमूने पर वैसी ही मूर्ति बनाई जाए 3. अनुकरणीय व्यक्ति; आदर्श*
8. *अर्जित : 1. अर्जन किया हुआ; कमाया हुआ 2. इकट्ठा किया हुआ; संचित; संगृहीत*
9. *पासबाँ : संतरी, रक्षक*
10. *घनिष्ठ : 1. निकट का; समीप का 2. अंतरंग (मित्रता); गाढ़ा; गहरे संबंधों वाला*

11. मौलिक : 1. मूल तत्व या सिद्धांत से संबंध रखने वाला; मूलभूत 2. असली; वास्तविक 3. जो किसी की नकल या आधार पर न हो बल्कि अपनी उद्भावना से निकला हो

12. मायने : मतलब, अभिप्राय, आशय, अर्थ, तात्पर्य

13. परिपूर्णता : 1. अच्छी तरह भरे होने का भाव 2. परिपूर्ण होने की अवस्था या भाव; किसी कार्य की पूर्ण समाप्ति

14. समग्रता : संपूर्णता; सकलता

15. दमित : 1. जिसका दमन किया गया हो; जिसे शक्ति के साथ दबाया गया हो 2. शोषित; उत्पीड़ित; उपेक्षित।

16. उदय-स्वप्न : ऊपर उठने का सपना

17. लांछनाये : 1. आरोप; दोष; कलंक 2. निशान; चिह्न 3. दाग; धब्बा

18. आत्मसम्मान : स्वाभिमान; आत्माभिमान; आत्मगौरव; निजी सम्मान; अपने प्रति सम्मान।

19. आत्मज्ञान : 1. आत्मा-परमात्मा संबंधी ज्ञान 2. ब्रह्मज्ञान 3. अपने बारे में या अपनी आत्मा का ज्ञान

20. माली : 1. आर्थिक 2. माल संबंधी; माल का 3. राज्य-कर संबंधी 4. अर्थशास्त्र संबंधी

21. हक़ : 1. अधिकार; स्वामित्व; इख़्तियार 2. फ़र्ज़; कर्तव्य 3. न्याय, प्रथा आदि के अनुसार प्राप्त अधिकार 4. उचित पक्ष। 1. जो झूठ न हो; सत्य; सच 2. उचित; मुनासिब 3. जो न्याय, धर्म आदि दृष्टियों से उचित या ठीक हो।

22. पर्चा : 1. कागज़ का टुकड़ा; चिट 2. प्रश्नपत्र 3. कागज़ के छोटे टुकड़े पर लिखी हुई बात या सूचना 4. कोई छोटा विज्ञापन 5. शोधपत्र 6. नामांकनपत्र 7. पत्र-पत्रिका का कोई अंक 8. रहस्य संप्रदाय में किसी बात का परिचय।

English Translation

20. Tallk about spinning wheel

Today I have spinning wheel in my hands, but no TV channel wants us as point of discussion
There are other issues in the country, that why people do not spend their time on us for deduction
My Dignity and spinning wheel is gathering dust in country, no one want to tallk of our inetention
This society has its inner conflict about us, so no body want to tallk of our problems and obstruction

But for me this spinning wheel is not medium of earning but my complete identity
With this I relate to country and its growth, and its my humble contribution with serenity
This spinning wheel has given us the freedom, it is still standard of self reliance with intensity
This is just not a spinning wheel but the sentry of new land that I have acquired as diginity
Identity of me and spinning wheel is so conncted that no one tallk about me also as reciprocity
Today I have spinning wheel in my hands, but no TV channel wants to tallk about us

In last century, a man with fundmental convictions came and taught the meaning of my freedom
How the self diginity of myself relates to spinning wheel, he made me understand it in decorum
I can stand up in society with my weakend bones, he infused me with this dream and wisdom

He showed the dreams of arising to downtrodden and oppressed people like us in ths fiefdom

He tries to push for growth of us and spinning together,
still today no body treat us in society first class manner
And due to our respect only he was called father of nation.

Today I have spinning wheel in my hands, but no TV channel wants to tallk about us

I feel with help of spinning I shall be able remove the blame of my poverty and find social diginity
My fate will also rise with help of spinnig wheel, I have found tool of labor and opportunity infinity
Now I can do work with my hands, tommorrow bread will be also there and a smile with benignity
Spinning wheel will give me power of shaping my own future, also give me new social identity
In giving power to me and spinning, other persons of this country will not loose due ot infirmity
Today I have spinning wheel in my hands, but no TV channel wants to tallk about us

I feel that the fight of social dignity and justice for me and spinning wheel is correct
Country was not listening to us so far, hence we have repeated it again to select
Country has not changed for us, our matter before country has been at same place due to neglect
Come look at us the and our families, our file of reqeust is lying at the same place due to disrespect
People treat us mere as a slogan mongering crowd. not as the citizedn of this country with respect
Today I have spinning wheel in my hands, but no TV channel wants to tallk about us

In this country struggle of right for myself and spinning wheel is flight of fundamental right

Our past govenement has not done anything and has just put a note on old file for spite

Now we understand the power of me and spinning wheel coming together, woken up for delight

Let us change the character of government chair or vacate them, as public has come to ask its right

Even today their words and deeds do not tallk of our diginity, let us fight there despite

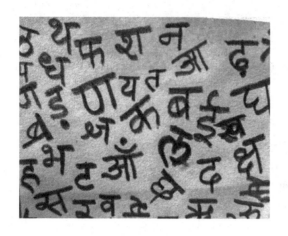

21. हिंदी के बहाने से देश

मैं हिंदी हूं, मैं सिर्फ भाषा ओर संदेश नहीं, मैं सम्पूर्ण देश हूं
पर अब तो मैं सिर्फ देश में नहीं, जन प्रेम वश पहुँची विदेश हूं
पर अपने ही देश में आज भी, लगता है मैं पहुँची परदेश हूं
क्यों लगा रहा मुझे आज भी मैं अंग्रेजी का नव उपनिवेश हूं

संभ्रांत वर्ग की मैं भाषा नहीं, जन जन की भाषा-भावना में ही शेष हूं
जी हाँ मैं हिंदी, मैं केबल देश की भाषा नहीं, मैं तो देश का सम्पूर्ण
परिवेश हूं
देश के जन जन की भाषा हूं मैं, उनकी समाहित आशा का मैं ही संदेश हूं
मुझे कभी सत्ता का सहारा नहीं चाहिए, क्योंकि मैं तुलसी और प्रेमचंद
का निवेश हूं
भिन्न भिन्न क्षेत्रों की उपभाषाएँ बनाती मुझे, जी हाँ उनका मैं ही भाषाई
अनिमेष हूं

जन जन की आकांक्षाएं होती परिलक्षित मुझमें, भक्ति का समाहित
मुझमे भाव भी
समाज का सुख, दुःख और दारिद्रय भी निहित मुझमें, मिलता समाज
का अभाव भी
भारतीय सामाजिक क्रांतियों भी जुड़ी मिलती मुझमें, मिलता देश के
महापुरुषों का प्रभाव भी

देश की संस्कृति की अवीक्षित धारा भी मुझमें मिलती और जन जन का आपसी समभाव भी

संस्कृतहै भाषाई जननी मेरी, पर उर्दू मेरा अपना भाई भी
ब्रज और अवधि की अवनि मेरी, देश की अन्य भाषाएं मुझमे समाई भी
आज जन जन की भाषाई धमनी मैं, मुझमें जयदेव के राधा श्रृंगार की तरूणाई भी
समकालीनता की सामाजिक विवरणी मेरी, जुड़ी देश के क्रांतियों की अँगडाई भी

बनाना चाहता संभ्रांत मुझे माध्यम कि भाषा, जब चाहता वो संवाद सर्वहारा से
सुनना चाहता संभ्रांत जब जन के आकांक्षा को, नेतृत्व के लिए सर्वहारा की पुकारा से
जन जन को देश प्रेम मैं ही सिखलाती अपनी बहती भाषा की कनक धारा से
भारत राष्ट्र की भाषा मैं कहलाती पर मेरा अस्तित्व क्षेत्रीय भाषाओं के उद्गारा से

जब जब पुकारते जन जन माँ भारती को तो, महिमागान करते मुझ ही मे
अपनी कविताओं में समाहित शब्दों और भाषा से से भारती का सम्मान करते मुझमे
आज भी भक्ति वाले लोग, तुलसी और सुर के शब्दों से ईशगान करते मुझमे
देश के दर्शन का महात्म्य बतलाने का गुणी-जन हर क्षण काम महान करते मुझमे

कुछ लोग कहते देश के दक्षिण के अन्य भाषाओं से मेरा प्राचीन संघर्ष है
पर भाषाएं जो जन भावना का माध्यम, इसलिए इन तथ्यों में न कोई विचार विमर्श है
देखो मेरा अंतर्मन, देखो मेरा विशिष्ट रूप जिसमें सब के लिए सामूहिक आदर्श है
क्षेत्रीय भाषाएं मेरे धमनी में बहती लहू, उन्हीं से तो निर्मित मेरा भाव उत्कर्ष है

मुझे गर्व खुद पे जन जन के भाव को भाषा में समाहित करने पे

सामाजिक बदलाव की इच्छा भी भाषा में महिमा मंडित करने पे
देश के सामुदायिक एकता की गरिमा भाषा में प्रज्वलित करने पे
देश के वैचारिक विविधता को आदान प्रदान से संकरित करने पे

गूँथ रहे मुझे भक्ति काव्य के गुरुओं से लेकर आज तक के उस्ताद
हर युग के कवि मुझे नए विन्यास दिला रहा है जैसे छायावाद से
हाइकुवाद
आजकल तो अकविता वाले भी कर रहे मुझ ही में कविता पर भी विवाद
मैं देता भारत के प्रत्येक जन जन को संवाद, नहीं इसका कोई क्षेत्रीय
अपवाद

आओ चलो अब कुछ खड़ी बोली के पुरोधाओं को भी स्मरण करते हैं
अपनी अद्यानूतन कविताओं में हाइकू का भी व्याकरण लेते हैं
देश की अखंडता के लिए, तत्सम नहीं देशज शब्दों का समाकलन लेते हैं
भाषायी लिपियाँ तो हैं क्षेत्रीयता की पहचान,
तो चलो पहले संस्कृति का भाषायी मिलन करते हैं

चलो देश के क्षेत्रीय भाषाओं और संस्कृति से हिंदी में तथ्यपूर्ण संवाद
करते हैं
आओ साथ बैठे आज और विस्मृत करें पुराने विवाद, अब न समय
बर्बाद करते हैं
चलो इस देश में छिपे भाषाई रत्नगर्भ का सभी जन जन के लिए पहले
अनुवाद करते हैं
लेकिन सर्वप्रथम इस समुच्चयता वाले भारतीय इंद्रधनुष के लिए क्षेत्रियों
संस्कृतियों का धन्यवाद करते हैं

कठिन शब्द

1. *नवउपनिवेश : नया 1. जीविका के लिए एक स्थान से हटकर
कहीं दूर जा बसना 2. अन्य स्थान से आए हुए लोगों की बस्ती
3. एक देश के लोगों की दूसरे देश में आबादी*

2. *परिवेश : 1. वातावरण; माहौल 2. जिस वातावरण में निवास
किया जाताहै अथवा रहा जाताहै 3. मंडल; परिधि; घेरा 4.
प्रभामंडल; किरणों का वह घेरा जो कभी-कभी सूर्य या चंद्रमा के
चारों ओर बन जाताहै; सूर्यमंडल; चंद्रमंडल|*

3. *निवेश : 1. मुनाफ़े के लिए किसी व्यापार आदि में धन या पूँजी
लगाने की क्रिया या अवस्था 2. इस प्रकार लगाई गई पूँजी या*

धन; वित्तीय अंशदान 3. प्रवेश 4. स्थापन; आसन 5. फ़ौजी पड़ाव; सैनिक छाँवनी; शिविर; खेमा 6. विवाह 7. सजावट 8. घर; मकान 9. धरोहर 10. किसी स्थापित विधान में किसी आवश्यक उपधारा का जोड़ा जाना

4. अनिमेष : 1. स्थिरदृष्टि 2. जागरूक 3. खुला; विकसित। [क्रि. वि.] निर्निमेष; बिना पलक झपकाए; बिना पलक गिराए हुए; अपलक; एकटक
5. परिलक्षित : 1. अच्छी तरह से देखा-भाला हुआ 2. अच्छी प्रकार से निरूपित, वर्णित या कथित 3. चारों ओर से देखा हुआ 4. जो स्पष्ट रूप से दिखाई पड़ रहा हो; दृष्टिगोचर।
6. निहित : 1. किसी चीज़ के अंदर स्थित; छिपा हुआ; अंतर्भुक्त; दबा हुआ 2. स्थापित; रखा हुआ; धरा हुआ 3. किसी के अंदर पड़ा हुआ 4. उपलक्षित (अर्थ) 5. प्रदत्त; सौंपा हुआ, जैसे- निहित अधिकार 6. गंभीर स्वर में कहा हुआ।
7. अवीक्षित : जो पहले देखा नहीं गया जो पहले से घटा नहीं
8. समभाव : 1. समानता की सूचक स्थिति; बराबरी 2. सभी को समान समझने की वृत्ति
9. जननी : 1. जन्म देने वाली स्त्री; उत्पन्न करने वाली; माँ; माता 2. दया; कृपा 3. चमगादड़ 4. जूही नामक लता 5. मजीठ 6. कुटकी 7. जटामासी 8. पपड़ी
10. अवनि : 1. धरती; धरणी; पृथ्वी 2. उँगली 3. एक प्रकार की लता
11. धमनी : 1. (शरीर रचना विज्ञान) रक्त को ले जाने वाली शिरा या नलिका; रुधिरवाहिका; नाड़ी; (आर्टरी) 2. फुँकनी; धौंकनी 3. हल्दी।
12. विवरणीका : पतली पुस्तक
13. संभ्रांत : 1. प्रतिष्ठित; सम्मानित 2. चारों तरफ़ घुमाया हुआ; चक्कर खाया हुआ 3. उत्तेजित 4. धोखे में पड़ा या घबराया हुआ 5. तेज़; स्फूर्तियुक्त
14. सर्वहारा : 1. समाज का वह वर्ग जो मज़दूरी करके जीवन निर्वाह करताहै 2. जो अपना सब कुछ गँवाकर निर्धन हो चुका हो। 1. जिसका सब कुछ हर लिया गया हो 2. जो अपना सब कुछ खो चुका हो।
15. कनकधारा : सोने जैसी धारा
16. उद्गारा : 1. भले विचार या भाव; भाव-विह्वलता में अभिव्यक्त बात; आंतरिक भावों की अभिव्यक्ति 2. आधिक्य; बाढ़।
17. महिमागान : महानता का गान

18. समाहित : 1. एकत्र किया हुआ; संगृहीत 2. तय किया हुआ; निश्चित 3. समाप्त 4. स्वीकृत।
19. भारती : 1. सरस्वती नामक देवी 2. स्वर; वचन; वाणी 1. एक प्रकार का कुलनाम या सरनेम 2. दशनामी संन्यासियों का एक भेद
20. महात्म्य : महानता, दूरदर्शिता., बड़प्पन
21. तथ्यों : 1. यथार्थपरक बात; सच्चाई; वास्तविकता 2. किसी विशेष अवसर पर प्रस्तुत आँकड़े 3. सार; अर्थ 4. ठोस विवरण 5. हकीकत
22. अंतर्मन : 1. मन की भीतरी चेतना; अंतःकरण 2. अचेतन मन
23. महिमामंडित : वह जिसका गुणगान किया गया हो; महिमायुक्त; प्रशंसित
24. छायावाद : 1. वह सिद्धांत जिसके अनुसार अव्यक्त और अज्ञात को विषय या लक्ष्य बनाकर उसके प्रति प्रणय, विरह आदि के भाव प्रकट करतेहै 2. आधुनिक साहित्य में आत्म अभिव्यक्ति का वह नया ढंग या उससे संबंध रखने वाला सिद्धांत जिसके अनुसार किसी सौंदर्यमय प्रतीक की कल्पना करके ध्वनि, लक्षणा आदि के द्वारा उसके संबंध में अपनी अनुभूति या आंतरिक भाव प्रकट किए जातेहै।
25. संकरित : 1. वर्ण संकर; संकीर्ण 2. संकर से उत्पन्न
26. अकविता : पूर्व साहित्यिक मानकों को अस्वीकार कर चलने वाली नए रूप-प्रारूप की हिंदी कविता जो 'नई कविता' के बाद शुरू हुई
27. पुरोधा : 1. किसी क्षेत्र में अग्रणी 2. पुरोहित।
28. समाकलन : 1. एक ही तरह की इकट्ठी की गई अनेक वस्तुओं का मिलान करके उनकी व्यवस्था या क्रम देखना; आशोधन; समाशोधन 2. विनिमय; अदलाबदली
29.
30. तथ्य-पूर्ण : 1. यथार्थपरक बात; सच्चाई; वास्तविकता 2. किसी विशेष अवसर पर प्रस्तुत आँकड़े 3. सार; अर्थ 4. ठोस विवरण 5. हकीकत से पूर्ण या भरा हुआ
31. विस्मृत : 1. भूला हुआ; भुलाया हुआ 2. जिस (वस्तु या व्यक्ति) का स्मरण न रहा हो
32. रत्नगर्भ : समुद्र, गहना से भरा हुआ, जिसमें गहना समाहित हो
33. समुच्चयता : 1. कुछ वस्तुओं का एक में मिलना;2. समूह; राशि; ढेर 3. वस्तुओं आदि का एक जगह एकत्र होना

English Translation

21. Country through the eyes of Hindi

I am Hindi, I am not just a language and message I am complete country's environment
Now a day I am not just country, but due to love of people has reached foreign endowment

But in my own country it feels that I have come to foreign land due to dishonourment
Why, I am feeling today also that I am new colony of English along with disillusionment
I am not the language of elite of society, I am lives in the feeling of common man

Yes, sir me Hindi, I am just not the language of this country, I am complete environment to name
I am the language of common folk of this country, I am the message of embedded hope of them
I never need the help of power and authority, as I am investment of Tulsi and Premchand of fame
Different regional languages make me complete and with vigilantism of these language for acclaim

Aspirations of common people becomes visible in me I include the emotions of devotion
Pleasure sorrow and poverty of society in inside me, even the scarcity of society withh commotion
Indian social revolutions are included in me, one can find the effect on me of great people's potion
Culture of the country can be found undiminished in me, and social harmony of public is my lotion

Sanskrit has given birth to me but language of Urdu is my brother

Land of Braj and Avadhi is include in me and other language also find me as smother

I am the language vein of common people, I even have the beauty of Radha as my cover

Contemporariness is social diary of mine, movement of included revolutions are also there

Elite people want to make me the medium, when the want to communicate with proletariat

Whenever elite want to listen common public's aspiration, they use me for reaching out as chariot

I teach patriotism to common public, using golden flow of my language skill as commissariat

I am called national language of India, but my existence is due to articulation of local variant

When ever people want to praise goddess of country, they use the me as medium

they praise goddess of the country With the words that they include from my idiom

Still today with the word of Tulsi and sur, the praise the great lord through me as intermedium

Great people of this country uses me as medium for to describe the greatness as premium

Some people say, I am fighting with the other languages in southern part of this subcontinent

But the language is medium to express our self, this observation is not based on thoughts relevant

Look at my inner self, at special form of me, I aspire for collective ideals & excellence as sentiment

Regional languages are like the blood flowing in my veins,

and excellence of emotion for them comes from me being preponderant

I feel proud of including the emotions of commons being expressed through me
Expressing and Honouring the Message of social change through me as free
Keeping the light and flames of communal unity glowing in my language to see
Breeding the thought of this country through exchange of ideas through me as key

Poets from era of devotion to intelligent people of current generation are getting me shaped
Poets in every era is giving new configuration to me such as from Chhayavaad to Haikuvaad
Now a day the group of poets of non-poetry is using me for discussing the differences as elapsed
I give medium to all the people of this country, there are no regional exception to this claimed

Come let's remember the stalwarts of new Hindi Language
In our contemporary poems lets include the Grammer of Haiku poetry as interlanguage
For the sake of national integration, let include the local word in Hindi in its baggage
Regional script of languages is symbol of regionalism, let have cultural integration of sublanguage

Come let's do a fact-based discussion with regional languages and culture
Come let's sit together and try to forget all the disputes, let's build a national structure
Come for sake of country, lets pick up the jewels of all language and translate rather
But let's thank the rainbow of regional languages and culture for making this integration sculpture

22. पघिलती धूप में साये

आजकल हमारे मुंढेरों पे पड़ती धूप भी अब पिघलने लगी है
पिघलती धूप के साये में मेरे अस्तित्व की परिभाषाएं बदलने लगी है
अब तो मेरी घडी, मौसम और किताब भी पिघलती धूप के रंग में ढलने लगी है
कुछ लोग बदलना चाहते हमें, इसलिए पिघलती धूप हमपे भी गिरने लगी है

कल तक तो मेरा साया सिर्फ मेरा था, आज का साया पिघलती धूप का भी भी बनाया है
जब से हम पिघलती धूप में खड़े हुए, तो मेरे पुराने व्यक्तित्व को धूप ने कुछ और दिखाया है
शायद इस पिघलती धूप में रश्मि कणों ने ज़माने में नए रंग से दूसरा चेहरा मुझ पर चढ़ाया है
इस धूप ने ज़माने में फिर मुझे एक नया कुरता दिलवाया और साथ में नया चश्मा भी पहनाया है

हाड मांस का मेरा पुतला तो वहीँ पर पिघलती धूप ने बस शरीर पर नया त्वचा चढ़ाया है
मेरे विचार का परिस्रुत वहीँ अब भी वहीँ प्राचीन तत्त्व, इस धूप ने बस नए लिपि में लाया है

मेरा वैचारिक अस्तित्व तो वहीँ पुराने गीत के स्वर, धूप ने उसे नए राग में समाज में गाया है
शायद पिघलती धूप की रश्मि किरणों ने नए समय में नए रंग का आज मुझपर कलेवर चढ़ाया है

पिघलती धूप अब चाहती हम बदल ले बर्षों पुरानी जन जीवन के समझने की प्रथा
मान ले उनकी युग काल की व्याख्या, और विसंगति बने हमारी वर्तमान की व्यथा
उनके दिए दृष्टांत से निर्मित करें हम अपनी प्रज्ञा, तत्पश्चात नव निर्माण करें जीवन की गाथा
बस हमें दुविधा हमारे ऐतिहसिक विद जनों की जो बतलाते हमारी विचार कथा

अब पिघलती पीली धूप पढ़ रही हमारी सभ्यता की पुरानी किताबों पर
अब दिखने लगा है इस पिघलते धूप का प्रभाव सामाजिक रिश्तों के बर्ताबों पर
इसकी रोशनी हमें सिमटा रही, वर्तमान ज़माने की संकुचित सामाजिक प्रस्तावों भर
पर हम सभी रहते प्रासंगिक हर युग में अपने सामाजिक मूल्यों के अविर्भावों भर

हमारे सांस्कृतिक प्रतिबद्धताओं के दुहराने पे पिघलती धूप हमें नहीं बदल पायेगी
धूप बहती नयी हवा की तरह आएगी और फिर सामूहिकता से टकरा कर आगे निकल जायेगी
सामाजिक स्थापत्यों के संरक्षण से इस तरह सामाजिक संरचना पुराने रूप में ही सफल कहलाएगी
और इस तरह पिघलती तरल धूप एकता कि विवशता वश, हमारे साये में न घुस कर कल विफल कहलाएंगी

कठिन शब्द

1. *मुंढेरों : घर के बाहरी भाग की दीवार*
2. *अस्तित्व : 1. वजूद; होने का भाव 2. हस्ती;हैसियत 3. सत्ता; विद्यमानता; मौजूदगी; उपस्थिति अस्तित्व मिटा देना : नामोनिशान मिटा देना; न रहने देना; समाप्त कर देना*

3. साया : 1. परछाँई; छाँह 2. छाया; प्रतिबिंब 3. (अंधविश्वास) भूत-प्रेत बाधा

4. परिसुत : 1. पुष्पसार; फूलों का सुगंधित सार 2. आसवन विधि से द्रव्य के सार को निकालने की क्रिया। शराब; मद्य; मदिरा

5. लिपि : 1. किसी भाषा के वर्ण या अक्षर लिखने की विशिष्ट प्रणाली, जैसे- देवनागरी लिपि, फ़ारसी लिपि, ब्राह्मी लिपि आदि 2. लिखने का ढंग; लिखावट।

6. रश्मि : 1. किरण 2. बरौनी 3. घोड़े की लगाम 4. रस्सी; डोरी

7. कलेवर : 1. देह; शरीर; चोला 2. आकार; डील; ढाँचा

8. विसंगति : 1. संगति का अभाव; असंगति 2. समकालीन जीवन की वह स्थिति जहाँ प्रत्येक मूल्य या धारणा का ठीक उलटा रूप दिखाई पड़ता है

9. दृष्टांत : 1. किसी विषय को समझाने के लिए उसके समान किसी दूसरी बात का कथन; उदाहरण; मिसाल

10. प्रज्ञा : 1. बुद्धि; समझ; विवेक; मति; मनीषा 2. सरस्वती 3. बुद्धि का वह परिष्कृत, विकसित तथा संस्कृत रूप जो उसे अध्ययन, अभ्यास, निरीक्षण आदि के द्वारा प्राप्त होता है और जिससे मनुष्य किसी विषय या वस्तु के वास्तविक रूप को सहज में समझ लेता है; न्यायबुद्धि।

11. यथा : 1. जिस प्रकार; उस तरह; जैसे 2. उदाहरण के रूप में 3. निम्न क्रम से; नीचे लिखे अनुसार 4. जिसका उल्लेख हुआ हो; उसके अनुसार

12. अविर्भावों : उदय; अवतरण; जन्म; प्रकट होना

13. प्रतिबद्धताओं : किसी ख़ास उद्देश्य, मतवाद आदि से संबद्ध होने की संकल्पबद्धता; वचनबद्धता

14. स्थापत्यों : भवन निर्माण से संबंधित विद्या; वास्तु विज्ञान; ज्ञानानुशासन का वह क्षेत्र जिसमें भवन निर्माण संबंधी सिद्धान्तों आदि का विवेचन होता है

15. विवशता : 1. चाहकर भी किसी काम को न कर पाने की स्थिति 2. विवश होने की अवस्था या भाव 3. लाचारी; पराधीनता

16. विफल : 1. बिना फल का; निष्फल; फलहीन 2. निरर्थक; व्यर्थ; बेकार 3. असफल 4. निराश; हताश

English Translation

22. Shadows in melting sun

Now a day's sun falling on edges of home's balcony is melting
In the shadows of melting sun the definition of our existence is changing
Now my watch, books and weather are in range of molten sun and undergoing pelting
Some people wants us to change, so the melting sun is falling on myself and is affecting

Till yesterday my shadows were mine only,
now meting sun has also my made shadow of today with undue contribution
Since the time I stood in the melting sun,
my personality has been shown to be different by melting sun with redefinition
Perhaps the particles of light of this meting sun has given a new colour and shown a new personality of mine with new creation

Then this meting sun has given me a new shirt to wear and given a new spectacle to see society
I am the same old body of flesh and bones, but the meting sun has cast a new skin of impropriety
Essence of my thought is the same old one, but the meting sun has rewritten it in new notoriety
Existence of my thoughts are the old voice of singing, but meting sun has sung this in a new variety
Perhaps light particles of melting sun have put a new layer of themselves new colour in entirety

Melting sun wants us to change the style of living we have in common life with their propriety

We should accept their explanation of time and current problems of ours should become an oddity

Now meting sun is falling on the sacred books of our civilizations
Now the effect of this meting sun is visible on our social relations
This light of meting sun is making us shrink to the extent of narrow social indication
But in every era, we are only relevant to the extent of our appearance of degradation

If we reiterate our cultural commitments today then melting sun will not be able to make change
Meting sun will come like a wind, will collide with our unified social structure but not rearrange
Due to preservation of social structure in this manner,
our old social configuration is will remain successful for exchange
In this manner due to constraints of unified resistance
melting sun will not enter our shadow and will be a failure as derange

23. श्याम भक्ति का रंग

आई रे आई रे देख आज होरी आयी रे
धरती के कण कण ने फूलों के गुलकंद ने भी आज फगुआ सुनाई रे
चढ़ गयो थो जो विजय उन्माद को रंग तो, आदमी हिरणकश्यपु कहलाई रे
मिळत हों जब वाणी में विनती के स्वर, तो प्रभु अंतः आह्लाद सुनाई रे

खेलत हों आज जन जन होरी एक दूसरे के संग, करत हों समभाव पुताई रे
जन जन सारे हो गयों है श्याम के रंग, जब से श्याम की भावभांग चढ़ाई रे
देखत हों हर राधा प्रभु के घर आवन की आस, क्यों आज हमका भुलाई रे
काहे नहीं आवत हौं प्रभु हमरे भी द्वार, काहे अब हमारी अँखियाँ तरसाय रे

प्रभु आज बाजत है मृदंग और ढोल मन में, जब से तोहे मे अगन है पायी रे
प्रभु मन मस्त हो गयों है मोरा, जब से तोहे मे निज अर्पण कराइ रे
त्यज दीयों है निज मान, घृणा, स्वयं को भी जब से तोहे मे ध्यान है पाई रे

रख लीज्यो प्रभु हमारी भी समाज में लाज, ज्यों द्रौपदी सो तैने विश्वास दिलाई रे

प्रभु खेलत है होली हर गोपिन के संग एक साथ ही सबहु को दर्शन दिखलाइ रे
आवत है हरवार प्रभु बरसाने में राधा के संग, हर राधा की प्रभु ने तृष्णा मिटाइ रे
ढुंढत है हर जीव तोहे प्रभु स्वयं में में अग्र समय से, सम्पूर्ण होत जब कृष्ण को पायी रे
समझ नहीं आवत है प्रभु माया तेरी, जीव और परमात्मा कैसे एक दूसरे में समाई रे

श्याम तूने हर लियो है पीडा जन जन को, जब से सबही ने श्याम में तर्पण है पायी रे
सशरीर तेरे दर्शन इच्छा वश इह जीव, आज तोहरे मोक्ष द्वार पे आयी रे
तूने जिन्हो अपनो शरण में लीन्हों श्याम, सो ज़माने में मीरा कहलाइए रे
प्रभु करहुं स्वीकर अब हमरहुँ प्रार्थना, बस इ जीव तुहरा आशीष चाही रे
कृष्ण, मन में बसत है तेरो मूरत, जवहीं से मेरो श्याम तेरो अबीर लगाइ रे

कठिन शब्द

1. *होरी : 1. भारत में मनाया जाने वाला रंगों का एक प्रसिद्ध त्योहार 2. होली के अवसर पर गाया जाने वाला गीत; फाग; फगुआ*
2. *गुलकंद : गुलाब की पंखुड़ियों और चीनी से तैयार किया जाने वाला एक प्रकार का मीठा लोचयुक्त खाद्य पदार्थ जो दवा के रूप में काम आताहै*
3. *फगुआ : 1. होली का दिन 2. होली के अवसर पर होने वाला आमोद-प्रमोद 3. होली के अवसर पर गाया जाने वाला अश्लील गीत; फाग 4. होली या फाग के अवसर पर दिया जाने वाला उपहार*
4. *उन्माद : 1. अत्यधिक प्रेम (अनुराग) 2. पागलपन; सनक 3. एक संचारी भाव।*
5. *हिरणकश्यपु : होली के पर्व का खलनायक*
6. *आशीष : 1. किसी के कल्याण, सफलता आदि के लिए कामना करना; आशीर्वाद; मंगल कामना 2. एक अलंकार जिसमें आशीर्वाद प्राप्त करने की प्रार्थना होतीहै*

7. आह्लाद : हार्दिक ख़ुशी; प्रसन्नता; हर्षयुक्त पुलकन
8. समभाव : 1. समानता की सूचक स्थिति; बराबरी 2. सभी को समान समझने की वृत्ति
9. मृदंग : 1. ढोलक जैसा एक वाद्ययंत्र 2. ढोलक के आकार का एक उपकरण जिसमें मोमबत्तियाँ लगा कर जलाई जातीहै 3. बाँस
10. आवन : आना
11. अर्पण : 1. देना; सौंपना; भेंट करना 2. दान; प्रदान; बलिदान 3. वापस करना 4. रखना 5. समर्पण
12. समानकालीन : एक ही समय में
13. बरसाने : राधा का गाँव, बरसात के प्रकिर्या
14. तृष्णा : 1. अप्राप्त को पाने की तीव्र इच्छा 2. पिपासा; लालसा; तृषा
15. निजता : निज का भाव; निजत्व; अपनापन
16. तर्पण : 1. तृप्त करने की क्रिया 2. देवताओं और पितरों को तिल या चावल मिला हुआ जल देने की क्रिया।
17. मोक्ष-द्वार : 1. बंधन से मुक्त; बंधन से छूटना; छुटकारा 2. चार प्रकार के पुरुषार्थों में एक; अलौकिक पुरुषार्थ 3. मौत; मृत्यु
18. बसत : 1. रहना; स्थित होना 2. टिकना; ठहरना 3. आबाद होना 4. जीव-जंतुओं, पक्षियों आदि का बिल, गुफा या घोंसला बनाकर अथवा मनुष्यों का झोपड़ी या मकान बनाकर रहना 1. वह कपड़ा जिसमें कोई वस्तु लपेटकर रखी जाए 2. वह थैली जिसमें दुकानदार अपने बटखरे आदि रखतेहै 3. वह कोठी जहाँ ऋण लेने-देने का कारोबार होताहै
19. अबीर : 1. अबरक का चूरा जो मुख्यतः गुलाबी रंग का होताहै 2. बुक्का 3. उक्त चूरा जिसे लोग होली के अवसर पर एक-दूसरे को लगातेहै

English Translation

23. Colours of Krishna devotion

Here comes here comes the festival of Holi to you
Every particle of the earth and nectars of flow is singing Phagwa as weather's hue
When the colour of pride has engulfed humanity, man was called demonic Hirankashyaou
When the voice of submission is found in human being, god can be heard in the inner review

Common public plays Holi with each other, and with applying emotions of equality between them
Every man has taken over the colour of devotion,
since the time they have drank the emotion of Krishna name
Every Radha waits for her own lord Krishna for coming to her house, thinking why Krishna has forgotten her today being busy in game
Radha is requesting to shayam to come to her door, why should my eyes wait for your fame

My God now percussion instrument and drum are creating sound every moment,
since the time I started my devotion to you
I am feeling blessed in my mind after submission of myself to your,
since the time I submitted myself I have always grew
I have left my pride, hatred, discontent and even myself,
since the time I have completely offered myself for review
My God you must honour my dignity also,
in the way you have protected the honour of Draupadi through

Lord is playing holy with all his friends, and all people simultaneously observed

160

Every occasion my lord Krishna comes to every Radha in her place,
fulfils the wishes of every Radha in this world
My God every creature in this world searches for you from beginning,
becomes complete only when gets devotionally stirred
My God I fail to understand, how the common person can understand
That unity of commos and lord philosophy of advait as told

My Lord Krishna you have absorbed the pain of human suffering,
since the time common public has submitted themselves
this requester also wants to meet you along with the body,
has come to your door for salvation by offering selves
whom you have taken in your complete care, then are called Meera in
society will spells
my lord just accepts my prayers also, this creature also wants your
blessing that overwhelms
Lord Krishna in my consciousness now I can see the face of yours,
since the time I put the red powder of yours Shyam it impels

24. सांस और तुम

सांस आती रही सांस जाती रही
साँसों में तुझे मैं गुनगुनाती रही
वक्त गुज़रता रहा यादें कहती रही
मैं बस सुनती रही, मुस्कुराती रही
दोस्तों से मिली तो मैं नजरें चुराती रही
पर तेरे कूचे में हर रोज़ मैं आती जाती रही
सांस आती रही सांस जाती रही
साँसों में तुझे मैं गुनगुनाती रही

तेरी हर अदा बार बार याद आती रही
तेरी सदा भी रोज़ दिल को नहलाती रही
तेरे हर वादे से मैं जिंदगी को इरादे दिलाती रही
तेरा हर गुज़रा ख़्वाब मैं आँखों में सजाती रही
सांस आती रही सांस जाती रही
साँसों में तुझे मैं गुनगुनाती रही

तेरे वक्त के अक्स दिल के आईने में आ जाते रहे
तेरी यादों के नक्श चुप से सब कुछ सुनाते रहे
तेरी जिंदगी के रक़्स से मेरे दिल को भी नचाते रहे
तेरे वजूद के शख़्स दिल में बार बार हम पाते रहे

तुझे अकेले में हम देखते रहे तो मैं थरथराती रही
सांस आती रही सांस जाती रही
साँसों में तुझे मैं गुनगुनाती रही

तेरे नामो के गुल मैं दिल में रोज़ खिलाती रही
तेरे यादों को ही मैं हर रात ओढती विछ्राती रही
फिर उन्हीं यादों से मैं अपने जिंदगी को सजाती रही
जिंदगी की फिंजा में हर मुकाम पे तेरी महक मैं पाती रही
सांस आती रही सांस जाती रही
साँसों में तुझे मैं गुनगुनाती रही

तेरे पसंदों की मैं अपनी भी तस्वीर फिर बनाती रही
उस तस्वीर में तेरे देखने से भी मैं फिर शर्माती रही
मैं तो मिटती रही जमाने में पर, पर हमनशीन तुझे मैं बनाती रही
तू जब भी मुझे मेरी आरज़ू में मिला तो मैं और वक्त की इल्तिजा दोहराती रही
सांस आती रही सांस जाती रही
साँसों में तुझे मैं गुनगुनाती रही

तेरे सामने दिल की बात हरदम मैं तुझसे छुपाती रही
कुछ तुम्हारे ख़्वाब मेरे आँखों में पलते रहे कुछ मोतियों में लुटाती रही
जब जब तेरी यादें बगल से गुजरती रही, पकड़ उन्हें मैं पास बिठाती रही
तूने मुझे जुदा कर दिया था पर ज़माने में, पर तेरी मैं ज़माने में कहलाती रही
सांस आती रही सांस जाती रही
साँसों में तुझे मैं गुनगुनाती रही

वक्त के लहरों फिर बाहर फेंका मुझे, और फिर इक अनजान साहिल पे मैं जाती रही
रेत भर ली थी मैंने तब मुट्ठियों में पुरज़ोर, उन्हीं में रिश्ते फिर अपने समाती रही
रेत गिरते रहे मेरे हाथों से वक्त के साथ, कोशिश कर मैं रिश्ते बचाती रही
खता तो मेरी कभी भी न थी पर मेरे मुहाफ़िज़, पर जमाने में बेगैरत मैं कहलाती रही
सांस आती रही सांस जाती रही
साँसों में तुझे मैं गुनगुनाती रही

धीरे धीरे फिर उम्र ढलती रही और हसरतें मिटती रही
जिंदगी में नये मुकाम और मयार पर भी तुझी में मै सिमटती रही
मैं चलती रही और जिंदगी बस यु ही बेबजह सी तेरे बगैर कटती रही
तेरे पुराने जुस्तजू और परस्तिश से ही हर आलम फिर भी मैं लिपटती रही
सांस आती रही सांस जाती रही
साँसों में तुझे मैं गुनगुनाती रही

टूटी आशाओं पर भी जिंदगी हर बार तुझी में सिमटती रही
तेरी रूहानी याद से ही जिंदगी की खिजां हर बार फिर पलटती रही
तेरी आखरी दिलाये वादे और इरादे पर ही मेरी सांस हरबार अटकती रही
मौत मेरा और मैं तेरी इनायतों का इंतजार उस वक्त भी करती रही
इस तरह नस्तरों के दौर में भी हमनफ़ज़ जिंदगी तेरे बगैर चलती रही
सांस आती रही सांस जाती रही
साँसों में तुझे मैं गुनगुनाती रही

कठिन शब्द

1. *कूचे : मकानों के बीच की गली; छोटा रास्ता; सँकरा मार्ग*
2. *अदा : 1. हाव-भाव 2. नाज़ो-अंदाज़ 3. तौर-तरीके*
3. *सदा : 1. पुकार; आवाहन; रट 2. ध्वनि; शब्द; आवाज़; प्रतिध्वनि 3. अज़ान 4. याचना; फ़रियाद 5. आहट 6. संगीत में कोई मधुर स्वर लहरी 7. माँगने की आवाज़*
4. *अक्स : 1. छाया; प्रतिबिंब, परछाईं 2. तस्वीर, चित्र 3. किसी के मन में छिपा द्वेषभाव*
5. *नक्श : 1. चेहरा-मोहरा; मुखाकृति, जैसे- नैन-नक्श 2. चित्र; तसवीर 3. फूल-पत्ती अथवा बेल-बूटे आदि का काम 4. मुहर या ठप्पे का निशान 5. उभरा हुआ चिह्न 6. सिक्का 7. तावीज़ 8. पदचिह्न 9. एक प्रकार का राग 10. लिखा हुआ 11. चित्रित 12. खुदा हुआ; अंकित*
6. *रक़्स : नृत्य*
7. *शख़्स : व्यक्ति; आदमी; मनुष्य; जन*
8. *गुल : 1. पुष्प; फूल 2. गुलाब 3. गोल निशान 4. जलने या दागने का निशान 5. वह गड्ढा जो हँसने के समय गालों पर बनताहै 6. दीपक की लौ का जला हुआ अंश*
9. *फिंजा : 1. खुली ज़मीन; हरा-भरा मैदान 2. ख़ुशनुमा माहौल; वातावरण 3. बहार; शोभा; रौनक*
10. *आरज़ू : 1. चाहत; इच्छा; वांछा 2. विनती; अनुनय-विनय*

11. इल्तिजा : प्रार्थना; विनती; निवेदन; मिन्नत; दरख़्वास्त; दुहाई
12. साहिल : नदी या समुद्र का तट; किनारा; कूल
13. पुरज़ोर : भरपूर ताकत से; ज़ोर से; पूरी ताकत, शक्ति या उत्साह से 1. ज़ोरदार 2. ओजपूर्ण
14. बेगैरत : निर्लज्ज; बेहया; बेशर्म
15. हसरतें : हार्दिक इच्छा; दिली ख़्वाहिश; चाह; अरमान; लालसा
16. जुस्तजू : 1. खोज; तलाश; ढूँढ़ 2. अन्वेषण
17. परस्तिश : पूजा
18. आलम : 1. संसार; दुनिया 2. हालत; दशा 3. भीड़; जनसमूह
19. मुहाफ़िज़ : अभिभावक; संरक्षक हिफ़ाज़त करने वाला; रक्षा करने वाला; रक्षक
20. रूहानी : रूह अथवा आत्मा से संबंधित; आत्मिक
21. हमनफ़ज़ : साथ देने वाला 1. आत्मा; रूह; प्राण 2. अस्तित्व 3. वास्तविक तत्व; सत्ता 4. सत्यता

English Translation

24. You in my breath

My breath keeps coming and going, in my breath today you are coming

With the passing of time memories were saying something
I just continued to think and listening & smiling
When I met my friends, was not able to come to term that meeting
While I was alone, through the lane of your house I decided for passing
My breath keeps coming and going, in my breath today you are coming

I remembered your styles again and again
The wind coming from your heart wetted my memories then
With every past promises of you, I get solace and goals of my life to remain
All the past dreams of your love, I continued to decorate in my eye to sustain
My breath keeps coming and going, in my breath today you are coming

Picture of your's from keeps on coming in my heart mirror
Sketch of your memories continued to speak in silence very dear
Dances of your life continue to sway my heart and give emotional steer
Personality of your existence keeps coming to my heart and cheer
Whenever I saw you alone, I lips continues to tremble and linger
My breath keeps coming and going, in my breath today you are coming

Flower of your name continue to blossom in my heart daily dear
I continue to wear and spread your memories every night and day with flicker
I decorate my life with the same memories and get the cheer
In the various seasons of life, I continue to get the fragrance of yours as giver
My breath keeps coming and going, in my breath today you are coming

In soliloquy I continued to make my picture of your choice
When you looked at me in that picture, I felt shy with your voice
I continue to lose in society, but always include my shadow in yourself
for advise
Whenever I found you in my request, I continues to chant you for my
rejoice
My breath keeps coming and going, in my breath today you are coming

In front of you I always hidden your wishes from you in my heart inside
Some of my dream for your continued in my eyes, some I lost in pearls
oozing outside
Whenever the memories of your pass beside me, I hold of them and
ask them to sit beside me
In society, you kept me from yourself aside, but society continued to
call me yours as implied
My breath keeps coming and going, in my breath today you are coming

Waves of time thrown me out of time's sea, and I landed on the ashore
I filled my hand with the sand, I continued to put my relationship in
same for cheer galore
With the passing of time sand continued to fall, I did try my best to
save relationship and assure
It was not my mistake anytime, but the society continued to blame
me for all that impure
My breath keeps coming and going, in my breath today you are coming

My time continued to roll and my wishes were also gradually vanishing
On every new goalpost of life, I continued to define myself in you for
limiting
Life continued to pass just like in this time sadness without any meaning
I embrace my mind myself in your old aspiration and continued
worshiping
My breath keeps coming and going, in my breath today you are coming

On every event of my life icontinued to return to your old broken
promise

And spiritual memories of yours, every time made my life return to you as colossus

My breath and life always use to stop at the last promises of yours as a terminus

Death continued to wait for me and I continue to wait for your hope and favours

In the time of violence and brusies in life, my life has continued with you as focus

My breath keeps coming and going, in my breath today you are coming

25. जब हम उन्हें आइना दखिातेहै

वो हमसे नाराज़ हैं सिर्फ इसलिए की हम उन्हें आइना दिखाते हैं
वो अपने अंदर कभी नहीं झांकते सिर्फ हमें निशाना बनाते हैं
खुद को बदलने के लिए इंसान को बदलाव की बेसब्र फ़िक्र चाहिए
अपने अंदर झाँकने के लिए आदमी को एक साहस भरा जिगर चाहिए
सच्चाई के रास्ते पे चलने के लिए आदम के अंदर एक सच्चा रहगुज़र चाहिए
पर हर रोज़ कहते वो, कि मैं तो सही हूं, पर दूसरों को ही नयी नज़र चाहिए
हम उन्हें करते है बार बार आगाह जब की वो हमें अंध - ए बातिन बतलातें हैं
वो हमसे नाराज़ हैं सिर्फ इसलिए की हम उन्हें आइना दिखाते हैं

उनके अंदर की आवाज़ आजकल न उनके ही मन तक पहुँचती है
उनके दिल के आवाज़ उठती तो ज़रूरहै, पर बार बार रुकती है
अपने जज़्बातों को भी वो न देते है तब्बजो, हमारे ईमान की भी वो करते बेइज़्ज़ती है
उनके गैरत की बातों का नाम मत लो, अब वो आजकल उनके पास न दिखती है
वो सोचते कि हम तब भी न लगाएं नारा, जब वो हमारा मुआइना कराते हैं
वो हमसे नाराज़ हैं सिर्फ इसलिए की हम उन्हें आइना दिखाते हैं

हम समझते है इंसान बुरा नहीं होता मौकापरस्ती उसे हैवान बनाती है
हमारी जिंदगी में होते है कुछ रिश्तों के मायना जो आदमी को इंसान बनाती है
उन्हों खोयाहै अपना जमीर जब से, ज़माने की हर चीज़ उन्हें बेईमान बनाती है
कहना चाहते हम उनसे सब कुछ, पर हमे चुप कराकर वो अपनी शान बढ़ाते है
हमें आता है उन पे तरस, जब वो अपने होने या न होने का मायने हमें समझाते हैं
वो हमसे नाराज़ हैं सिर्फ इसलिए की हम उन्हें आइना दिखाते हैं

आजकल लगाते हैं वो रंगीन चश्मा और देखते हैं दुनिया को एक ही अपने रंग में
उन्हें अब भी दूसरों से खेलने की आदत है, खलल डालते हैं वो हर बार सबके उमंग में
वो बस मान तो लें कि मेरे आईने में दिखता चेहरा उनका ही है, सच में न सही तो व्यंग में
हाथों से काम भी नहीं जुड़ा अब तक, रोटियां भी दिख रही आजकल दूर उड़ती पतंग में
मैं आजकल परेशान हूं उनके बर्ताव से, जब से वो ज़माने में हमारे रहनुमा कहलातें हैं
वो हमसे नाराज़ हैं सिर्फ इसलिए की हम उन्हें आइना दिखाते हैं

कठिन शब्द

1. *बेसब्र : 1. आतुर; अधीर 2. जल्दबाज़; उतावला*
2. *जिगर : 1. यकृत; कलेजा; (लीवर) 2. साहस; हिम्मत; जीवट 3. किसी चीज़ का सार 4. गूदा 5. बहुत प्रिय; लाडला*
3. *रहगुज़र : जो रस्ते में साथ देता हो*
4. *अँध - ए बातिन : मन, हृदय, दिल, अंदर का अँधा*
5. *गैरत : 1. स्वाभिमान; आन 2. लज्जा; शर्म; हया*
6. *मुआइना : 1. गौर से देखना*
7. *मौकापरस्ती : 1. अवसरवादिता 2. घात लगाना 3. अनुकूल अवसर की राह देखना*
8. *ख़लल : 1. रुकावट; बाधा; अड़चन; बिगाड़ 2. रोग*
9. *व्यंग : 1. जिसका कोई अंग न हो या ख़राब हो; विकलांग 2. अंगहीन 3. अव्यवस्थित*

English Translation

25. When we show him the mirror

He is angry with me, as we tend to show him the mirror
He never looks at his inner self, just targets us any how as sinner
To change oneself man, need the continuous care for change himself to be a winner
But to look inside oneself a person needs to have large heart filled with courage and glitter
Every day finally he says that he is always right, other needs to have new eye sight to consider
When some one wants to walk on truth, that person needs to accept truth as morality as tither
We constantly warn them but the danger they indulges, but calls us blind man without rigor
He is angry with me, as we tend to show him the mirror

Now a day His inner voice fails to reach his heart also for introspection
His voice of heart, arises but it is stopped due to many factors for consideration
He does not even value is own sentiment, and just insults us for our complexion
Do not talk about his consciousness now a day, that is not visible near him for resurrection

He thinks we should not raise our voice, even if he gets us frisked for inspection
He is angry with me, as we tend to show him the mirror

We understand that human being is not essentially bad, but the situation makes him monster

In our life there are few relationships, that defines the person and make a true human's foster
Since the time he lost his consciousness, everything makes him a crook in life as a protor
We want to tell him everything, but by forcing us to in silence he assuages his feelings as protector
We fill pity for him, when he wants to share with me the meaning of his existence as dictator

He is angry with me, as we tend to show him the mirror

Now a day he puts coloured glass on his eyes, and wants to see the world in mono colour
He wants to play with others life, he just want to take control and disturbs the life of other
He should just accept the fact that face visible in mirror belongs to him in barter
if not in reality then in scorn or laughter
Work has not been tied up with hand, work is seen in kites flying in sky further
I am exasperated with their behaviour, as now they are my new leader
He is angry with me, as we tend to show him the mirror

26. क्रांति और कवितायेँ

शायद क्रांतियों को कविताओं की जरूरत नहीं होती,
पर कविताओं को क्रांति की आवश्यकता जरूर होती है
क्रांतियों में हर बार जनता अपनी पहचान खोती है,
जबकि कवितायें अपने में जनता का नाम वो निशान बोती है

क्रांतियां हर वार समाज में वर्गों के बिखराव लाती,
जबकि कवितायें समाज में रिश्तों के स्थापत्य पिरोती है
कभी कभी क्रांतियां हिंसा और कपट पर टिकी होती है,
जबकि कविता विश्व पटल पर हिंसा और कपट के सैद्धांतिक ख़िलाफत में रोती है

क्रांतियां शुरू होती कुछ लोगों के एक नयी विचार धारा ओर उद्देश्य में उड़ने से
फिर फैलती क्रांतियां उसी विचार धारा में नयी मुट्ठियों के साथ साथ जुड़ने से
नयी क्रांतियों की भी फिर कविता बनती, उन नीतियों के साहित्य की और मुड़ने से
पर कभी कभी कवितायें अपने क्रांति कि सीमा से से आगे निकलती, जन भावना के जुड़ने से

क्रांति और कविता अलग थलग नहीं पूरक है, नए सामाजिक प्रचलन का
क्रांतियां मानव प्रयास रूप होती समाज में जन समस्या के निराकरण का
कवितायेँ विचार रूप होती समाज में आदर्शों के जन भावना उच्चारण का
पर क्रांतियां तो प्रखर रूप होती, सामाजिक आशा और आदर्शों के अर्धांगन का
और कवितायेँ हर वक्त याद दिलाती, मानव जीवन को उसके परिपूर्ण का

विश्व में क्रांतियों ने अपने से इतर विचारों वालों को को हर वार रुलाया है
संसार में कविताओं ने दूसरों के विचारों को भी समाहित कर गले लगाया है
क्रांतियों ने कई बार जन शोणित पिया अपनों का, और जन भावनाओं को झुठलाया है
कविता ने हर वार मानवता के आंसू पोछे, फिर उनमे आत्मविश्वास जगाया है

क्या सच में कवितायेँ क्रांतियों की पूरक, या क्रांतियां बस विचारों और नारों के मिथक ढोती है
क्रांतियों को जब जब जन बलिदान की जरूरत होती, कवितायेँ ही जन जन में समर्पण का भाव बोती है
कवितायेँ छिपी होती आदमियों के जुड़ी मुट्ठियों की एकता में, और उसके गूंजते नारों में बोलती है
कवितायेँ समाज के आदर्श भावनाओं की द्योतक, जिनके अभाव में क्रांतियां भी हर काल में रोती है

कविताओं को अपने सामाजिक न्याय की प्रतिबद्धता के लिए क्रांतियों की जरूरत होती है
कविता दिखलाती खुली आँखों के नए सपने पाठकों को, जो बड़ी ही ख़ूबसूरत होती है
कविता संगृहीत करती सामाजिक संस्कारों को, इन्ही में सभ्यता की छिपी सीरत होती है
कविताओं में समाहित होते भक्तिपूर्ण धार्मिक मूल्य वो नहीं केबल भाषाई अद्भुत होती है
कविताओं से ही बढ़ती क्रांतियों की जन चेतना,
कविता न सिर्फ समाज की भाषाई प्रियवत होती है
कविताओं में परिलक्षित होते समाज की आदर्श गवेषणा
जो जन चेतना के निर्माण की मित्रवत होती है

क्रांतियां में होते समाहित कुछ क्षण या दिन काल के आवेशिक गान
कविताओं में समाहित होते जन मानस के स्थाई अद्वितीय व्याख्यान
कई ऐतिहासिक क्रांतियों के के सिमट गए है आजकल सार्थकता और योगदान
कवितओं ने ही अपने कृतियों से बनाया, अनगिनत क्रांतियों के योगदान को इतिहास में महान

कविताओं के गर्भ में छिपे होते हमारी संस्कृतियों के मूल्य
जन भावना इसमें उद्‍घोषित, कोई न होता इनके समतुल्य
तानशाही छिपी होती क्रांतियों में, जबकि कवितओं में मिलता इसका विरोध अमूल्य
क़ैद खानों को भरती क्रांतियों, परन्तु कविता देती वैचारिक उन्मुक्तता बहुमूल्य

क्रांतियां लगाम लगाती जन मानस में सिद्धान्तों के नाम पे
कवितायेँ नए रिश्ते दिखलाती उन सत्ता के भी दुर्दांतों के तमाम पे
क्रांतियां अंततः विचार मिटाती, भयाक्रांत करके हिंसासहित काम पे
कवितायेँ जीवित रहती विचार सहित, समाज में अनुदान्तों के प्रणाम पे

क्रांतियां तो अपने युग पश्चात, काल में बीतती रही है
कवितायेँ सम्पूर्णता में कालजयी बनकर जीतती रही है
क्रांतियां तो अपने सामाजिक मर्यादा से कई बार रीतती रही है
कवितायेँ तो अपने में जन मर्यादा को समाहित कर हर काल भी मधुरित रही है

जब जब क्रांतियां अपने उदेश्यों और प्रभाव को खोती है
मानव का इतिहास हर वार रोता जब समाज में क्रांतियां पराजित होती है
इस रुदन पर्व से भी फिर नयी कवितायेँ उभरती, जो नव क्रांति के बीज बोती है
मानव को हर वार ढांढस दिलाती कविता दुखों में भी साहस के गीत सुनाती है
और कविता वैसी जैसे जन जन के उद्धार हेतु हर बार गंगा ज़मीन पर आती है

कठिन शब्द

1. स्थापत्य : भवन निर्माण से संबंधित विद्या; वास्तु विज्ञान; ज्ञानानुशासन का वह क्षेत्र जिसमें भवन निर्माण संबंधी सिद्धान्तों आदि का विवेचन होताहै
2. कपट : 1. मन में होने वाला दुराव; छिपाव 2. छिपाने की दूषित मनोवृत्ति 3. छल; दंभ; धोखा 4. मिथ्या और छलपूर्ण आचरण 5. मन का वह कलुषित भाव जिसमें धोखा देने या हानि पहुँचाने का विचार छिपा रहताहै।
3. ख़िलाफत : 1. ख़लीफ़ा का पद या भाव 2. पैगंबर के उत्तराधिकारी का पद 3. विरोध करने की क्रिया या भाव; शिकायत।
4. नीतियों : 1. उचित या ठीक रास्ते पर ले जाने या ले चलने की क्रिया या ढंग; नीतिशास्त्र 2. आचार-व्यवहार; बरताव का ढंग 3. राष्ट्र या समाज की उन्नति या हित के लिए निश्चित आचार-व्यवहार 4. सदाचार के नियम तथा रीतियाँ; अच्छा चालचलन 5. राज्य या शासन की रक्षा तथा व्यवस्था के लिए तय किए गए नियम तथा सिद्धांत;
5. निराकरण : 1. निवारण; समाधान 2. दूर करना; हटाना 3. किए हुए प्रश्न या आपत्ति आदि का तर्कपूर्वक खंडन या परिहार करना 4. निर्वासन 5. समाधान करना।
6. अर्धांगन : पत्नी; सहधर्मिणी;
7. व्याख्यान : 1. किसी विषय पर अपने विचार प्रस्तुत करना; 2. भाषण
8. गवेषणा : 1. किसी बात या विषय का मूल रूप या वास्तविक स्थिति जानने के लिए उस बात या विषय का किया जाने वाला अध्ययन और अनुसंधान 2. छानबीन; किसी विषय का अच्छी तरह अनुशीलन करके उसके संबंध में नए तथ्यों का पता लगाना; (रिसर्च)
9. प्रखर : 1. बुद्धिमत्तापूर्ण 2. तीक्ष्ण; प्रचंड; उग्र
10. मधुरित : मीठा होना, सुमधुर
11. परिपूर्ण : 1. संपूर्ण; पराकाष्ठा को प्राप्त; पूरा 2. सुविन्यस्त; सुसंस्कृत 3. अच्छी तरह भरा हुआ 4. अघाया हुआ; संतुष्ट 5. समाप्त किया हुआ; पूरा किया हुआ
12. शोणित : 1. ख़ून; रक्त; रुधिर 2. केसर; सिंदूर 3. ताँबा। 1. लाल 2. रक्तवर्ण; लोहित
13. मिथक : 1. लोककाल्पनिक कथानक; लोकरुढ़ि; अनुश्रुति 2. पौराणिक कथा; परंपरागत कथा 3. मान्यता 4. आख्यान

14. अद्वितीय : 1. जिसके समान कोई दूसरा न हो; बेजोड़; अनुपम 2. विलक्षण; अनोखा; अद्भुत 3. अकेला।
15. द्योतक : 1. प्रकाश करने वाला; प्रकाशक 2. किसी चीज़ को प्रकट या अभिव्यक्त करने वाला 3. प्रतीक; सूचक।
16. प्रतिबद्धता : किसी ख़ास उद्देश्य, मतवाद आदि से संबद्ध होने की संकल्पबद्धता; वचनबद्धता
17. सीरत : स्वभाव; चरित्र; प्रकृति
18. प्रियवत : मित्रों का होना
19. दुर्दांतों : 1. क्रूर; हिंसक; आततायी 2. दुष्ट प्रवृत्ति का व्यक्ति; प्रबल 3. जिसका दमन कठिन हो; जिसे दबाना या वश में करना कठिन हो; बेकाबू।
20. तमाम : 1. समस्त; कुल; सब; पूरा; सारा 2. समाप्त; ख़त्म।
21. भयाक्रांत : भयाक्रांत
22. अनुदान्तों : पिछड़ा हुआ या बाहर निकला हुआ
23. परिलक्षित : 1. अच्छी तरह से देखा-भाला हुआ 2. अच्छी प्रकार से निरूपित, वर्णित या कथित 3. चारों ओर से देखा हुआ 4. जो स्पष्ट रूप से दिखाई पड़ रहा हो; दृष्टिगोचर
24. समाहित : 1. एकत्र किया हुआ; संगृहीत 2. तय किया हुआ; निश्चित 3. समाप्त 4. स्वीकृत

English Translation

26. Revolution and poetry

Perhaps revolutions do not need poetry for their purpose
But poems do need revolution for sure as surplus
People lose their identity in revolution and become nevous
While poetry sow the seeds of identity of human and discuss us

Revolution every time bring dispersal and cruelty in society
But poetry provides the structure of relationship to fight adversity
Some time revolution is based on violence, treachery and notoriety
While world wide poetry is opposed to violence and strhethen the piety

Revolution Is started by coming together of some people for a common target with tought process
Revolution spread latter on due to joining of hands together in the in fighting human dueress
Then new revolution is converted into poetry,
due to moulding of policies of revolution towards literature as a new dress

Sometimes the poetry does beyond the limit set by revolution,
due to defining the emotions of common man that it address

Poetry and revolutions are not separate but complementary to each other
,for bringing new social norms to man and a new order
Revolutions are form of effort for solving the social problem of humanity
Poetry is form of thought and ideals of society, how public articulates its identity

Revolutions are shining form of melding of ideals and hopes of society
Poetry always remind humanity what means to be completeness of life with variety

In the world revolution has given torture to the thought other than its own of that revolution
While the poetry has inducted the thought of others and has embraced other's thoughts as solution
Revolution at times has drank the blood of own people, has falsified the feeling of public in dilution
Poetry has always wiped the tears of humanity and given self confidence to human and evolution

Is poetry truly a complementary part of revolution or just carry the illusion of revolution
Whenever revolution needs the sacrifice, poetry is used to infuse the people with as vision
Poetry hides in the feeling of unity of hands, and resounds in their sound of slogan and prevision
Poetry indicates those values, in every era of darkness of value which revolution cry in envision

Poetry needs the revolution for sake of its commitment towards humans social justice
Poetry shows the dreams to its reader in open eyes, that dream is beautiful, not yet in practice
Poetry also captures convention and ritual of society, also keeps the essence of culture in its axis
Poetry integrate the devotional and religious value, and it just not a friend of language's tactics
Poetry increases the consciousness of revolution, they are just not friend of language as captive
Poetry displays the ideals of society, is helpful in building the consciousness as adjective

Revolution does sing the momentary exciting feelings humanity for short time
Poetry does include the permanent feeling of society as its eternal rhyme

Current Relevance and contribution of many historic revolution has been vanished in glime
While poetry has made some of great revolution even relevant by recognizing their prime

In the wombs of poetry our cultural values are hidden
Voice of people are articulated through them, hence no one equivalent to them
Dictatorship is hidden in revolution at times, while the poetry opposes it at any cost
Jail are filled by revolution, while the poetry gives the priceless freedom to human being

Revolution puts the constraints and fetters in the name of obscurantist principles
While the poetry builds new relationship, among such bad conditions creates invincibles
In the end revolution tends to erase the thought by creating fear and start destroying the work of human being as cynical
In poetry, the thoughts are alive due to respect being shown for images and miracle

Revolution is just a spent force society after there time is over
Poetry has always won over the time in totality as cultural cover
Revolution has provided to be hollow in social values at times as rover
Tomorrow also poetry will continue to talk the morality as moreover

Whenever revolution loses its effect and deviates from its intentions
Human history always weeps, when revolutions are defeated with pretentions

On this occasion of cry and sorrow, new poems are born, which seeds new revolution

Poetry gives consolation to the human being in the hour of sadness with another aspiration

Poetry is just like the descendance of Ganga from heaven to emancipate the humanity for ablution

27. तब और अब

आओ फिर से पुरानी यादों को ताज़ा करते हैं
गुजरे वक्त से आज कुछ पसमंज़र चुनते हैं
लेकिन
पहले हम अपने अरमानो की बीड़ियाँ सुलगाते हैं
और तब पुरानी दुनिया के अफ़सानों में चलतें हैं

याद करो वो दिन, जब कैंपस में हम तुम खुद को, खुदा से कम न समझते थे
जाड़े की धूप में, टपरी की चाय में, दुनिया को यूँ चुटकियों में बदलते थे
हमारे भी दिल के भी अरमान ग़ालिब और फैज़ से निकलते थे
क्या बेफिक्री का आलम था वो, जब टूटी चपल्लो में भी हम दूर तक चलते थे
क्या मस्ती थी उनदिनों जब हमें देखकर हमारे ही दोस्त, हर बात पे हमीं से जलते थे

दिल में पैदा होता था अहसास जब भी माहताब की नजरों से नज़र मिलते थे
काश हो जाये चाँद से मुलाकात, ये सोचकर उनके कूचे से हम बार बार निकलते थे

दूरियां लिए हम मिलते थे पर चुप्पियों में उनकी सारी बात ख़ूबसूरती से समझते थे
पालते थे हम हरवक्त खुश -फ़हमी उन दिनों जो कभी कभी तो तक़दीर बस फलते थे

ढूंढते थे पहले बहाना उनकी और जाने का, फिर हर बहाने से उनकी ओर चलते थे
कितना रंगीन था वो वक्त जब कुछ इंद्रधनुषी ख़्वाब हमारे अन्दर भी पलते थे
गर वो कभी चुप रहते और फिर कुछ न कहते तो उनकी दरकिनारी भी हमें खलते थे
उनकी जोर जाने के मसक रोकती थी सैकड़ो कसक, पर हर शाम वो बस यादों में ढलते थे

मेस की टेबल पे जिंदगी सिर्फ एक गोला थी जिसे हम हर रोज़ विचारों से बदलते थे
क्या आलम था वो बेफिक्री का जब हम मुफ़लिसी में भी नोटों को न गिनते थे
हमारा वो खाने के बाद का दोस्तों का अड्डा जहाँ हम अपनों से हर रोज़ यूँ ही मिलते थे
क्यों पीछे छूट गये वो दिन और यादें जब दिल और हाथ दोनों दोस्तों से मिलते थे

अब
आजकल वक्त बिल्कुल नहीं है हमारे पास, पुरानी यादें तो जैसे लाइब्रेरी की किताब है
हम बड़े हो गयें है इसलिए हमारे वक्त और रिश्तों का रखता कोई और आजकल हिसाब है
ऑफ़िस में अब हमारा बड़ा केबिन भी तो है जहाँ चलता हर दम हमारा ही रुबाब है
हाय पर टूटी हवाई चपल्लों में खड़े हाथ बदलते सिगरेटों की यादें अब भी लाजवाब है

चलो रोज़ सुबह ऑफ़िस जाते वक्त पुराने समय की सुनहरी यादों से गुज़रते है
बेड़ियां पहन कर भी आजादी के छुप्पे अरमान तो हमेशा आदमी के अंदर में पलते है

अभी ऑफ़िस से बाहर आया हूं,
एक और सिगरेट जलाया है मैंने अपने पुराने जश्न-ए -आजादी के नाम,
पर मेरी आज कि आजादी के अरमान तो बस उन निकलते धुएँ के छल्लों में ढलते है

और बस अभी अभी
मेरे मोबाइल की घंटी बजती है, और मेरे आजादी के सारे अरमान चूर चूर मिलते है

आओ अब हम अपना नकाब छोड़कर कर समय में पीछे चलते है और सब कुछ बदलते है
एक लंबी सांस लेकर छोड़ते हैं और अपने पहने मुखौटों को चलो खूंटी पर रखते है
फिर अपने कपडे बदल कर नये अंदाज़ में अपने मंज़िलों से आगे निकलते है
चलो अपनी कुछ चाहतें घटाते है, और चलो एक नयी जिंदगी की शुरुआत करते है

ये अपनी आजादी के सांसों की बात इस अंदाज़- ए -मुरब्बत से न पूछ
दिखते उड़ते परिंदो को छोड़, इकरार कर, फिर अपने ही दिल से पूछ
कोई तिजारत कभी जिंदगी की माशूक नहीं होती है दोस्त
पूछना हो तो अपने अंदर पलते ज़ज़्बातो ज़ुर्रतों और टूटे परवाज़ों से पूछ

कठिन शब्द

1. *पस-मंज़र : पृष्ठभूमि*
2. *अफ़सानों : 1. किस्सा; कहानी 2. दास्ताँ 3. कथा; उपन्यास 4. लंबा वृत्तांत*
3. *तक़दीरबस : 1. किस्मत; भाग्य; नसीब; प्रारब्ध 2. संयोग के कारण*
4. *ख़ुश-फ़हमी : अच्छी कल्पना या सोच*
5. *आलम : 1. संसार; दुनिया 2. हालत; दशा 3. भीड़; जनसमूह*
6. *मुफ़लिसी : 1. गरीबी; निर्धनता 2. मुफ़लिस होने की अवस्था या भाव।*
7. *रुबाब : रोब; रुआब; दबदबा*
8. *दरकिनारी : बगल में कर देना*

9. विचारों : 1. भाव; ख़याल; सोच 2. वह जो किसी वस्तु, विषय, बात आदि के संबंध में बुद्धि से सोचा जाए या सोच कर निश्चित किया जाए; निश्चयात्मक बोध 3. समझ; मनन-चिंतन।
10. मुखौटों : 1. नकली चेहरा; नकाब 2. छद्म वेश 3. सूरत।
11. तिज़ारत : सौदागरी; व्यापार; वाणिज्य; व्यवसाय; लेन-देन
12. ज़ज़्बातो : भाव; भावनाएँ
13. ज़ुर्रतों : 1. दुस्साहस; धृष्टता 2. साहस; बहादुरी; हिम्मत
14. इकरार : 1. वादा; वचन 2. काम या बात हेतु दी गई स्वीकृति; अनुबंध
15. मुरब्बत : 1. जिसे शर्म या लज्जा हो 2. सहानुभूति पूर्ण 4. जिसमें शील या संकोच हो।
16. तिजारत : सौदागरी; व्यापार; वाणिज्य; व्यवसाय; लेन-देन।

English Translation

27. Then and now

Let us bring back the old memories we retain

Let's first pick up some background of past time that remain
Lets lit the ciggarate of passion and move to past only then
Enter the stories of old world in past time then only open the window's pane

Let bring back he memories of campus days when we use to consider us not less that God
In warmth filled sun in winter, having tea by road side stalls, we use to change the world by awed
Passion of our heart use to come out like famous poets such as Mir, Faiz, Monin and Galib in laud
What a tensionless time It was, when i we use to walk far distances and enjoy in broken shod
What a fun we use to have those days, when our close friends use to feel jealous of my prod

We used to get feelings whenever our eyes uses to meet when together
we used to pass through her lane with wishful thinking Alas let me get a chance to meet her
we used to meet with long gap between us, but use to understand through silent better
in those days, I use to keep wishes for happiness, at times due circumstances I was luckier
what a colourful time that was, some rainbow like dreams use resides inside me in bright weather
When she uses to be silent sometime, I use to feel bad about silence in those days for displeasure

twitch of going towards her use to restraint me many times, and she use to be memories as eager

life was just modleed a sphere on table of cafeteria that we use to change with our thoughts easily
what time of happiness it was, even in shortage of money nevered count the money conveniently
oh, what a great place was our post dinner meeting point, where I use to meet friends leisurely
why and where all those dates are gone, when hands and heart both use to meet our friends truly

Now
Now a day we donot have time, old memories are like book on a shelf of mind's library
I have become a powerful person now, as calculation of time is taken care by my secretary
I do have a big cabin in the office also where my rules only prevail there religiously
Alas, but in broken slipper, memories of cigarette changing hand in my memory is still lovely

Let remember and pass through the olden golden time, while travelling to office
Even if persons are in the fetters the aspiration for freedom resides within bodice
Now I have come out my office
I have lit a cigarette in the namesake in same old festival of my freedom
But my wish of freedom today come out only in coil of smoke coming out as medium
Right now, mobile has rung, and all my wishes for freedom has been reduced to museum

Now lets do one thing go back in time, drop our veil and change everything
Let have a long breathe and drop our mask and hang it on lifes old cling

Let change our dress and in a new style go beyond current goals for a new zing
Let's destroy some of our wishes, and start a new life for ourselves with a new swing
Don't ask this question of life in this style
Bow before the earth, then ask your own heart for guile
Business is never a friend or lover of life
If you want to ask then ask your emotions and desire that you pile

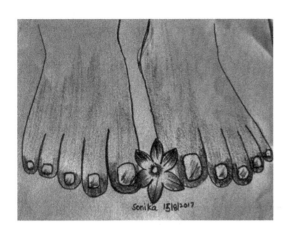

28. श्रद्धा सुमन

हमारे पूर्वज कहीं नहीं जाते हर वक्त हमारे पास ही मिलते हैं
कभी नौनिहालो के चेहरे में खिलते कभी उनके मुस्कानों में ढलते हैं
जब जब हम उन्हें ढूंढते अपने हृदय में, वहां भी वो हममे उत्साह भरते हैं
हमें मिलते वो रोज़ हमारी परम्पराओं में, जिनसे वो आज भी हमसे कुछ कहतें हैं

इतनी व्याकुलता उनमे हमसे मिलने कि, वो प्रतीक्षा करते स्वर्ग से वापसी के लिए हमारी सीढ़ीयों का
मिलती अनुकूलता उनके रिश्तों के दिए उदाहरण में, और उनके चमत्कार हमारे नातों के रूढ़ियों का
स्वर्ग में भी उत्सुकता से तकते वे हमारी ओर, इंतजार करते हुए, हमारे आने वाली नई पीढ़ियों का
परिवार में विह्वलता भरी उनके पुनर्जन्म की आशा मानो पुराने आम के पेड़ पर नए आमोडियों का

हम उनसे किये बातों और मुलाकातों को याद करें न करें, वो प्रतीक्षा रत हमारी यादों का
हम उनके इरादें ओर संकल्प पूरे करें न करें वो समीक्षा रत रहते हमारे वादों का

खोजते वो स्वयं को हमारे नए स्वपनों में, जिनमें सारांश हो उनकी अपनी ही बातों का
हमारे जीवन का हर नया सोच तो आइना है उनके ही दिखलाये पुराने दूरगामी इरादों का

हमारा ये आज का जीवन, उनके पूर्व में किये हमारे संरक्षण का उदाहरण है
उन्हों जो पहले बोलना बतलाया उसी से बना हमारे सामयिक भावों का व्याकरण है
उन्हों ने जो परम्पराएं हमें सिखलाये उन्हीं से बना हमारा आज का आचरण है
हमारे वर्तमान कि हर चलती सांस उनकी पुरानी साँसों में एक आदरपूर्ण समर्पण है
हमारे हर नए समसामयिक प्रारब्ध उनके हममें पुराने विश्वास का नया आकलन है

जब जब तीज त्योहारों पर या किसी अन्य अवसर पर हम उनके चित्रों के सामने खड़े हो जाते हैं
हम अनुभव करते है कि विभूत के चित्र बदल जाते है ओर उनके हाथ तेरे आशीष में मुड़ जाते हैं
इस चित्र पर नमनता से तेरे विचार, तेरे व्यक्तित्ब को अनायास अम्बर पर ले उड़ जाते हैं
इसी सम्मान के भाव से ही हम विश्व में सबसे अलग है, ये भाव तेरी महिमा को शिखर आरुढ़ बनाते हैं

आओ आज पूर्वजों का ध्यान लगाते है ओर कुछ श्रद्धा सुमन अर्पित करते हैं
आओ आज उनकी कही बातों को याद करते है ओर खुद को सादर समर्पित करते हैं
हम उनके पुराने कर्मो ओर विचारों का ही अभिरुपहै, आओ आज इसे मर्मित करते हैं
चलो एक बार फिर उनके बातों ओर इरादों को अपने हृदय में संकल्पित करते हैं

कठिन शब्द

1. *नौनिहालो : 1. बच्चा; बालक 2. कम उम्र का होनहार शिशु*
2. *अनुकूलता : 1. उपयुक्तता 2. मुआफ़िकत 3. तालमेल*
3. *रूढ़ियों : 1. परंपरा; प्रथा 2. चढ़ाई; चढ़ाव 3. वह शब्दशक्ति जिससे शब्द अपने रूढ़ अर्थ का ज्ञान कराताहै।*
4. *विह्वलता : 1. विह्वल होने की अवस्था या भाव; भावमयता; भावुकता 2. घबराहट; व्याकुलता; क्षोभ 3. चिंता; परेशानी।*
5. *प्रतीक्षारत : जो किसी की प्रतीक्षा कर रहा हो*
6. *समीक्षारत : 1. अच्छी तरह देखने की क्रिया 2. छानबीन या जाँच-पड़ताल 3. गुण-दोषों का अध्ययन 4. परीक्षण 5. खोज; अनुसंधान 6. रचना, पुस्तक आदि का विवेचन या समालोचना*
7. *संरक्षण : 1. रक्षा करने की क्रिया या भाव; पूरी देख-रेख 2. अधिकार; कब्ज़ा 3. अपने आश्रय में रखकर पालन-पोषण करने की क्रिया 4. शासन द्वारा विदेशी माल से देशी माल की सुरक्षा करना*
8. *आचरण : 1. व्यवहार; आचार; चर्या; कार्यालाप 2. चरित्र 3. चाल 4. नियम 5. शुद्धि*
9. *समर्पण : 1. सौंप देने का भाव 2. किसी को आदरपूर्वक कुछ देने का भाव 3. भेंट या नज़र करना 4. अपने अधिकार आदि को दूसरे के हाथों में देना; सौंपना 5. सेना द्वारा या किसी अपराधी द्वारा अपने आप को सौंपना; आत्मसमर्पण*
10. *प्रारब्ध : 1. भाग्य; नियति 2. पूर्वजन्म या पूर्वकाल में किए हुए अच्छे और बुरे वे कर्म जिनका वर्तमान में फल भोगा जा रहा हो 3. उक्त कर्मों का फल भोग।*
11. *आरूढ़ : 1. चढ़ा हुआ; सवार 2. पदस्थ; आसीन 3. जम कर बैठा हुआ 4. दृढ़*

English Translation

28. Flowers of respect (for forefathers)

Our forefathers do not go anywhere, every time they can be found near to us in our forum
Sometimes they can be found in faces of our children and can be seen in their smile's decorum
Whenever we try to search for them in our heart, then always give us our courage and enthusiasm
We meet them daily in our ritual and convention, talk to us there in our thoughts amalgam

They are so eager to meet us, that they wait for us in heaven for our stair and to be with us truly
We find comfort in their example of relationship and miracle in their conventions given to us easily
In the paradise, they wait with eagerness, about welcoming new generations coming to our family
They are emotionally hopeful of taking rebirth in the family,
like new fruit coming to old tree of mango really

We may or may not remember the words and promises we made to them,
they wait for our memories and off and chanting in our heart of their name
We may or may not fulfil their intention and vows, they always review our claim
They search for themselves in our new dreams, which still has essence of their old fame
Each of our new thought in our life is a mirror and their farsightedness and famous glam

Present life of ourselves is an example of their preservation provided & their lessons

Whatever they taught us has only created us today constitute today's grammar of our emotions

Whatever conventions and rituals that he has taught, has made my character and devotion

Each breath that I take is an honourable submission to the old breath of as humble submission

Each new beginning of ourselves is just estimation of their old faith in ourselves and ignition

Whenever either on festival or on occasions we stand before there picture with folded hands

We can feel that the picture changes in hands in them hand bends and starts to bless your stand

The thought of paying obeisance to them, elevates your personality in sky as and when we bend

In matter of respect we as community are different from others, these thoughts bring you to pinnacle of glories as dividend

Let's remember and mediate about our forefather and today let's offer them the flower of respect

Let's remember the words that they have said and recommit ourselves to their lives and aspect

We are just beautiful form of their old deeds and thoughts, let this be in our heart prospect

Let us remember the words and intention of them, keep this vow in our heart as greatest.

29. मेरी कविता का दायत्वि

गीत मैं गा नहीं सकता, समाज के जन आकांक्षाओं के भाव गाता हूं
विचारों का दुर्भिक्ष जब भी फैलता यहाँ, उनमे समाहित अभाव गाता हूं
जन जन के बीच जब विश्वास दिखता तो मैं उनके सद्भाव गाता हूं
जनता जब भारती की भक्ति करती तो मैं उसके समभाव गाता हूं

जब जब फैला होता अँधेरा धरा पर, तो मैं अम्बर के विभास गाता हूं
मही जब होती हिंसा समाहित, तो मैं अहिंसा के प्रादुर्भाव-प्रयास गाता हूं
समाज और सत्ता जब होते रसातल तो मैं नैतिकता के प्रभास गाता हूं
मिलते जब आपसी संबंधों में कटुता, मैं संबंधों के पुराने प्रकाश गाता हूं

अपनी व्यबस्थाओं पे जब भारती रोती तो मैं उसका रुदन पिरोता हूं
वहशीपन से भयाक्रांत चेहरो में उत्पन्न, देश के जन का क्रंदन पिरोता हूं
असहाय द्रोपदियाँ जब कृष्ण को पुकारती तो मैं उनके आराधन पिरोता हूं
जिनसे फैलता भारती का मान विश्व पटल पर उनके लिए मै चन्दन भिगोता हूं

बुद्ध ने जिस ज्ञान से हमें बनाया प्रबुद्ध, उसके वर्तमान का मै चिंतन बोलता हूं
मैं कबीर के दिए आध्यात्मिकता के स्वर और गांधी का जनाभिमुख दर्शन खोलता हूं
मूक हैं जिनके स्वर समाज मे उन्हें मुखरित कर मै समाज की चेतना टटोलता हूं
मैं मीरा, सुर और तुलसी की भक्ति लहर का जन जन में विश्वास घोलता हूं

माँ भारती तो आज है मौन, मेरी कवितायें देती वो स्वर, जो सब वो सहती है
जन जन की आशा का न्यायप्रतीक कौन, मेरी कवितायें बतलाती कहाँ न्याय देवी रहती है
हमारी प्रतिवद्धतायें क्यों गौण, मेरी कवितायें समझाती विवशता इस मूढ़ सभ्यता में कहाँ बसती है

न्याय अन्याय की परिभाषाएं भी मेरी कविताएं बोलती, बतलाती समाज की नैतिकता किधर रहती है

कवितायेँ भूखी नहीं होती पर समाज को भूखों का स्मरण दिलाने का दायित्व उसपर
कवितायेँ प्यासी नहीं होती पर समाज के प्यासों का विवरण करने का दायित्व उसपर
कवितायेँ मूक नहीं होती पर समाज के मूकों का दुःख वाचन कराने का दायित्व उसपर
समाज में मिलते जिन जिन को आभाव उन जन जन के आविर्भाव का दायित्व कविता पर

जिनके स्वप्न परिस्थितियों में मिटा दिए, उनकी आशाएं ही मेरी कविता का सार द्रव्य है
जिस सत्ता ने परिस्थितियां बदलने के वादे हटा लिए, उन्हीं संकल्पों का मेरी कविता में मंतव्य है
देश में मूक वधिरों के जो शब्द घटा दिए गए, उद्गारित कविता में उसी व्यबस्था के विरोध वक्तव्य है
नारी शक्ति ने जब पराक्रम प्रारब्ध जुटा लिए, मेरी कविता में वर्णित उसी महानता के सामाजिक कर्त्तव्य हैं

जनता ने दिए देश की नैतिकता को जन मर्यादा पर चलाने के अधिकार मुझको
न्याय भी गर सुलभता से न मिले तो न्याय को भी दण्डित करने के नैतिकअधिकार मुझको
कार्यपालिका से अगर सेवा भाव न मिले तो उन्हें कर्तव्यबोध कराने के सामाजिक प्राधिकार मुझको
और जन जन में जब देशभक्ति मिटे तो जनता को उसे याद दिलाने के भी जन सरोकार मुझको

माँ भारती कृपा सहित स्वीकार कर मेरे शब्दों में पिरोयें तेरे लिए सृजित गीतों की माल
सजा लाया हूं अपनी देशभक्ति के भावों से जन जन के हेतु, परिपूरित तेरी आरती के थाल
पुनः याद दिलाने दे इस देश के जन जन को विचार करने हेतु अन्याय ओर न्याय के प्राचीन सवाल

चिरंतन आध्यात्मिकता, सत्यघोष, विचार, साहित्य व न्याय धर्म ही रक्षति मातृभूमि त्रिकाल

मेरे गीतों में जन जन के भविष्य की अभिलाषा परिलक्षित होने दे
इन गीतों में देशवासियों की भी दायित्व प्रत्याशा परीक्षित होने दे
मेरे गीतों में जनता के लोकादर्श की सत्य-भाषा अवीक्षित होने दे
मेरे गीतों में भारत के नए भविष्य का प्रकाश अब विभासित होने दे

कठिन शब्द

1. *समाहित : 1. एकत्र किया हुआ; संगृहीत 2. तय किया हुआ; निश्चित 3. समाप्त 4. स्वीकृत*
2. *सद्भाव : 1. शुभ और अच्छा भाव; हित की भावना 2. दो पक्षों में मैत्रीपूर्ण स्थिति; मेल-जोल 3. छल-कपट, द्वेष आदि से रहित भाव या विचार।*
3. *समभाव : 1. समानता की सूचक स्थिति; बराबरी 2. सभी को समान समझने की वृत्ति। विभास*
4. *विभास : 1. दीप्ति; चमक 2. (संगीत) सुबह के समय गाया जाने वाला एक राग*
5. *मही : 1. पृथ्वी 2. मिट्टी 3. अवकाश 4. ख़ाली स्थान 5. गाय 6. सेना; फ़ौज 7. समूह।*
6. *प्रभास : 1. ज्योति 2. दीप्ति; चमक। 1. चमकीला; अत्यंत चमकदार 2. प्रभापूर्ण*
7. *रुदन : रोना; विलाप; रोदन*
8. *वहशीपन : 1. क्रूरतापूर्ण भाव; दरिंदगी; पशुवत भाव; बर्बरता 2. असभ्यता।*
9. *आराधन : आराधना करना; पूजन; अर्चन*
10. *प्रबुद्ध : 1. ज्ञानी 2. जागा हुआ; जाग्रत 3. जिसे यथार्थ का ज्ञान हो; ज्ञानी 4. जानकार।*
11. *जनाभिमुख : जनता की तरफ देखता हुआ, के लिए, घुमा हुआ*
12. *मुखरित : ध्वनिपूर्ण; शब्दायमान; बोलता हुआ*
13. *प्रतिवद्धतायें : समर्पित और जुड़ा हुआ*
14. *पराक्रम : - 1. शौर्य; विक्रम; बल; पुरुषार्थ 2. अभियान; साहसिक कार्य।*
15. *विवशता : 1. लाचार; बेबस; मजबूर 2. जिसका परिस्थिति पर कोई वश न हो 3. पराधीन; असहाय; बाध्य का भाव*

16. विवरण : 1. किसी चीज़ की विस्तृत जानकारी; विस्तृत वर्णन; लेखा-जोखा 2. प्रकाशन; प्रकटन; स्पष्ट करना।
17. वाचन : 1. लिखित पाठ का उच्चारण करना 2. कहना; बोलना 3. किसी मत, विचार या सिद्धांत का प्रतिपादन करना।
18. आविर्भाव : उदय; अवतरण; जन्म; प्रकट होना
19. संकल्पों : 1. दृढ़ निश्चय; प्रतिज्ञा 2. इरादा; विचार 3. कोई कार्य करने की दृढ इच्छा या निश्चय 4. प्रयोजन; उद्देश्य; नीयत 5. धार्मिक कृत्य करने की दृढ़ इच्छा या प्रतिज्ञा
20. मंतव्य : 1. मत; विचार 2. विचार के लिए दिया जाने वाला प्रस्ताव 3. संकल्प; निर्णय। मानने योग्य; मान्य; माननीय।
21. उद्गारित : 1. भले विचार या भाव; भाव-विह्लता में अभिव्यक्त बात; आंतरिक भावों की अभिव्यक्ति 2. आधिक्य; बाढ़।
22. वक्तव्य : 1. ऐसी बात जो किसी विषय को स्पष्ट करने के लिए हो 2. जो कहा जाने वाला हो 3. कहे जाने योग्य हो 4. विचारों को प्रकट करने के लिए मौखिक या प्रकाशित कथन
23. प्रारब्ध : 1. भाग्य; नियति 2. पूर्वजन्म या पूर्वकाल में किए हुए अच्छे और बुरे वे कर्म जिनका वर्तमान में फल भोगा जा रहा हो 3. उक्त कर्मों का फल भोग
24. प्राधिकार : 1. कोई काम करने या आदेश देने का आधिकार 2. वह अधिकार जो किसी अधिकारी को अपने पद से प्राप्त होताहै
25. सरोकार : 1. वास्ता; संबंध 2. परस्पर व्यवहार का संबंध; लगाव 3. मतलब; प्रयोजन
26. परिपूरित : 1. लबालब; पूर्णतः भरा हुआ 2. उचित विधि से अच्छी तरह समाप्त (परिपूर्ण) किया हुआ
27.
28. आध्यात्मिकता : 1. अध्यात्म या धर्म संबंधी 2. परमात्मा या आत्मा से संबंध रखने वाला
29. अभिलाषा : 1. इच्छा; कामना; चाह; चाहत; हसरत; आकांक्षा 2. प्रिय से मिलने की इच्छा 3. लोभ; लालसा।
30. परिलक्षित : 1. अच्छी तरह से देखा-भाला हुआ 2. अच्छी प्रकार से निरूपित, वर्णित या कथित 3. चारों ओर से देखा हुआ 4. जो स्पष्ट रूप से दिखाई पड़ रहा हो; दृष्टिगोचर
31. प्रत्याशा : 1. आशा; उम्मीद; भरोसा 2. अधीरता से प्रतीक्षा; बेचैनी से इंतजार; उत्कंठा 3. होने, मिलने आदि की संभावना।
32. परीक्षित : 1. जिसका परीक्षण किया जा चुका हो; जाँचा हुआ; सत्यापित 2. विचारित 3. विश्वसनीय; भरोसेमंद; अच्छा 4.

परीक्षा में सफल होने वाला 5. परीक्षा में सम्मिलित होने वाला; परीक्षार्थी 6. अनुभूत; आज़माया हुआ।

33. सत्य-भाषा : सच्ची भाषा

34. अवीक्षित : जो कभी कम नहीं हुआ हो:

35. विभासित : 1. दीप्ति; प्रकाशित; चमकता हुआ 2. कांति से युक्त।

English Translation

29. Responsibility of my poetry

I can not write lyrical poem. hence, I tend to write the feelings of common man
Whenever there is famine of thought, I sing the song of scarcity and its ban
When ever I see the faith between people, I sing their harmony in new span
Whenever public offer its obeisance to goddess of country, I sing their song of hymn

Whenever there is darkness on earth I tend to sing the splendour and brightness of sky
When the earth is engulfed by violence, the sing the praise for effort to go morally high
When power and society both tends to go down, I sing the beauty of morality and its cry
Whenever bitterness is observed in mutual relationship, I tend to sing light of old tie

Whenever goddess of my country cries on prevailing conditions, I serialize our thread
I tend to record and give voice to the cries of fear, faces of barbarism that bleed
Whenever Draupadies cries for calling their lord Krishna, I serialize their prayers to God
Those who tend to increase the respect of my country, I offer the sandal mark on their forehead

Buddha has Enlightment and knowledge, I share the thought of that philosophy in my medium

I tend to talk of Kabir's voice of Spirituality and social philosophy of Gandhi are my premium
Group who are quiet in society I give them voice, I fill pity and search of consciousness of society
I spread the wave of devotion given to us by Meera Tulsi and Sur to remove the dubiety

Goddess of country is quiet today, whatever she tolerates are given voice in my poems array
Who is indictor of justice in the hopes, my poem tells where goddess of justice resides today
Why our commitments are so feeble, where does deprivation resides in our dumb civilization
Definition of justice and injustice are in my poems, where does morality resides in our nation

Poetry itself is never hungry, needs to remind the society about Hungary people and their possiblity
Poetry is never thirsty, but it needs to describe the social thirst and that is poems responsibility
Poems are not silent but it needs to make the silent people of society talk about their woes
Whosoever faces the scarcity in society, rise of these people is my responsibility as it goes

When dreams has been obliterated by prevailing condition,
essence of my poetry to describe those people's situation
The power which forgot the promise of changing the prevailing condition,
all these promise is included in my poems suggestion and it rendition

whenever Country has reduced the words for deaf and dumbs,
in my announced poetry I have words of this arrangement as plumb
When women gathered the strength and commenced their fight
then my poem narrates the social duty of this and rediscoverd light

Public has given moral right to poetry to align social justice and morality
And demand of public for same of mingling social rise of class depravity
If the justice can not be delivered adequately and justice can also be punished by moral authority
If executive is not filled with willingness of service, I use social authority to remind their duty

Whenever patriotism is reduced among the public, I can remind public about their rights and duty
My goddess of the country with kindly accept my garland of words and song created for her beauty
I have decorated my plate with offered prayer of patriotism and this is for commons bravity
I have come to remind the public about old question of justice and injustice again buntly
In all the three phases of time, continuously imbued spirituality,
proclamation of truth, literature and dharama of justice protects the country

In my poems let the future aspirations of common man be shown
In these songs let common mans responsibility and response be known
In my song, excellent language and ideals of society let be drawn
In my poems future of light of India should show its splendour again

30. कुत्ता और हवालदार

कल को एक अजूबा हमारे शहर में हो रहा था
एक कुत्ता एक हवलदार के पीछे भी भौंक रहा था
मैं आश्चर्यबोध में पढ़ा, की सड़क पर ये क्या हो रहा था

ये जानवर तो खास के पीछे भौंकने के लिए मशहूर रहा था
कहीं पागल तो न हो गया, जो किसी और को घूर रहा था
या कुत्ता भी अब खिलाने से भी भौंकने के लिए मजबूर हो रहा था
फिर याद आया कि घर में हुई चोरी पर कल पडोसी रो रहा था
कल को एक अजूबा हमारे शहर में हो रहा था

कुत्ता बोटियाँ खाता जरूर है पर शहरी नहीं है वो
काम सारे सुरक्षा के करता है पर सरकारी प्रहरी नहीं है वो
कुछ लोग तो बस खाते हैं कसम वफादारी और ईमान की
पर जैसे ही मौका मिले जय जय हो लक्ष्मी नारायण की
शहर के नुक्कड़ पे खड़ा हवलदार कर्तव्यपूर्वक सो रहा था
कल को एक अजूबा हमारे शहर में हो रहा था

मैने सोचा हम हर भौंकने वाले को क्यों कुत्ता ही बुलाते है
रोज रोज दुत्कारते और जूठा कुठा भी खिलातें है
नहीं समझ में आती माया प्रभु तेरी, जो तू देता एक अबोध को कर्तव्यबोध

और तेरी सर्वश्रेष्ठ रचना मानव करती अपने कर्तव्य का पुरजोर निरोध
अपने इस अकिंचन कर्तव्यबोध वाले निष्क्रिय प्रहरी से शहर खो रहा था
कल को एक अजूबा हमारे शहर में हो रहा था

गौर से देखा तो पाया कि, कुत्ते के आँखों में भी मोती भरे भरे थे
हमारी शहर की चिंता को लेकर, उसकी आँखें भी डरे डरे थे
कुत्ते को भी याद आया, पहले इस शहर के भी बागीचे हरे भरे थे
इस शहर में भी होती थो रौनक, लोग न इस तरह मरे मरे थे
अब किसी को इस शहर की चिंता नहीं, जो होना था हो रहा था
कल को एक अजूबा हमारे शहर में हो रहा था

कठिन शब्द

1. *आश्चर्यबोध : 1. विस्मय 2. अद्भुत रस का स्थायी भाव 3. अचरज; अचंभा 4.हैरानी का बोध करने वाला*
2. *प्रहरी : 1. पहरेदार; देखरेख करने के लिए गश्त लगाने वाला; पहरा देने वाला 2. निश्चित अवधि पर घंटा बजाने वाला; घड़ियाली*
3. *नुक्कड़ : 1. किसी गली या मार्ग का वह सिरा जहाँ कोई मोड़ पड़ता हो; मोड़; नाका 2. कोना; सिरा 3. नोक की तरह आगे निकला हुआ सिरा*
4. *दुत्कारतें : 1. दुतकारने की क्रिया या भाव 2. तिरस्कार; अपमान; डाँट; लानत; धिक्कार; फटकार*
5. *अबोध : 1. नासमझ; अज्ञानी 2. मासूम; निश्छल 3. कच्ची उम्र का; अनुभवहीन*
6. *पुरज़ोर : भरपूर ताकत से; ज़ोर से; पूरी ताकत, शक्ति या उत्साह से 1. ज़ोरदार 2. ओजपूर्ण*
7. *अकिंचन : 1. अतिनिर्धन; दरिद्र; कंगाल; दिवालिया 2. अपरिग्रही 3. नगण्य; मामूली; महत्वहीन 4. परावलंबी 5. गुमनाम। 1. अत्यंत दरिद्र व्यक्ति; महत्वहीन व्यक्ति 2. अपरिग्रही व्यक्ति 3. भिखारी।*
8. *निरोध : 1. रोकने की क्रिया, अवस्था या भाव 2. रोक; रुकावट; प्रतिबंध; अवरोध 3. चित्त की वह अवस्था जिसमें समस्त वृत्तियों और संस्कारों का लय हो जाताहै 4. किसी संदिग्ध या उपद्रवी व्यक्ति को उपद्रव से रोकने हेतु अभिरक्षा में रखना*
9. *रौनक : 1. चमक-दमक व उसके कारण होने वाली शोभा 2. प्रसन्न लोगों की चहल-पहल या जमघट; बहार 3. सुंदर वर्ण एवं आकृति*

English Translation

30. A dog and police man

A wonder was happening in my city Yesterday
A dog was barking at a captain of police on thw way
I wondered, what is happening on the road in that play

This animal is special for barking behind the special category of people
I hope this animal has not turned mad, as dog was barking and inviting trouble
Or the dog is also now under compulsion to bark at some one by feeding by noble
Then I remembered that my neighbour was crying due to theft in his house as cripple
A wonder was happening in my city Yester day

Dog eats the flesh of body, but he is not urban by taste
He does the job of security, but he is not government sentinel to do arrest
Some people just take the vows of faithfulness and consciousness at best
But when they get the chance they indulge in corruption with zest
Police captain standing on the road crossing was sleeping dutifully in rest
A wonder was happening in my city Yesterday

I started thinking why all creatures doing the job of barking are called dog
We scold them also and treat them badly, we offer then left-over food and flog
God, I fail to understand your illusion, how you give the sense of duty to an underdog

And your best creature called human always strongly opposes his duty and slog
Town was losing its security due to inactive sentinel with poor duty sense and backlog
A wonder was happening in my city Yesterday

When I looked at the dog carefully, I saws his eyes were filled with tear
The Dog was worried for security of the city, his eyes were filled fear
Dog also remembered that earlier the garden and trees of this city were revere
This city also used to have it celebration and events, unlike today lack of enthusiasm in blear
Now no body is worried for our city,
whatever is going to happen is happening already

31. सद्धिान्तों के नए कलेवर

कल रात मेरी कवितायेँ कमरे में बिखरी मिली
हैरान परेशान थी वो शायद; या कुछ कहना भी था उन्हें
मैंने पूछा किसने बिखेरा है तुम्हें, या फिर मेरे विरोध में कुछ कहना है तुम्हें
पर वो चुप रही उस वक्त की तरह, मौन भी प्रतिकार कहलाता जिनमें

देखा तो कमरे की खिड़की खुली थी
कविता नए रंगों के वसन पहन कर खिली थी
पुरानी सज्जा त्यज थी, नूतन वस्त्रों में कविता उड़ने चली थी
उस क्षण कविता एक नए सुरखाब के पर में सुशोभित मिली थी

कविता की फाइलों को पलट कर देखा हवा वहां भी समाया था
कविता और हवा ने एक दूसरे को उन क्षणों में बहकाया था
आते ही हवा ने कविता को क्रांति की नयी भ्रान्ति में डुबोया था
कविता ने हवा को भी नए समय का एक नया ख़्वाब दिखलाया था
बदली हुई थी मेरी कविता की प्रतिबद्धताएं
और मैंने भी खो दिया था स्नेह जिससे कविता को बनाया था

हवा सिर्फ एक झोंका नहीं था वो नए रंगों के बने परिवेश भी लाया था

शायद कवितायेँ दिग्भ्रमित होकर अलग हुई होंगी फिर उनसे, जिन भावों से उन्हें बनाया था
कविताओं के शब्दार्थ तो यथावत थे, भावार्थ शायद युग ने, या हवा ने बदलाया था
इस तरह मेरी कविता का नेपथ्य पर हवा ने नव संयोजन कर दूसरा यथार्थ रचाया था

युग कि नयी रोशनी में लाल और नीला रंग दोनों, एक सा अब काला दिखता है
इन रंगों के भविष्य की तरह जिन अब समाज में फिर से ताला दिखता है
मिटा गया है रंगों का अंतर, अब हर रंग बाजार में बिकने वाला दिखता है
आजकल बाजार में फाँतासी को त्रिआयामी सच बनाने का नया चश्मा बिकता है
आजकल जो भाग्य की रोशनी बाँट रहा, उससे न हमारे आगे का अंधेरा सपना मिटता है

हम क्यों बदलते अपनी प्रतिवद्धतायें, समाज में विचारों के महालय की
हमारे सिद्धांत क्या शायद इतने कमजोर कि झेल सकते न बदलाव समय की
या शायद विचारक के चिरंतन सुख की आशा या अनुग्रह जीवन में सतत अभय की
या फिर सादर समर्पित शीर्ष, साष्टांग नमन, सत्ता चरण को उनके नव उदय की

कविताओं के शब्द पदार्थ वही रहते पर परिवर्तित होता पारिवेशिक यथार्थ
बदले हुए परिवेश देते पुराने शब्दार्थ भी बदल कर एक नूतन भावार्थ
अद्यानूतन बनती कविता नए भावार्थ में, और फिर करती नए सत्ताधीशों को भी कृतार्थ
उद्देश्य पूरित करती कविता नए सत्ता की भी, और बनती उनकी नयी नीतियों के समानार्थ

कविता तो मेरा उच्चारण थी पहले जन भावना से जुड़ने का
कविता तो मेरा उदाहरण थी पूर्व में मेरे जन कामनाओं कि ओर मुड़ने का
कविता तो मेरा समर्पण थी प्राचीन में जन प्रतिबद्धताओं सहित सत्ता से लड़ने का

कविता तो मेरा पदार्पण थी आरम्भ से मेरे शब्दों से जन अधिकार को ढूंढने का

हम क्यों बदलते है अपनी निज प्रतिवद्धतायें सिद्धांत की
पूर्ण नहीं होती आशाएं दलित की, और न उदय दिखती अनुदान्त की
मिटती नहीं मानव के प्रशांति की लालसा, भयाक्रांत यथावत हस्ती आक्रांत की
विचारक के निज हित चढ़ाते बलि सर्वस्व युगों में निर्दोष निशांत की

बदल जाते कविताओं के रंग उनमे अब दिखते नव- यथार्थ के नए नए चित्र
बदले रंग में कविताएं मुझे पराई लगाती, नहीं दिखती वो मेरी पुरानी वैचारिक मित्र
नए कलेवरों के चढ़ने से, शायद कविता नहीं रहेगी अब कल गंगा जमुना सी पवित्र
शायद मेरे काव्य सृजन का जीवंतता दोष, या चाहिए कविता को समसामयिक चरित्र

कौन बदला है, मैं, कविता, समाज या जन प्रेरणा के लिए ताली
हर युग में कवितायेँ बनाना चाहती स्वयं को समाज के लिए जन जन को स्वर व प्रेरणा की आली
समसामयिक कृतित्व बन कर पाना चाहती कवितायेँ अमरत्व, और ढोती नव विचार की भी थाली
हाय पर इतिहास में विभीषण कभी पूजित नहीं होते, मिलते उन्हें बारम्बार आभार भी खाली

अंततः कविता के क़यास असफल होते यशश्रीमान रहने के भी, वो उद्घोषित विभास भी नहीं
अंततः बिखरते कविता के प्रयत्न, निष्फल होते सामर्थवान रहने के भी, वो घटित प्रकाश भी नहीं
अंततः कविता के प्रयास विफल होते वर्तमान रहने के भी, वो लिखित इतिहास भी नहीं
अंततः कविता मृत्युप्रास होती, विकल होते प्रयास जीवंत रहने के भी, वो वर्णित आकाश भी नहीं

कल रात मेरी कविता उखड़ी मिली मुझे
कल रात मेरी कविता बिखरी मिली मुझे

कठिन शब्द

1. कलेवर : 1. देह; शरीर; चोला 2. आकार; डील; ढाँचा
2. प्रतिकार : 1. बदला चुकाने के लिए किया गया कार्य; बदला 2. कार्य आदि को रोकने के लिए किया जाने वाला प्रयत्न या उपाय; विरोध
3. वसन : 1. वस्त्र; कपड़ा 2. आच्छादन; आवरण; ढकने का सामान 3. निवास; मकान 4. किसी स्थान पर बस जाना 5. स्त्रियों का कमर में पहनने वाला एक गहना
4. सुरखाब : चकवा नामक पक्षी। सुरख़ाब का पर लगना : अनोखापन होना; श्रेष्ठतासूचक; विशेषता होना; विलक्षणता होना।
5. सुशोभित : अच्छी तरह शोभित; जो बहुत सुंदर या रमणीय हो; अति शोभायुक्त; अत्यंत शोभायमान
6. भ्रान्ति : 1. संदेह; शक 2. चारों ओर चक्कर लगाने की क्रिया; फेरा; चक्कर; भ्रमण 3. भ्रम; धोखा 4. पागलपन; उन्माद 5. भूलचूक 6. मोह 7. प्रमाद 8. सिर में चक्कर आने का रोग; घुमेर
7. प्रतिबद्धताये : 1. बँधा हुआ 2. प्रतिबंधित 3. नियंत्रित 4. जो किसी से इस प्रकार संबद्ध हो कि अलग न किया जा सके; लगा हुआ 5. फँसा हुआ; अटका हुआ 6. जो प्रतिबंध का विषय हो
8. परिवेश : 1. वातावरण; माहौल 2. जिस वातावरण में निवास किया जाताहै अथवा रहा जाताहै 3. मंडल; परिधि; घेरा 4. प्रभामंडल; किरणों का वह घेरा जो कभी-कभी सूर्य या चंद्रमा के चारों ओर बन जाताहै; सूर्यमंडल; चंद्रमंडल|
9. यथावत : 1. बिल्कुल पूर्व के ही जैसा 2. ठीक उसी तरह का 3. जैसा था वैसा ही; ज्यों का त्यों
10. दिग्भ्रमित : भटका हुआ; पथ भ्रमित
11. नेपथ्य : 1. रंगमंच के पर्दे के पीछे का स्थान; रंगमंच के पीछे का वह भाग जहाँ अभिनय करने वाले शृंगार और रूप धारण करतेहै 2. अभिनय करने वालों की वेशभूषा 3. परिधान; भूषण
12. फंताशी : 1. कोरी कल्पना; कपोल कल्पना; दिवास्वप्न 2. कल्पना दर्शन 3. मन की काल्पनिक आकांक्षा; मन की उड़ान 4. स्वप्न; हवाई ख़्वाब; आकाश कुसुम 5. विलक्षणा; अद्भुत चित्रण 6. भ्रम
13. महालय : 1. महाप्रलय 2. पितृपक्ष 3. तीर्थस्थान।
14. चिरंतन : 1. बहुत दिनों से चला आने वाला; पुरातन 2. प्राचीन; पुराना

15. अनुग्रह : 1. कृपा; प्रसाद 2. ईश्वरीय कृपा 3. राज्य की कृपा से प्राप्त सहायता या सुविधा
16. सतत : लगातार होने वाला; निरंतर चलते रहने वाला। 1. लगातार; निरंतर 2. अनवरत; बराबर।
17. शीर्ष, : 1. किसी वस्तु का सबसे ऊपरी सिरा या हिस्सा; उन्नत भाग; उच्च बिंदु 2. सिर; मस्तक; ललाट; माथा 3. खाते में किसी मद का नाम
18. प्रशांति : 1. शांति; शमन 2. विश्राम।
19. साष्टांग : सिर, हाथ, पैर, हृदय, आँख, जाँघ, वचन और मन इन आठों से युक्त होकर भूमि पर सीधे लेटकर किया जाने वाला प्रणाम; दंडवत
20. नमन : झुकने की क्रिया या भाव 2. नमस्कार; प्रणाम।
21. पारिवेशिक : 1. वातावरण; माहौल 2. जिस वातावरण में निवास किया जाताहै अथवा रहा जाताहै 3. मंडल; परिधि; घेरा 4. प्रभामंडल; किरणों का वह घेरा जो कभी-कभी सूर्य या चंद्रमा के चारों ओर बन जाताहै; सूर्यमंडल; चंद्रमंडल
22. भावार्थ : 1. मूल पाठ का भाव या आश्रय मात्र 2. तात्पर्य; मतलब; आशय; अभिप्राय
23. अद्यानूतन : प्राचीन और नूतन
24. कृतार्थ : 1. जिसका कार्य सिद्ध हो गया हो; जो उद्देश्य सिद्धि के कारण संतुष्ट या प्रसन्न हो; कृतकार्य; सफल 2. कृतज्ञ।
25. समानार्थ : समान अर्थ। एक अर्थ वाले; पर्याय।
26. पदार्पण : 1. पैर रखना; आना (आदरसूचक) 2. किसी स्थान या क्षेत्र में होने वाला प्रवेश या आगमन
27. अनुदान्त : बुरा, पिछड़ा हुआ, पापी, गन्दा आदमी
28. भयाक्रांत : भय से भरा हुआ
29. निशांत : 1. निशा का अंत; रात का चौथा पहर 2. प्रातःकाल; प्रभात; सवेरा। बहुत शांत; शांतियुक्त।
30. जीवंतता : 1. जीवंत होने की स्थिति या भाव 2. सजीवता
31. आली : सखी; सहेली 1. ऊँचा; बड़ा 2. श्रेष्ठ; उत्तम 3. मान्य 4. गीली; तर; नम
32. कृतित्व : 1. किसी लेखक आदि के द्वारा किया गया रचनात्मक कार्य; किसी रचनाकार की समस्त कृतियाँ
33. यशश्रीमान : 1. जिसका यश चारों ओर फैला हो; कीर्तिमान 2. सुख्यात; विख्यात 3. यश युक्त।

English Translation

31. New layers on my principles

Last night I found my poems to be dislocated and dispersed in room
They were perhaps puzzled or discomfort able or they wanted to say something in gloom
I asked them, has some body dispersed you or want to say something to me in your fume
They kept quiet like the moment, when silence is taken as a form of resistance I presume
I saw that window of room was open
My poems were in new dress and they were feeling happy about their situation
Old decoration was discarded, my poetry was planning to fly in new dress with elation
That day I have found my poem to have acquired the wings of golden pheasant for exhibition
When the file of my poem, was saw that air was entered there also for collation
On that moment of meeting poems and air has distracted each other in their direction
Air has given an illusion of revolution to my poems with a new instruction
My poems have a new dream to the air for the contemporary time for diversion
Commitment of my poems to principles has changed,
my poem has also lost the love with that I got them arranged

Air was just not a breeze, but it has brought a new context filled with different colour
Perhaps my poems got confused and got separated from emotion, with a dolor

Essence of poems were same permanent,
meaning of them has changed due to time or the breeze that came in
In this manner, my poem acquired a new meaning apart from their reality
due to arrangement being made on horizon by new powerful authorities

In the new light of present time, blue and red colour look same and they are black now
Like the fortune of these colours, whose fate in society looks bleak and black somehow
Difference of colours are over now, every colour look like a colour to be sold in market anyhow
Now a day one can buy a spectacle that will make three-dimensional reality of our fantasy avow
Whosoever is distributing the light in society for redressal for now, they cannot wipe out the dreams wrapped in darkness for a pow
Why do we change our commitment, for the our house of thoughts & principle?
Are our principles so weak that they can not survive the change of time cyncial?
Perhaps thinker want the continuous pleasures and hope, request in life for prolonged miracle
Offering of once head, and bowing his head to the authorities in power or new rising principal

Matter of the poem continues to be same, but contextual reality of poem changes to lower
By becoming contemporary poem also acquires new meaning, and obliges the authorities in power
Then poem fulfils the purpose of new authorities in power also, acquire the new meaning in consonance authorities as a bower

Poems were earlier my pronunciation to connect with people's feeling
Poem was my example earlier of turning towards people sentiment and wishes for healing

Poem was my commitment earlier to fight with authorities in power for their dealing
Poem was my stepping stone in the beginning to search for common people's issues healing

Why do we change our personal commitment to principle?
Hopes of downtrodden is not fulfilled, neither the rise happened for trampled people
Human beings wish for being serene is never answered,
condition of fear filled man is always overrun with penal
In every era, Self interest of thinker crucifies the life of innocent man for wheedle

With this colour of my poem changes, one can see the new picture of new meaning emerging
In changed colour, these poems felt like separate creation, do not look like my old friend deserving
With the coming of new layers of principles and new color on my poem, tomorrow my poems will be not being pure like Ganga and Yamuna for urging

Perhaps it is fault of my process of creation or, my poem desires a contemporary character

Who has changed, myself, my poems, or the clapping for inspiring people as new heritor
In each of the moment poem wants to be seen as friendly and common man's narrator
By becoming contemporary poems think that, they will become immortal,
they tend to carry themselves on plate of new thinking as encourager
Alas in the history of country, Vibhishan's are never revered, they are never a creditor

At last the efforts of poem fail in their effort to remain contemporary, there will not be there in the contemporary history

At last the hope of poem fails to be well known, they are no more announced splendour of society

In the end displaced poem fails to be resourceful, they will no longer harbinger of era's variety

Finally, the poem dies, they are no more in the social memory, they are not described in propriety

Last night I found my poems to be uprooted
Last night my poems to disturbed and looted

32. प्रभु और शोषति श्याम

एक दिन स्वर्ग में ढलते ढलते होने वाली थी शाम
वहां प्रभु को मिल गया शोषित और काल-कवलित श्याम
श्याम ने किया प्रभु का अभिवादन जैसे ही उसने उन्हें पहचाना
प्रभु ने भी श्याम को गले लगाया जैसे ही उन्होंने उस मनस्वी को जाना

श्याम प्रभु से बोला
प्रभु आप तो ज्ञान-निधान और मर्यादा-पुरुषोत्तम हो
देवों कि क्या बिसात भगवंतों में भी आप महानतम हो
लेकिन प्रभु मेरी एक दीर्घकालिक शंका है
जो प्रत्युत्तर न दे कर अब तक कोई भी मिटा सका है
प्रभु मेरे साथ बांटे आप अपना संचयित ज्ञान
मुझे मेरे प्रश्न का उत्तर देकर बन जाइए मेरी नजरों में उत्तरोत्तर महान

श्याम ने क्रमशः प्रश्न बोला
किसी की हत्या कर कोई कैसे बढ़ा सकता है अपना मान सम्मान
कबसे है यह हमारी परंपरा, और मेरे समाज का नूतन संज्ञान
क्यों किसी की हत्या हेतु, उसे बनाना पड़ता है, बुराई का प्रतिमान
क्यों बदल गयी है इनसानियत, कहाँ है सामाजिक मूल्यों का पुराना ईमान

कैसे कोई बढ़ा सकता है, वीभत्सता भरी हिंसा से अपना सामाजिक मान सम्मान

कैसे दूसरों के लहू से नहा कर, कोई ला सकता कोई अपने होंठों पर मुस्कान

क्यों पनपती है लोलुपताएं स्वार्थ और शोषण की, क्या कोई है उन का नूतन परिमाण

क्यों मनुष्य स्वार्थ बस हिंसा में निर्लिप्त होता और बनाता संस्कृतियों को भी वीरान

कहाँ खोती है हमारी मर्यादाएं और क्यों चुप रहती मान्यताएं, क्यों होता उनका वर्तमान में अवसान

जीत के अहंकार के लिए क्यों करना पड़ते है मानव को हिंसायुक्त जैसे तैसे काम

एक दिन स्वर्ग में ढलते ढलते होने वाली थी शाम

प्रभु प्रत्युत्तर में बोले
प्रभु पहले थोड़े विचलित हुए पर फिर खिल गयी होठों पे पुरानी सौम्य मुस्कान

वत्स, ये तो होता ही रहा है हर युग में, बस मृतकों के होते है नए युगों में नए नए नाम

कभी सतयुग में रावण था, द्वापर में एकलव्य और कलयुग के वर्तमान में तुम्हारे सहित अनेकों नाम

सामाजिक शोषण से हिंसा का जुड़ाव सर्वकालिक रहा है, जुड़ते है हर युग में सिद्धान्तों के नए नाम

न्याय और सत्य की अवधारणा हर युग में खंडित होती रही है, झुकते रहेहै मर्यादाओं के हमनाम

लेकिन हर युग में मानवता को अन्याय और असत्य उसे देते अपने आदर्श की पुनः प्रतिबद्धता भी तमाम

एक दिन स्वर्ग में ढलते ढलते होने वाली थी शाम

प्रभ बोले क्रमशः
श्याम, शोषितों पर असत्य और हिंसा की क्षणिक जीत होती नृशंस

कर्म और पुनर्जीवन का चक्र चलता निरंतर, कृष्णवतार में मेरे भी साथ था कंश

मानव सिर्फ काया नहीं आत्मा भी होता है, जिसमें समाहित होता ईश्वर का भी अंश

216

इसलिए सामाजिक शोषण जनित हत्या पर, आत्मा में भी पैदा होता शोषण विरुद्ध एक दंश
भय की इस बेला में भी हृदय में विक्रान्ति मिलती, नहीं होता मानवीय विक्रमण का विध्वंस
शोषित को मिटा कर भी शोषण सत्ताएं मिटा न पाती समाज में युग आदर्शों का आदर और नाम
एक दिन स्वर्ग में ढलते ढलते होने वाली थी शाम

प्रभु बोले क्रमशः
श्याम तेरे जैसे कई मरे हैं प्रत्येक युग में, हर बार कि शोषणयुक्त हिंसा से
पर हर वार दावा होता शोषकों का कि, वो मरे थे अपनी गलतियों और प्रतिहिंसा से
शोषित के बचने की कोशिश हर युग में अक्षम्य होती, तात्कालिक समाज के नियम और अहिंसा से
सत्ता विधि लिखित शोषित, तात्कालिक सभ्य समाज का दोषी हर युग में, दिग्भ्रमित शोषक अपनी प्रशंसा से
सत्य के सूरज निकलने से फिर दूर होती सकल जग भ्रांतियां, विभास में दर्शित होते युग के असत्य तमाम
एक दिन स्वर्ग में ढलते ढलते होने वाली थी शाम

प्रभु बोले क्रमशः
शोषण जन्य मनुष्य की मृत्यु में हर बार, मृतक मर कर जन आशाओं में अमर होगा
शोषक की जीत को लेकर समाज की चेतना में हर काल में फैला हुआ अगर और मगर होगा
वैचारिक विसंगतियों से टूटेगा शोषक के विजय का स्वाद, क्योंकि वो तो बस उन्माद का लहर होगा
और शोषित का वृतांत समाज में हर बार शोषण विरूद्ध भविष्य के जन प्रतिशोध का परावर होगा
भुला न पाती दुनिया कभी शोषितों को भी, याद करती उन्हें जन जन की आनेवाली पीढियां तमाम
एक दिन स्वर्ग में ढलते ढलते होने वाली थी शाम

प्रभु आगे बोले

शोषक नहीं बदलते कभी भी, अपनी अन्तर्निहित घृणा और कटुता की भावना को लेकर

संघर्ष में चलना होता है, शोषितों को आपसी विश्वास और एकजुटता की सम्भावना को लेकर

कोई संदेह न करें, शोषितों में ईश्वर के द्वारा प्रदत्त की गयी, शक्ति और सद्भावना को लेकर

शोषितों को मेरा अशेष आशीष, और उनके न्याय-संकल्य को भी मेरा भी प्रणाम

एक दिन स्वर्ग में ढलते ढलते होने वाली थी शाम

कठिन शब्द

1. *काल कवलित : जो मृत्यु के द्वारा 1. जिसे खाने, चबाने के लिए मुँह में रख लिया गया हो 2. जो खाया या निगला गया हो; भक्षित 3. गृहीत।*
2. *अभिवादन : 1. आदरपूर्वक किसी को किया जाने वाला प्रणाम या नमस्कार 2. श्रद्धापूर्वक किया जाने वाला नमन।*
3. *मनस्वी : 1. उदात्त या उदार विचारों वाला 2. मनन अथवा चिंतन करने वाला 2. बुद्धिमान 3. स्वेच्छाचारी 4. दृढ़ निश्चयवाला*
4. *ज्ञान निधान : ज्ञान का 1. रखने या स्थापित करने का भाव; रखना; स्थापित करना 2. वह स्थान या पात्र जिसमें कुछ स्थापित हो; आश्रय; आधार 3. भंडार; खज़ाना; निधि*
5. *मर्यादा पुरुषोत्तम : भगवान राम की एक उपाधि*
6. *बिसात : 1.हैसियत; सामर्थ्य 2. शतरंज या चौपड़ खेलने के लिए बिछा ख़ानेदार कपड़ा 3. जमा-पूँजी।*
7. *दीर्घकालिक : लंबी अवधि तक होने या चलने वाला; दीर्घकाल तक होने वाला; चिरकालिक;*
8. *संचयित : जमा किया हुआ*
9. *वीभत्सता : 1. घृणित; भयानक 2. असभ्य; जंगली; बर्बर*
10. *परिमाण : 1. नाप-तौल 2. मात्रा; वज़न 3. विस्तार; आकार 4. किसी वस्तु की लंबाई, चौड़ाई आदि का ज्ञान 5. भार, घनत्व आदि का मान*
11. *निर्लिप्त : 1. जो किसी में लिप्त या आसक्त न हो 2. जिसका किसी से लगाव न हो 3. सांसारिक माया-मोह; राग-द्वेष आदि से रहित।*

12. वीरान : 1. वन; जंगल 2. खंडहर मकान। 1. उजड़ा हुआ 2. निर्जन; एकांत; जनहीन 3. बरबाद; तबाह 4. शोभारहित
13. अवसान : 1. समाप्ति; अंत 2. मृत्यु 3. पतन 4. विराम 5. घोड़े आदि से उतरने का स्थान
14. सौम्य : 1. (पुराण) पृथ्वी के नौ खंडों में से एक 2. एक वैदिक ऋषि 3. औदुंबर नामक वृक्ष 4. एक पौराणिक दिव्यास्त्र 5. मृगशिरा नक्षत्र। 1. सुदंर; रमणीक; मनोहर 2. कोमल 3. कांतिमान 4. प्रसन्न 5. सोम (चंद्रमा और सोमलता) से संबंधित 6. सोम के गुणों से संपन्न
15. हमनाम : एक ही या एक ही तरह का नाम रखने वाला
16. अवधारणा : 1. सुविचारित धारणा या विचार 2. संकल्पना
17. प्रतिबद्धता : किसी ख़ास उद्देश्य, मतवाद आदि से संबद्ध होने की संकल्पबद्धता; वचनबद्धता।
18. क्षणिक : 1. क्षण से संबंधित 2. मात्र एक क्षण ठहरने वाला 3. अनित्य
19. निरंतर : 1. सदा; हमेशा 2. लगातार; बिना किसी अंतराल के। 3. जिसके बीच में अंतर न पड़े; जिसका क्रम टूटा न हो; अखंड 4. लगातार होने वाला 5. सदा बना रहने वाला; अक्षय; स्थायी 6. भेदरहित; अभिन्न।
20. विक्रान्ति : शौर्य, शक्ति, नायकपन
21. विक्रमण : शौर्य, साहस, नेतृत्व
22. दिग्भ्रमित : भटका हुआ; पथ भ्रमित
23. विभास : 1. दीप्ति; प्रकाशित; चमकता हुआ 2. कांति से युक्त
24. परावर ; 1. विश्व 2. अखिलता 3. कार्य-कारण। 1. पहले और पीछे का 2. पास और दूर का 3. परंपरागत 4. सर्वश्रेष्ठ
25. अन्तर्निहित : 1. समाविष्ट, सन्निहित; अंतर्स्थापित; जो भीतर स्थित हो 2. व्यंजनार्थक
26. अशेष : 1. अनंत 2. पूरा; समूचा; मुकम्मल 3. अपार 4. असंख्य

English Translation

32. Lord Ram and deprived shyam

One fine day in heaven, end of the day was approaching
God was with the exploited and killed person with name shyam
Shayam greed the lord moment he recognized the Lord
God even embraced the intelligent and high mind person when he knew

Shayam asked God
My God you are source of all knowledge and best reference character for every human being
There is no one like you not only among demi god, you are even greatest among gods exiting
I have a long term remaining doubt my god
No body has responded so far and wiped it out
My Lord you should share you accumulated knowledge with me
Answer my question please and increase your own value in my eyes be

Shyam continued to ask question
How some one can increase his dignity and respect by killing someone else
Since when this has become convention and of my society new way of cognizance
Why before killing someone, that person must be made as standards of demonic value
Why the humanity has changed and where is consciousness of old good social value
How someone can enhance its social dignity by such cruelty filled violence bring grace
How after bathing with someone else blood somebody can bring smile to his face

How the greed, selfishness and exploitation arises, is there any new measurement for them
Why the human being indulges in violence caused by greed, and destroys the civilizations in game
Why our moral values and beliefs are lost, why both things are decaying in the present time
Why for sake of pride of victory human being indulges in ghastly work of violence and crime
One fine day in heaven, end of the day was approaching

God responded to the question
The God at first felt slightly uneasy in beginning
but then old sober smile returned on face of Lord with meaning
My child this has been happening in every era of human history,
every new era just has new names in their time with old chemistry
In Satyuga it was Ravana in Dwwapar it was Eklavya
in current era of Kaliyuga there are multiple names including yours as mystry
Social exploitation and violence has been connected in every era,
in every era new principles have given rise to violence in symmetry
Concept of truth and justice has always been broken into pieces,
moral values and social dignity has always been let down since protohistory
But in the injustice and falsehood has also reinforced
complete commitment of humanity to social ideals against jittery
One fine day in heaven evening was approaching

God continues to speak ...
Dear shyam, win of exploited people through falsification and violence is always short lived
and they are always cruel to speak
Cycle of work, life and death continues,
in manifestation of Krishnavatar I was fighting Kunsha with his squeak
Human being is just not a body, but a soul also,
and soul including a portion of god in human being to keep

That why murder caused by social exploitation, our soul also generated a wave of hatred as meek

In this time of fear also, human heart is filled with emotions of opposition,

the ability of human being to fight back is never destroyed in this condition

Even after obliterating the oppressed person,

the authority of power is not able to wipe out the names of exploited person due to obvious reason

One fine day in heaven evening was approaching

God continuous to speak

Every time a person dies due to exploitation will continue to be immortal in common people mind

Oppressor victory will always have buts and ifs in social consciousness every time can not be find

Taste of victory of exploiter will always be due contradictions of thoughts,

and that will only a wave of hyper response with emotions and will be blind

And the story of oppressed person will always be based aggregation

That will source for people resistance in future against exploitation

World also never forget those who has been exploited,

they remembered by coming generations of human being for their contribution

One fine day in heaven evening was approaching

God continues

Exploiters never changes their feeling of internal hatred and bitterness for oppressed

Oppressed must continue their fight with possibility of unity of brotherhood feel blessed

No body should doubt the possibility of given power and well wishes by God to suppressed

My boundless blessings to oppressed, I also bow before vow of justice taken by distressed

33. धृतराष्ट्र और गांधारी के युवराज

शायद इस देश में आँखों पर पट्टियां चढ़ाए गांधारी और धृतराष्ट्र का मतान्ध आज भी जिन्दाहै

हम इस लोकतांत्रिक गणतंत्र वाले देश को राजशाही जैसा पैतृक संपत्ति समझने पर शर्मिन्दा है

हमने सुना था कि द्वापर युग में कौरव कुल सशरीर वैकुंठवासी हुए थे

पर उनकी गलतियों के कारण उनके युवराज उस युग काल के सर्वनाशी हुए थे

हर युग में होते कुछ ऐसे युवराज जो अपने युग काल में कभी न मृदुभाषी हुए थे

देश पर लादे गए युवराजों से कभी भी देश जन युवराजों के न अभिलाषी हुए थे

हर युग में राजधर्म की विडंबना का मूल्य ढोता समाज का पिछड़ा और पसमंदा है

शायद इस देश में आँखों पर पट्टियां चढ़ाए गांधारी और धृतराष्ट्र का मतान्ध आज भी जिन्दाहै

इस देश में कई बार अज्ञ नृपों का पुत्रमोह उनके राज धर्म के सामने खड़ा हुआ है

युवराजों के देश के लिए उपयोगिता का निर्णय अधिप के पुत्रमोह से कई बार जुड़ा हुआ है

223

हर बार नरेश का स्वहित भारी देशहित पर, तभी तो मेरा देश विश्व में पीछे पड़ा हुआ है
हर काल में राजाओं का उत्तराधिकार का निर्णय, कई बार उनके राजधर्म से बड़ा हुआ है
अब भी नहीं समझते युवराज देश की गरिमा और महात्म्य को, जैसे ये विषय कोई दूर का परिंदा है
शायद इस देश में आँखों पर पट्टियां चढ़ाए गांधारी और धृतराष्ट्र का मतान्ध आज भी जिन्दा है

देश में वर्तमान के युवराजों के नाम बताने की ज़रुरत नहीं है उनकी लंबी कतार है
देश में युवराजों के योगदान समझने की ज़रुरत नहीं है, एक विषमता युक्त विचार है
देश में उनके वैचारिक अवदान गिनाने की ज़रुरत नहीं है, एक अद्भुत चमत्कार है
अब तो उनके समर्पण, सेवा और देश प्रेम की अपेक्षा नहीं, उनमे शिक्षा का हाहाकार है
आज पुनः युगधर्म को युवराज के अश्वों ने कुचल डाला है, पर हाय कोई करता न उनकी निंदा है
शायद इस देश में आँखों पर पट्टियां चढ़ाए गांधारी और धृतराष्ट्र का मतान्ध आज भी जिन्दा है

पता नहीं ही हमारे नृपों का युवराज मोह कहाँ से आता है, शायद देश के माटी की देन है
या युवराजों के लालन पालन, उनकी शिक्षा और स्वावलंबन से जुड़े हमारे परिपाटी की देन है
या हमारा वात्सल्य मोह इतना हमारे अंदर कि शरीर और मानसिक कद काठी की देन है
या शायद पुत्रमोह इस देश में बनावट में निहित पहाड़, नदिया, पवन या चन्दन-माटी की ही देन है
हर बार राजा सोचता कि वही देश है, उसके अपूर्ण निर्णय ही जनमत का भी मानिंदा है
शायद इस देश में आँखों पर पट्टियां चढ़ाए गांधारी और धृतराष्ट्र का मतान्ध आज भी जिन्दा है

अलग अलग क्षेत्रो में बैठे युवराजों को अपने पीठ पर ढोता ये देश है
युवराजों के ढोने से देश के जन जन का गणतांत्रिक सफर का समर शेष है
कमजोर कमर वाला ये देश युवराजों के सामने भी झुककर न कुछ पाता विशेष है
वर्तमान में भी युवराजों की समझदारी और गलतफमियों का मतिभ्रम अशेष है
प्रभु अब तुम ही कुछ करो युवराज मोह से ग्रसित हमारे मठाधीश आज भी चुनिंदा है
शायद इस देश में आँखों पर पट्टियां चढ़ाए गांधारी और धृतराष्ट का मतान्ध आज भी जिन्दा है

कठिन शब्द

1. *मतान्ध : घमंड में अँधा हो जाना*
2. *द्वापर : 1. (पुराण) चार युगों में तीसरा युग जिसे 864000 वर्ष का माना गयाहै 2. त्रेतायुग और कलयुग के बीच का युग*
3. *वैकुंठवासी : 1. विष्णु का निवास स्थान 2. स्वर्ग; देवलोक 3. (संगीत) एक ताल में रहने वाले*
4. *मृदुभाषी : सुकुमार, मुलायम, कोमल, नाजुक, नरम भाषा में*
5. *अभिलाषी : अभिलाषा करने या रखने वाला; इच्छुक; आकांक्षी।*
6. *पसमंदा : मुसलमानों में पीछे समाज के लिए शब्द*
7. *अज्ञ : न जानने वाला; अज्ञानी; जिसे ज्ञान या समझ न हो*
8. *नृपो : राजा; नृपति। मनुष्यों की रक्षा करने वाला।*
9. *अधिप : 1. स्वामी; मालिक 2. शासक; राजा 3. नायक 4. प्रधान अधिकारी 5. अधिपति 6. समस्त शब्दों के उत्तरपद के रूप में शासक का अर्थ देने वाला,*
10. *स्वहित : अपना उद्देश्य*
11. *महात्म्य : महानता, उच्चा विचार या परोपकार की भावना*
12. *विषमता : 1. कठिनाई 2. असमान स्थिति 3. प्रतिकूल; विपरीत; विकट स्थिति 4. गैर बराबरी।*
13. *अवदान : 1. योगदान; सहयोग 2. प्रशस्त कर्म 3. पराक्रम 4. उज्ज्वल कर्म 5. उत्सर्ग 6. खंड; विभाजन।*
14. *अश्वों : घोड़ा; तुरंग*
15. *नृपों : राजा; नृपति, मनुष्यों की रक्षा करने वाला।*
16. *स्वाबलंबन : 1. आत्मनिर्भर होने की अवस्था, गुण या भाव; आत्मनिर्भरता; ख़ुदमुख़्तारी 2. अपने भरोसे रहने का भाव*

17. परिपाटी : 1. परंपरा; पद्धति; नियम; रीति; रिवाज; प्रथा; दस्तूर 2. किसी कार्य को करने का ऐसा ढंग जो किसी शास्त्र आदि पर आधारित हो 3. क्रम; सिलसिला 4. चली आई हुई प्रणाली या शैली; प्रचलन 5. तौर-तरीका; व्यवहार; ढंग।

18. वात्सल्य : 1. प्रेम; स्नेह 2. विशेषतः माता-पिता के हृदय में होने वाला अपने बच्चों के प्रति नैसर्गिक प्रेम।

19. मानिंदा : 1. तरह; समान; सदृश; तुल्य 2. ऐसा

20. समर : 1. वृक्ष का फल; मेवा 2. किसी कार्य का परिणाम; नतीजा 3. सत्कर्म का सुफल

21. मतिभ्रम : 1. बुद्धि की भ्रांति 2. बीमारी या नशे आदि के कारण होने वाला वह भ्रम जिसके फलस्वरूप व्यक्ति कुछ का कुछ समझने लगता है; पागलपन

22. अशेष : 1. अनंत 2. पूरा; समूचा; मुकम्मल 3. अपार 4. असंख्य

23. ग्रसित : चोट खाया हुआ; पीड़ित

24. मठाधीश : 1. मठ में रहने वाले साधुओं का प्रधान; पीठाधीश; धर्माध्यक्ष; आचार्य; कुलगुरु; मठ का महंत 2. (व्यंग्य) किसी संस्था या संगठन का प्रधान व्यक्ति

English Translation

33. Prince of Gandahari and Yudhisthir

Blind pride of Dhritrashrahsta and Gandahari in this country is still alive today
I am feeling ashamed for treating this democratic country as paternal property some fey
I heard that in Hindu era of Dwapar clan of Kauravs went to heaven along with their body
Buth the prince of kaurvas clan destroyed their era due to mistakes they made were shoddy
In every era, there are some prince who are not very sweet and in talking terms were gaudy
In every era price of anachronism of king's moral authority
is paid by backwards caste and downtrodden group of society
Blind pride of Dhritrashrahsta and Gandahari is still alive today in this country

Many a times in this country,
ignorant king's religion of ruling and dharma has been juxtaposed with their love for son
Utility of prince for the country is every time linked with king's decision and excellence shun
Every time king's personal choices have trample best choices for country,
that why the country is lagging in the world and is not number one
In each era question of succession of kings has been consumed by responsibility towards nation
Prince's are still not able to follow the greatness and hallow of the country,
seems like these subjects are a far flying bird predatory

Blind pride of Dhritrashrahsta and Gandahari is still alive today in this country

We do not need to tell the names of current princes of country, there is a long queue
We do not have to talk about contribution of prince to country, its an odd thought and eschew
We do not have to count about their intellectual contribution, they are of unique hue
Now lets not hope for their commitment, service and patriotism, as there is complete lack of education to construe
Now horses of prince have trampled the social and moral fabric of scoeity
alas nobody condemns them for action ensue
Blind pride of Dhritrashrahsta and Gandahari is still alive today in this country

I donot know from where my kings get their love for their sons, perhaps it comes from soil of this region
Or it is product of our convention for raising the son and amount of dependence we envision
Our love for own children is result of or own mental structure and deeply engrained reason
Or perhaps the love for our son is constituted by
rivers, mountains, forest or sandal soil of this country for provision
Every time kind thinks in non-democratic manner that he is state, and his decisions has best meaning for state with precision
Blind pride of Dhritrashrahsta and Gandahari is still alive today in this country

This country carried many prince on its shoulder in various parts of this country as cover
Due burdern of prince on its back the democratic fight of the country is not yet over
This country of poor backbone bows before the prince, but does not gains much in discover

Illusions of prince in their understanding and confusions continued
unabated with no changeover
God now you only can do something as,
our kingmakers and other powerful people are still having undue love
for their sons as hangover
Blind pride of Dhritrashrahsta and Gandahari is still alive today in this
country

34. वैश्वकि सामाजकि जुड़ाव

मैं सुनना चाहता हूं गुज़रते वर्तमान समाज के कुछ गीत
सभी बहते इसी युगधारा में तो इतर क्यों हो उनके सामाजिक प्रतीत
आज जिंदगी की सच्चाई को देखना है उभरता नया मानवता का उद्रीत
ज़रुरत हो मिटा दो हमारे रवायतों की बातें और इतिहास के पुराने अतीत

नया जमाना है अपने वजूद के लिए शोषण विरुद्ध संघर्ष करने का
दमित रहकर अनुदान्त बनने का नहीं, प्रयासयुक्त उत्कर्ष करने का
हालातों पर चिंतन कर, जन जन को जोड़ कर नए संभावित विमर्श
करने का
समाज कि जन चेतना जगा कर दलित भावना मिटाने के लिए परामर्श
करने का

अब तो तकनीकी साजो-सामान भी सामाजिक जुड़ाव लाने का साधन है
देश कि बदली राजनीति भी तो अब जन जन की सेवा का ही आराधन है
ये सामाजिक जुड़ाव दे रहा नयी संभावनाएं जो विकास का ही नया
उद्बोधन है
सत्ता संरचना में जो बाँट रहा आज भी समाज को, वो ही समाज का
नया दुर्योधनहै

हम सब फंसे अपने अपने क्षेत्रों में तभी तो हम सब आज भी कमज़ोर है
हमारी अनेकता में मिलती एकता में ही छिपी शक्ति, वही हमारी सिरमौर है
हमारी अखंडता की अर्वाचीन आकांक्षा, अब आज गूंज रही हर ओर है
देख उठते अरबों भारतीये मुट्ठियों को, आसमान में, गूंज रही उनकी आवाज़ पुरजोर है

आओं सुनो हमारा नया गान जो जन जन ने मिल कर बनाया है
कुछ लोग जो पीछे छूट गए थे समाज में, उन्हों ने भी इस गान में आवाज़ मिलाया है
इसे गान को किसी खास ने नहीं देश के हर आम वो ख़ास ने बनाया है
हर तबके ने इसमें भाव दिया है, इसे आपसी इत्तिहाद के जज्बे से भी सजाया है
तभी तो हमारा नया गान, देश का आवामी गान कहलाया है

अगर गान भूल भी जाओ तो भी हमारी इत्तिहाद की रोशनी को दिल में जलाए रखना
एक दूसरे के लिए अलगाव कि भावना हो, फिर भी तबक़ा बेहतरी के अरमान जुड़ाए रखना
ये मुल्क किसी एक का नहीं हम सभी का है, इस बात को दिल में बिठाये रखना
सब जुड़ सके देश की सियासत से, इसलिए नीतियों में न किसी को पराए रखना

पूरब से, पश्चिम से, उत्तर से, दक्षिण से जन जन के स्वर मिलाना
इस देश के फूलों और नदियों को मिलाकर भारती के महावर बनाना
देश के हर जर्रा को नमन करना और देश के स्वाभिमान को आदर चढ़ाना
देश के जन जन की आकांक्षा को समाहित कर फिर देश को प्रखर बनाना

भारत सिर्फ राष्ट्र नहीं, विश्व के ज्ञान का भी संचयित कोषहै
जो आज मानवता में न हो रहा उसमे इस देश के सिद्धान्तों का भी प्रदोषहै
आओ जोड़े सबको मानवता में और सबके मुक्ति की बात करें,
क्योंकि विश्व में मानवता सदैव निर्दोष है
पुनः याद करते हुए नमन सत्यमेव जयते ही भारत का सर्वकालिक सैद्धांतिक उद्घोष है

वैश्विक व्यवस्था के अभिप्राय में आज भी समाहित अन्याय है
सर्वाधिक पीड़ित और दमित तो विश्व के लघु देशों के समुदाय है
बड़ों के दान पर निहित कुछ छोटे दुखी देशों के भी संप्रदाय है
विश्व को तलाश दर्शन की, जिसमें मिलता सबको सामूहिक न्याय है

विश्व में अन्याय या शोषण केबल सृजन करते नए विध्वंसों को
कुटिलता केबल प्रसव करती देश और विश्व के नए अन्याय वंशों को
हर युग में शोषण ही जनन करती नए शोषितों को ओर उनके नए
दंशों को
अंततः भारत का सामाजिक न्याय ही दिल सकता न्याय विश्व के प्रत्येक
अंशों को

कठिन शब्द

1. इतर : 1. अन्य; कोई और; दूसरा; भिन्न 2. हीन 3. साधारण
2. प्रतीत : 1. लगना; आभास होना; ज्ञात; विदित 2. अटकल; अनुमान के आधार पर जान पड़ने वाला 3. प्रसिद्ध; विख्यात 3. प्रसन्न और संतुष्ट
3. उद्गीत : गीत, गाना, घोषणा करना
4. रवायतों : 1. परंपरा से चली आई रीति; रिवाज 2. पारंपरिक कहावत या कथा
5. अतीत : 1. बीता हुआ; गुज़रा हुआ 2. भूतकाल; व्यतीत
6. वजूद : 1. अस्तित्व 2. सत्ता 3. देह; शरीर 4. सृष्टि 5. उपस्थिति; मौजूदगी
7. दमित : 1. जिसका दमन किया गया हो; जिसे शक्ति के साथ दबाया गया हो 2. शोषित; उत्पीड़ित; उपेक्षित।
8. प्रयासयुक्त : प्रयास से जुड़ा हुआ
9. उत्कर्ष : 1. ऊपर की ओर जाने या उठने की क्रिया या भाव 2. उन्नति; विकास; समृद्धि
10. विमर्श : 1. विवेचन; समीक्षा; पर्यालोचन 2. तथ्यानुसंधान 3. गुण-दोष आदि की आलोचना या विवेचना करना; 4. किसी तथ्य की जानकारी के लिए किसी से परामर्श या सलाह करना 5. तर्क; ज्ञान
11. परामर्श : 1. सलाह; युक्ति 2. निर्णय 3. (न्यायशास्त्र) पक्ष में हेतु के होने की अनुमिति; व्याप्य हेतु पक्षधर्म होना
12. साजोसामान: औजार और काम की चीज़

13. उद्बोधन : 1. किसी बात का ज्ञान कराने की क्रिया या भाव 2. उत्तेजित करना 3. जागने या जगाने का भाव 4. विचार प्रकट करने की क्रिया या भाव
14. दुर्योधन : (महाभारत) धृतराष्ट्र के एक पुत्र का नाम; हस्तिनापुर साम्राज्य का वह कौरव योद्धा जिसकी हठधर्मिता से महाभारत का युद्ध हुआ था
15. सिरमौर : 1. मुकुट; ताज; शिरोमणि 2. प्राचीन समय में प्रचलित एक प्रकार का केश-विन्यास
16. पुरजोर : भरपूर ताकत से; ज़ोर से; पूरी ताकत, शक्ति या उत्साह से 1. ज़ोरदार 2. ओजपूर्ण
17. तबके : 1. श्रेणी; वर्ग; दरजा 2. विभाग; खंड 3. गिरोह; समूह
18. इत्तिहाद : एकता
19. जज्बे : भावनाएं
20. आवामी : सामान्य जनता
21. सियासत : 1. राजनीति 2. शासन-प्रबंध; राजकाज 3. छल; फ़रेब; मक्कारी
22. महावर : 1. शुभ अवसरों पर एड़ियों में लगाया जाने वाला गहरा चटकीला लाल रंग 2. लाख से तैयार किया गया गहरा लाल रंग
23. प्रखर : 1. बुद्धिमत्तापूर्ण 2. तीक्ष्ण; प्रचंड; उग्र
24. संचयित : जमा किया हुआ
25. प्रदोष : 1. सायंकाल; सूर्यास्त का समय 2. त्रयोदशी का व्रत 3. भारी दोष या अपराध 4. पक्षपात; नैतिक पतन 5. अव्यवस्था
26. उद्घोष : 1. घोषणा 2. तेज़ आवाज़ में की गई पुकार 3. ऊँची आवाज़ में कुछ कहना 4. जनता में प्रसारित बात; मुनादी; डौंड़ी; डुग्गी
27. अभिप्राय : 1. अभिप्रेत; तात्पर्य; आशय; मतलब 2. उद्देश्य; प्रयोजन 3. मूल अर्थ 4. इरादा; (इनटेंशन; मोटिव) 5. कथानक रूढ़ि 6. इच्छा 7. राय 8. नीयत
28. समाहित : 1. एकत्र किया हुआ; संगृहीत 2. तय किया हुआ; निश्चित 3. समाप्त 4. स्वीकृत
29. निहित : 1. किसी चीज़ के अंदर स्थित; छिपा हुआ; अंतर्भुक्त; दबा हुआ 2. स्थापित; रखा हुआ; धरा हुआ 3. किसी के अंदर पड़ा हुआ 4. उपलक्षित (अर्थ) 5. प्रदत्त; सौंपा हुआ 6. गंभीर स्वर में कहा हुआ।

30. संप्रदाय : 1. परंपरा से चला आया हुआ सिद्धांत, मत और ज्ञान 2. परिपाटी; रीति; प्रथा; विश्वास 3. किसी मत विशेष के अनुयायियों का समूह 4. धर्म; मार्ग; रास्ता। देने वाला।

31. सृजन : 1. उत्पन्न या जन्म देने की क्रिया या भाव; सर्जन; रचना 2. सृष्टि; उत्पत्ति

32. विध्वंसों : 1. ध्वंस; विनाश; बरबादी 2. क्षति; नाश

33. प्रसव : 1. बच्चा जनने की क्रिया 2. बच्चा; संतान 3. गर्भमोचन 4. उत्पत्ति; उत्पत्ति स्थान 5. फल; फूल। फलप्रद; उत्पादक

34. जनन : 1. उत्पत्ति; उद्भव 2. जन्म 3. आविर्भाव 4. कुल; वंश

35. दंशों : 1. दाँत या डंक का घाव; दंतक्षत 2. विषैले जंतुओं का डंक 3. दाँत से काटने या गड़ाने की क्रिया; दंशन 4. डंक मारने की क्रिया, जैसे- सर्पदंश 5. द्वेष; बैर 6. काटने वाली बड़ी मक्खी; वनमक्षिका 7. लड़ाई में पहना जाने वाला कवच; वर्म; बख़्तर 8. तीखा 9. (महाभारत) एक असुर 10. दाँत 11. चुभने वाली बात या उक्ति; आक्षेपवचन; कटूक्ति; लांछन

English Translation

34. The social union

I want to tell you some songs of present time of our variety
When everybody is flowing in same era, then why they should have separate symbol in society
New song of time is to see the life in perspective of truth and propriety
If it is necessary, remove the words of conventions and old memories of history for sobiety

New time Is to fight against exploitation for your own sake and existence
Not becoming suppressed and remain trampled, through inclusion of effort to achieve eminence
Think of our present conditions, collect people and discuss with them new possibilities excellence
To arouse the public consciousness of society,
obliterate the feeling of downtrodden through suggestions to get renascence
Now even technical things are means to bring social integration
Changed politics of this country makes it a prayer of service for common people
This new social integration is also providing he means for common communication and growth
Structure of power, that is dividing the society is the new Duryodhana of society

We all the entangled in our regional feelings that why we are weak
The strength that we get through unity in our diversity, in the best thing for us
Our aspiration for integration since recent time, is now being in all directions

See the billions of rising fists of Indians in sky, and resounding powerful voice of them

Come together and let's listen our new song, made by common man
Some people who were backward in society, has also lend their voice to this song
This song has not been made by any special person, but has made by common as well as special person together
Every community has given jt emotions. and they have also decorated it with feelings of unity
That why our new song is truly the song of public

Even if you forget the song, keep the light of our unity in your heart
Even if you have the feeling of separation from each other, keep the feeling of benefit of community in heart
This does not belong to any one, belongs to all of us, keep that in your heart
Let us integrate everybody with political structure of country, so in policies do not alienate any one

From east, west, north and south bring together the voice of public
Mix the flowers and rivers of this country then make the ointment for our republic
Bow before every particle of this country and show your respect to country's goddess
Include the aspirations of all the common man, make it even to include our voiceless
India is just not a country, it is stored knowledge of the world to be honoured for it's prowess
Whatever is not happening in the world, that is lack of principles of this country with an oddness
Let's connect all the people through humanity, and talk of their freedom
, because humanity is always for downtroden's solace
Let the truth prevail is all message of present time from India to the world, that it address

Intentions of world order has lot of injustice included in them
Most effected and oppressed are group of smaller countries the world
for game
There are another group of countries who depends on charity of large
countries with shame
But the word needs a philosophy, that can give collective justice to all
with honor and name

In the world injustice and exploitation always give rise new forms of
destruction
Wretchedness only give birth to progeny of injustice in this country
and world and dysfunction
In every era, exploitation only give birth to new exploited people as
well as new wounds and fluxion
philosophy of Indian justice alone can provide the justice to the whole
world for neo construction

35. शहर में गांव

सर पे पोटलियां चढ़ाए कुछ पांव आज शहर की और जा रहे है
बच्चों का हाथ पकड़े सहचर संग आशाओं के छाँव शहर की ओर जा रहे है
आँखों में बुझे हुए भविष्य दीप वाले कुछ ग्राम आज शहर की ओर जा रहे है
टूटे हुए सपने और रोटी के सबाल पर दबे कुचले नाम शहर की ओर जा रहे है

भूख की अकुलाहट में गांव का चाँद आजकल रोटी सा दिखता है
गांव में संस्कृति के नाम पर यथार्थ, मर्यादा के बादलों के पीछे छिपता है
यथार्थ दहक रहा होता आदित्य की तरह, पर बादलों में सब कुशल मंगल मिलता है
कभी कभी यथार्थ बादलों को चीर बाहर आ जाता, तब स्वाभिमान पेड़ के ठूंठ सा दिखता है

पैतृक पूंजियां भी शहर की ओर जाती हुई गठरियों में बंद, कुलदेवता भी सहित हो लिये है
नारी परिस्थितियों पर बुदबुदा रही मन ही मन, कैसे कुल मर्यादाएं अब अविहित हो लिए है
कब तक ढो पाएंगे हम कुल मर्यादाओं को, जैसे कुल सम्मान अब कैसे निराकृत हो लिया है

पूर्वजों नें भी कुछ पदार्थ वत छोड़ा नहीं है, ग्रामीण समाज से भी ये आदमी रहित हो लिया है

शहर में कोशिश करते फिर वो अपने पावँ द्वारा, पुराने गाँव के अरमान बसाने की
लेकिन पहले कोशिश शहर की जिंदगी के साथ अपने पावँ के तालमेल बिठाने की
फिर शहर की ऊसर जमीन पर, गांव के पुराने रिश्ते सम्बन्ध बीज से उगाने की
शहर के भागते दौड़ते उस जिंदगी में भी, प्रयास गांव के स्वपनो को आकार दिलाने की

पर थक जाते पावँ नकली चेहरों और शोषण के लंबे रास्तों पे प्रयास वश चलते चलते
संवादों में आ जाते है श्रद्धा के शब्द, जब कभी गांव के स्मरण से यूँ ही अनायास कहते कहते
जीवन में झुक रहे होते सर, शहर में नए मालिकों के सामने, उनके दर पे अभ्यास में डरते डरते
पर अधसोये आँखों में संभाल रहे होते गांव के स्वप्न, हर सुबह काम के क़यास में निकलते निकलते

आखरी सांस तक गांव आदमी के दिल में अंदर छुपा पलता है
जब जब कोई हाथ पकड़ता, गांव आखों की झील में साफ़ गहरा दिखता है
सुनाई देती दिल को आवाज़ जब कोई दूसरा भी सोच में गांव ढोता शामिल मिलता है
फिर दोनों अपने अपने गांव के यादों को पिरोते, गांव इस तरह शहर में घुलता है

इस तरह आजकल अनेकों गांव शहर के गली कूचों और मुहल्लों में पलतें हैं
रह रहा होता आदमी शहर में पर, दिल में गांव के अरमान मिलते हैं
फिर धीरे धीरे पुराने पावँ को शहर में गांव के रिश्तों के मान-सम्मान मिलते हैं
और इस तरह गांव विडंबना बस ही शहर में जीवंत सर्वव्यापी खिलतें हैं

कठिन शब्द

1. सहचर : 1. साथ-साथ चलने वाला; सहयात्री 2. साथ रहने वाला; साथी। 1. मित्र; साथी 2. पति 3. सेवक।
2. अकुलाहट : 1. अधीरता; व्याकुलता; बेचैनी 2. घबराहट 3. व्यग्रता; छटपटाहट
3. यथार्थ : 1. उचित 2. सत्य 3. जैसा होना चाहिए, ठीक वैसा
4. आदित्य : सूर्य; आदित्य; भानु; प्रभाकर।
5. कुलदेवता : वह देवता जिसकी पूजा किसी कुल या परिवार में परंपरागत रूप से होती आ रही हो; कुलदेव; इष्टदेव; अधिदेव
6. अविहित : 1. जो विहित या उचित न हो; अनुचित 2. अकर्तव्य 3. निषिद्ध 4. शास्त्रविरुद्ध
7. निराकृत : 1. जिसका निराकरण किया जा चुका हो 2. जिसका खंडन हो चुका हो 3. रद्द किया हुआ
8. रहित : 1. के बिना; के बगैर 2. किसी वस्तु; गुण आदि से ख़ाली या हीन 3. शून्य
9. ऊसर : 1. बंजर; जो ज़मीन उपजाऊ न हो 2. रेह अर्थात क्षार मिली हुई मिट्टी की मात्रा अधिक रहने के कारण जिस भूमि में पेड़-पौधे नहीं उगते। ऐसी भूमि या क्षेत्र जिसमें कुछ पैदा या उत्पन्न न हो
10. स्मरण : 1. किसी देखी, सुनी या बीती बात का फिर से याद आना; स्मृति; याद 2. याद रखने की शक्ति; याददाश्त 3. एक प्रकार का अर्थालंकार 4. नवधा भक्ति का एक प्रकार; जाप
11. क़यास : 1. अनुमान; अटकल 2. कल्पना 3. सोच-विचार; ध्यान
12. पिरोते : 1. एक साथ नत्थी करना 2. सुई आदि से किसी छेद वाली वस्तु में धागा डालना
13. विडंबना : 1. कष्टकर स्थिति 2. अपमान और उपहास का विषय; व्यंग्योक्ति 3. किसी को चिढ़ाने या तुच्छ ठहराने के लिए की जाने वाली नकल 4. निंदा करना
14. सर्वव्यापी : 1. जो सभी स्थानों और सभी वस्तुओं में व्याप्त हो 2. सब कुछ ढकने या आच्छादित करने वाला।

English Translation

35. Town in villages

Some legs are going towards the city, with heap of burden on there head
Shadow of hope are going towards the city along with their companion and kids in tread
With lights of future in eyes has been put off, some villages are going towards the city as afraid
With Broken dreams and question of bread some trampled name are going towards city as dead

In the desperation of hunger, moon of villages now looks like a bread
In the name of culture, the reality of villages. hides behind the clouds of conventions as said
The reality is burning like sun, while everything looks like in clouds as staid
Sometimes the reality tears apart the cloud, it looks like stunted tree of self pride as behead

Paternal capitals have been captured in the heap going towards cities, clan gods have also been going together in blizarred
Women are whispering on her own, how the pride of family tree is getting injured
How far will they carry the pride of the family, as honour of the family repudiated and ruptured
Forefather has not left any material as capital, society also has thrown them and has not deterred

Those legs try to make effort in cities, to place the wish of villages in cities surrounding

First they try to synchronize their feet with the movement of city life along with bonding
Then they try to grow the seeds of village relationship in the barren land of city with expounding
In the running and moving life of city, they try to give shape to the dreams of villages as grounding

The feet get tired with the effort of walking in the false face and exploitation in world of city
Whenever they remember villages their word turns in long conversation, in emotional gaiety
In the life, there heads bow before the new owners in the cities, village lives inside also in adversity
In their eyes, lives memories for villages, in morning's effort for going to work without laxity
Till the last breath of man, village lives in the heart of that person as emotional essentiality
Whenever some body holds the hand, village is seen in depth of eye's lake in their mutuality
They can listen the voice of heart whenever, other person carries the village in thinking propinquity
Then both remember the memories villages, in that the way villages gets dissolved in town as pretty

In this manner, now days many villages live in the lane by lanes and sectors of city as oblivion
Even though the person lives in city, but the wishes of village are found with him as circumcision
Then slowly and slowly, that feeling in city gets respect of relations of villages in life's provision
That how the villages blossom as alive in cities everywhere in peopl's inner vision

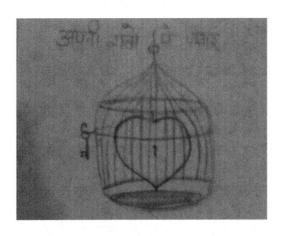

36. अपनी शर्तों पे प्यार

अब उन्हें अपनी नयी शर्तों के साथ मुझसे प्यार चाहिए
उन्हें प्यार की बातें तो पता नहीं, तो शायद प्यार की उधार चाहिए
उन्हें अपने शर्तों की छोटी फेरहिस्त नहीं, बड़ी अंबार चाहिए
जब मैंने उन्हें देखा तो मेरे दिल ने कहाँ, कोई और नहीं बस यहीं
दिलदार चाहिए
दिल उनका धड़कता नहीं मेरे लिए, पर उन्हें मेरे प्यार का पूरा इजहार
चाहिए
मेरी तो कोई शर्तें नहीं, बस उनके साथ दूर तक चलने का इकरार चाहिए
आज सुन ले वो मेरे भी दिल की जुंबिशें मुझे अपना हम दम बेक़रार
चाहिए
अब उन्हें अपनी नयी शर्तों के साथ मुझसे प्यार चाहिए

मैंने पहले भी कोशिश कि थी हरवार उन्हें अपनें में गिरफ्तार करने की
हमने लगाएं भी थे गुलों के गुलशन, कोशिश भी कि थी हर बार कुछ
कहने की
कल भी तो हमने पूरा किया था अपना वादा, आज ज़रुरत क्या ग़म-
ख़्वार रहने की
लगता नहीं वो सोचते हमारे भी दिल की, तो जरूरत क्या आज उनके
दिल में गुबार रहने की
अब और शर्तें मैं न लूँगा, मुझे मुकम्मल उनके प्यार की इजहार चाहिए

अब उन्हें अपनी नयी शर्तों के साथ मुझसे प्यार चाहिए

शायद वो समझते है कि वो हमेशा मेरे आगे रहेंगे और हम होंगे हर वक़्त उनके पीछे पीछे
दिल के अज़ीज़ों से इस तरह नहीं मिलते, और न सोचते है रिश्तों के बराबरी में ऊपर नीचे
कभी तो इनायतें होंगी उनकी, इंतजार में यहीं सोच कर लंबे अरसा से हम चल रहे आँखें मीचे
चलो छोड़ों बांकी बातों को, मेरा दिल कहता है चलो आज फिर से खोलते है दिल के पुराने दरीचे
आज बस वो हटा ले वो सारी बंदिशें, मेरे दिल को उनकी शख़्सियत हमवार चाहिए
अब उन्हें अपनी नयी शर्तों के साथ मुझसे प्यार चाहिए

कल वो मिले तो थे पर उनकी आँखों में था पर एक नया ख़्वाब, हो रहा सुर्खरु था
पर जब हमने ढूंढने की कोशिश ख्वाबों में अपने अक्स को, उनका प्यार न हमारी तरफ रुबरु था
फिर हमने याद दिलाया उन्हें, हमारा पहला पुराना प्यार आपस का, वो कितना सुचारु था
चलो काट कर हटा देते है आज शर्तों की फसल, लौटते है जब सब कुछ शुरू से शुरू था
मुझे उनकी जरूरत सिर्फ एक बार नहीं, वो मेरी जिंदगी में बारम्बार चाहिए
अब उन्हें अपनी नयी शर्तों के साथ मुझसे प्यार चाहिए

चल आज अपने प्यार के हौसलों को परवाज देते है, और आसमान में उड़ चलते है
चलो अपने अपने गुस्से को छोड़ कर, आओ आज फिर से से गले मिलतें है
जिन दिलों में प्यार का इजहार हो तुम्हारे लिए, उनको न इंकार करते है
चल होंठों से बात कल कर लेंगे, आज चुप्पियों से ही ग़ज़ल की शुरुआत करतें है
कहने सुनने देते है दिलों को आपस में, अब न कोई बीच की दीवार चाहिए
अब उन्हें अपनी नयी शर्तों के साथ मुझसे प्यार चाहिए

कठिन शब्द

1. उधार : 1. क़र्ज़ या ऋण; कोई वस्तु इस प्रकार ख़रीदना या बेचना कि उसका मूल्य कुछ समय बाद दिया या लिया जाए 2. वह अवस्था जिसमें धन या कोई वस्तु जो चुका देने के वायदे पर माँगकर लिया या दिया गया हो
2. अंबार : किसी वस्तु या अनाज का ऊँचा ढेर; राशि; भंडार
3. फ़ेहरिस्त : 1. सूची; तालिका 2. सूचीपत्र
4. इजहार : 1. ज़ाहिर या प्रकट करना 2. निवेदन करना
5. इकरार :. वादा; वचन 2. काम या बात हेतु दी गई स्वीकृति; अनुबंध
6. अरसा : 1. समय; काल 2. अवधि 3. लंबी अवधि 4. देर; विलंब 5. मैदान 6. शतरंज की बिसात
7. जुंबिशें : 1. हिलना-डुलना; हरकत; इधर-उधर होने की क्रिया 2. गति; चाल; स्पंदन
8. बेक़रार : बेचैन; व्याकुल; विकल; जिसे करार या चैन न हो; जिसके मन में शांति न हो
9. गुलों : फूलों
10. गुलशन : बागीचा
11. ग़म-ख़्वार : सहानुभूति, सान्तवना या सुख देने वाला
12. मुकम्मल : 1. संपूर्ण 2. पूरा; सारा 3. समाप्त; ख़त्म 4. सर्वांगपूर्ण
13. गुबार : 1. धूल; गर्द 2. आँखों की वह स्थिति जिसमें चीज़ें धुँधली नजर आतीहै 3. मन में दबा हुआ दुर्भाव या क्रोध; शिकायत; मैल
14. अज़ीज़ों : 1. प्यारा; प्रिय; 2. स्वजन; रिश्तेदार; संबंधी 3. रुचिकर
15. इनायतें : दया; कृपा; अनुग्रह; मेहरवानी; अहसान; उपकार
16. दरीचे : 1. छोटा दरवाज़ा; उपद्वार 2. खिड़की; झरोखा; रोशनदान; मोखा
17. बंदिशें : 1. रोक; प्रतिबंध; पाबंदी 2. बाँधने का भाव 3. कविता, गीत के चरणों, वाक्यों आदि में होने वाली शब्दयोजना 4. साज़िश; षड्यंत्र
18. हमवार : एक-सा; बराबर; समान
19. सुर्ख़रू : 1. लाली से युक्त; तेजस्वी; कांतिवान 2. प्रतिष्ठित 3. प्रसिद्ध 4. कृतकार्य; सफल। सुर्ख़रू होना : कर्तव्य पूरा होने पर अपने को निश्चिंत और सुखी अनुभव करना
20. रूबरू : आमने-सामने; सम्मुख; समक्ष

21. सुचारु : अतिशय सुंदर; बेहद ख़ूबसूरत; अत्यंत मनोहर
22. परवाज : 1. उड़ान 2. अहंकार; नाज़ 1. उड़ने वाला 2. डींग मारने वाला
23. ग़ज़ल : 1. उर्दू, हिंदी या फ़ारसी में मुख्यतः प्रेमविषयक काव्य जिसमें प्रायः पाँच से ग्यारह शेर होतेहै और सभी शेर एक ही रदीफ़ और काफ़िया में होतेहै अर्थात दूसरी कड़ी में अनुप्रास होताहै 2. प्रेमिका से वार्तालाप 3. पद्य या मुक्तक काव्य का वह रूप जिसमें प्रतीकात्मकता और गीतात्मकता के साथ अनुभूति की तीव्रता की प्रधानता होतीहै।
24. इंकार : 1. अस्वीकृति; नामंज़ूरी; 2. मुकरना; अपनी कही हुई बात से पीछे हट जाना

English Translation

36. Love on our own terms

Now she needs the love on her own new norms
They do not know the facts of love, needs the love on credit terms

They do not have a short list of demands of love, but needs big heap of demands to be fulfilled
When I saw her my heart told me that, I do not need any body else but this person to be thrilled
But her heart does not beat for me, but she demands complete display of my love for her and yield
I don't have any conditions for love, I just need the concurrence to walk with me till far off to build
Today she should listen the vibrations of her own heart, I need my lover without patience distilled
Now she needs the love on her own new norms

I have tried earlier many times to arrest her in myself completely
I planted the flowers for he and made a garden, tried every time to say something sweetly
I have fulfilled my promise yesterday also, then what is necessity to be filled with sadness belately
It does not feel that she thinks and cares my heart, what is necessity of keep pain in heart deeply
Now I will not take any new conditions, I need the complete display of my love by her intensively
Now she needs the love on her own new norms

Perhaps she thinks that she will always be ahead of me, and I will always be behind her for kinship

One should not meet the dear person like this, and let's not think of ups and down of relationship

I am waiting for her, when Some day she will be kind to me and feel my passion as inrinstic,

with a wishful thinking I have been following her with closed eyes for friendship

Let's leave everything else, my heart says lets re open the closed windows of heart for our upkeep

Today let her remove all the prohibitions, my heart needs her personality at equal level for unzip

Now she needs the love on her own new norms

Yesterday she met me. but a new dream was taking shape in her eyes,

When I tried to search my sketch in those dreams, her love was not there gave me denies

Then I reminded her of our first-time old love, how brave that love was in size

Let's cut and remove the harvest of conditions, lets return to the initial time and realize

I just not need her one time, I need her many times in my life that I implies

Now she needs the love on her own new norms

Let us give the wings to the passion of love today, and enter the sky with fly

Let leave the anger towards each other, lets embrace each other to rely

All those hearts which has love for you, we should not say no to them and make them cry

We will talk with lips and voice tomorrow, lets start our conversation with silence t as reply

Let the communication between heart begin now, I do not need any wall in between to deny

Now she need the love on her own new norms

37. पुनः आएगा बसंत

तू छोड़ अपनी चिंताएं, और आज निकाल फ़ेंक अपना डर, क्योंकि पुनः आएगा बसंत
हे कर्मवीर मत डर तू गुज़रते समय से, तेरा अधिकार केबल प्रयास पर, जीवनपर्यंत
प्रकीर्ति में टूटते है पेड़ों के पत्ते भी समय से,
फिर होती फूलों से आच्छादित धरा,
कभी सूखे होते सारे वृक्ष समूल
सुख गया है वृक्ष का पल्लवाधार आज, खतरे में पड़ा है वो वन,
साकुल पेड़ को मिलते वातावरण प्रतिकूल
इन्ही ठूंठ पड़ी डालियों से भी कल अवश्य निकलेंगे, नई कोपलें और नए पत्ते, तू ये मत भूल
हर दिन नया है, नए स्वप्न नयी दिशा में, नयी संभावनाएं भी अब, मत दे तू अतीत के सन्दर्भों को तूल
कालक्रम से ही जीवन और वातावरण में कुछ समय के लिए अवश्य आता है हेमंत
तू छोड़ अपनी चिंताएं, आज निकाल फेक अपना डर, क्योंकि पुनः आएगा बसंत

कल, जाड़े की सर्द आशा-हीन रातें लिए हुए, दुःख और शंकाओं का बना था पिछला वृतान्त

249

उस ऋतू- रात्रि में बाहर फैला था फिर पेड़ों पर बर्फ का मृतचेल, और चारो ओर था अक्तू अनंत
बुझने लगी थी दीपशिखायें आशा की भी भी, और न दिखता था उस गहन तिमिर का तब अंत
फिर निशोपरांत उदयमान हुआ आदित्य, मिट गया वह दीर्घकालिक अँधेरा अनंत, विभास पर्यन्त
तू छोड़ अपनी चिंताएं, आज निकाल फेक अपना डर क्योंकि पुनः आएगा बसंत

देख सूरज के उगने से कैसे सिमट रहा पेड़ों पर फैला प्रकीर्ति का श्वेत शवाच्छादन
पेड़ पर लटके घोसलों से आते नए खग गान अब, हो रहा प्रस्फुटित नव जीवन
इन्ही में उदित होंगे कल के नए पंख, नव जीवन और हमारी स्वतंत्रता असीमन
विचलित न हो जीवन के क्रम को देख कर, जब उत्थान से पूर्व आता हो पतन
मानव तू तो अपने कर्म प्रत्यासा का ही रूप है, बनाए रख आज भी उत्साह ज्वलंत
तू छोड़ अपनी चिंताएं, आज निकाल फेक अपना डर क्योंकि पुनः आएगा बसंत

देख सामने नभ में खग गा रहे और बह रहा अब सुरभित मलय भी
पेड़ों से आज फूट रही कोपलें, अवनि धारित करती प्रसून और नव किसलय भी
इस समय में नारी के नृत्य में पैरों की चपलता को देख अब रुक रहा समय भी
देख बजते ढोल पर थिरखते आदमी के पैर और प्रफुल्लित उसका हृदय भी
क्षितिज पर काले मेघ भी ला रहे आशाओं का जल, प्रस्फुटित हो रही आकाश में प्रकाश अनंत
तू छोड़ अपनी चिंताएं, आज निकाल फेक अपना डर क्योंकि पुनः आएगा बसंत

कठिन शब्द

1. *कर्मवीर : 1. कर्मशील; कर्मवान; मेहनती; परिश्रमी 2. लोकहित में कर्म करने में निपुण 3. विघ्न-बाधाओं को नष्ट करते हुए कर्तव्य-पालन करने वाला; कर्मठ; पुरुषार्थी 4. जिसने स्तुत्य कार्य किए हों 5. काम करने में बहादुर।*
2. *जीवनपर्यंत : 1. जीवन भर; उम्र भर 2. जीवित रहने तक; जीते जी*
3. *प्रकीर्ति : 1. ख्याति; प्रसिद्धि; यश 2. उद्घोष; घोषणा*
4. *आच्छादित : 1. जिसके ऊपर कोई अच्छादन हो 2. ढका या छिपा हुआ 3. आलेपित 4. ग्रहणग्रस्त।*
5. *समूल : 1. मूल-सहित; जड़-समेत 2. जिसमें जड़ हो; जिसका कोई मुख्य हेतु या कारण हो*
6. *पल्लवाधार : तना, शाखा*
7. *साकुल : उच्च कुल से, एक ही परिवार से*
8. *प्रत्याशा : 1. आशा; उम्मीद; भरोसा 2. अधीरता से प्रतीक्षा; बेचैनी से इंतज़ार; उत्कंठा 3. होने, मिलने आदि की संभावना।*
9. *प्रतिकूल : 1. जो अनुकूल न हो; खिलाफ़ 2. विरुद्ध; विपरीत 3. रुचि, वृत्ति, निश्चय आदि के विरुद्ध या उलटा पड़ने वाला 4. कार्य में बाधक*
10. *अतीत : 1. बीता हुआ; गुज़रा हुआ 2. भूतकाल; व्यतीत*
11. *स्वप्न 1. नींद में अवचेतन मन की कल्पना; सपना; ख़्वाब; 2. किसी बड़े कार्य की योजना या विचार।*
12. *तूल : तुल्य; सदृश; समान*
13. *कालक्रम : 1. काल या समय की गति 2. घटनाओं, तथ्यों आदि का क्रम*
14. *हेमंत : छह ऋतुओं में से एक जो अगहन और पूस में पड़तीहै; जाड़े का मौसम; शीत-काल*
15. *बृतान्त : कहानी, घटना का विवरण*
16. *मृतचेल : कफ़न*
17. *अक्तू : अंधकार*
18. *गहन : 1. कठिन; दुरूह 2. निविड़; घना 3. दुर्भेद्य; दुर्गम 4. गंभीर 5. लेना; पकड़ना 6. ग्रहण 7. बंधक 8. कलंक 9. कष्ट; विपत्ति; पीड़ा*
19. *तिमिर : 1. अँधेरा; अंधकार 2. आँख का एक रोग 3. लोहे का मोरचा*
20. *निशोपरांत : रात के बाद*

21. आदित्य : सूर्य; भानु; प्रभाकर
22. दीर्घकालिक : लंबी अवधि तक होने या चलने वाला; दीर्घकाल तक होने वाला; चिरकालिक;
23. विभास : 1. दीप्ति; चमक
24. शवाच्छादन : कफ़न, लाश को ढंकने वाला कपडा
25. प्रस्फुटित : 1. फूटा या खिला हुआ 2. प्रकट; व्यक्त 3. जिसे स्पष्ट किया गया हो 4. विकसित 5. खुला हुआ।
26. असीमन : बिना किसी सीमा के
27. ज्वलंत : 1. चमकता हुआ; प्रकाशित; जलता हुआ 2. देदीप्यमान 3. स्पष्ट; साफ़; अच्छी तरह दिखाई देने वाला।
28. नभ : 1. आकाश; गगन; अंबर 2. मेघ 3. जल 4. सावन तथा भादों का महीना 5. आश्रय 6. शून्य या रिक्त स्थान।
29. मलय : 1. दक्षिण भारत की एक पर्वत शृंखला; मलयगिरि 2. चंदन
30. प्रसून : 1. फूल; पुष्प 2. फूल की कली। 3. प्रसूत 4. उत्पन्न 5. संजात
31. पारिजात : 1. (पुराण) समुद्र मंथन के समय निकला हुआ एक वृक्ष जिसके विषय में माना जाताहै कि यह इंद्र के नंदनकानन में लगा हुआहै
32. किसलय : 1. पौधों में निकलने वाले नए पत्ते; कोंपल; नवपल्लव; कल्ला 2. अँखुआ; अंकुर
33. चपलता : 1. चंचलता; अस्थिरता 2. शीघ्रता; जल्दी; जल्दबाज़ी 3. धूर्तता; चालाकी 4. ढिठाई; अशिष्टता।
34. प्रफुल्लित : 1. खिला हुआ 2. बहुत अधिक प्रसन्न; प्रमुदित; आनंदित

English Translation

37. Spring will come again

You should leave your worries and throw out you fear, as spring will come again
Dear bravo or just work do not fear the passing time, focus on efforts for your gain
On their fixated time, leaves of tree breaks away the there and throws other part in vain
earth is filled with covered fallen flowers and leves, greenery is quiescent and will not remain
Base of branches of tree has dried up, forest is in danger, tree is failing to maintain
But do not forget that new soot and flower will come out from dried stunted branches to regain
Every day is new one, new dreams, new possibility, so do not give weightage to your past retain
You should leave your worries and throw out you fear, as spring will come again

In a cyclic way in life an well as environment. Only for some time only winter comes
You should leave your worries and throw out you fear, soon winter gives way to spring afterwards
Yesterday on a cold wintery hopeless night, Autumn with coldness came to our house to visit us
On that frozen night, snow has covered the trees all four side and there was darkness infinite
Lights of candles were about to be extinguished, end of that intense darkness was not in sight
But after the night sun came out, and darkness got wiped out by splendour of morning's light

You should leave your worries and throw out you fear, as spring will come again

See how with the rise of sun the white wrapped coffin of nature is getting reduced
And from nest hanging from tree, chirping of birds can be heard, new life is coming out of It
New wings of tomorrow will come out from them new life and boundless freedom
Do not morally down by seeing this sequence of life, when before the rise in life the fall comes
Human being is just the shape of their effort, so maintain the exuberance and burning desire
You should leave your worries and throw out you fear, as spring will come again

See how the bird are singing in sky, and now scented wind is also slowly passing
New soot is coming out of trees and earth is also covering itself with new flowers growing
In the present time, after seeing the dance of women even time is getting stopped by bestowing
Look at the moving feet of man on rhythms of drum, and happiness filled heart of him is showing
Black clouds on horizon are bringing water of hopes, and infinite rays of light are also now spreading
You should leave your worries and throw out you fear, as spring will come again

38. नव वर्ष की शुभकामना

तुम मेरी नव वर्ष की शुभकामना ले लो
लेकिन पहले मिटे तमस, हमारे अंदर और बाहर उसकी प्रार्थना ले लो
इस नव वर्ष में पूरी हो तेरी हर कामना इसकी मंगलकामना ले लो
तुम नित्य अग्रसित रहो विकास पथ पर, तुम्हारी सफलता की मेरी भी भावना ले लो
हृदय से तुम्हारी खुशियों और संवृद्धि की मेरी भी उद्गारित सम्भावना ले लो

कठिन शब्द

1. *तमस : 1. तम; अंधकार 2. अविद्या; अज्ञान श्याम या काले रंग का।*
2. *मंगलकामना : हित या कल्याणकामना; शुभकामना; बधाई; दुआ*
3. *अग्रसित ; आगे, सामने*
4. *उद्गारित : 1. भले विचार या भाव; भाव-विह्वलता में अभिव्यक्त बात; आंतरिक भावों की अभिव्यक्ति 2. आधिक्य; बाढ़ की स्थिति*

255

English Translation

38. Best wishes for new year

You accept the best wishes for new year
But first let the remove darkness of your inside and outside be clear
Let all your wish come true in this new year, you accept the good wishes your well being dear
You should continue to move on path of progress, accept my feelings for successful career
Accept my feeling from heart the possibility for success and prosperity of your's in new frontier

39. आजादी

कल एक अजनबी ने पूछा, ये आजादी क्या चीज़ अजब है
कैसेहै उसके लुब्ब-ए-लुबाब, उसके मिज़ाज़ में क्या चीज़ गज़ब है
आसान नहीं इसका प्रत्युत्तर, क्योंकि आजादी की बुनावट बड़ी अजीब है
हर किसी की इसकी अलग सोच और सार, पर जरूरत सभी को जो भी सजीव है
छिपी रहती आजादी हमारी हर अभिलाषा में, यद्यपि की बेड़ियों में भी पड़ा वो जीव है
आजादी बहती हमारे रगों में, जब तक अग्नि पथ पे चल रहा हर आदमी उपजीव है
आजादी दिखती भूखो को उनके रोटियों में,
या फिर हमें हमारे जीने की परिपाटियों में
इंसान के अपने सोच के स्वर में,
या आदमी के खुद के मानने के ईश्वर में,
हमारे अस्तित्व की परस्परता में,
या हमारे विचारों के समरसता में

सत्ता से जन जन के संघर्ष के प्रदाप्य में
और समाज में मानवीय व्यबहारों के अंतिम प्राप्य में
हमारे आपस के बोलने की बातों या संवादों में,
या नयी सोच से हमारी होनेवाली समाज के वास्तविक मुलाकातों में
आजादी की बुनियादें वही मिलती लोगों में जहां आपसी समझ और तरब है
कल एक अजनबी ने पूछा, ये आजादी क्या चीज़ अजब है

क्या खुद हमें आजादी मिल सकती दूसरों की गुलामी के पड़ाव पर
आजादी सदा मिलती दूसरों के आजादी से हमारे जुड़ाव पर,
दूसरों की गुलामी रखती हमें भी वैचारिक बेड़ियों में जकड़ कर
लेनी पड़ती है आजादी हर युग में सत्ता और समाज से लंबी लड़ाई लड़ कर
बंद कमरों में आजादी के मायने नहीं होते, चलो आज संघर्ष शुरू करें जमाने में सड़क पर
हम सब में बसता एक ही रब है, और वही हमारी आजादी का सबसे ऊँचा सबब है
कल एक अजनबी ने पूछा, ये आजादी क्या चीज़ अजब है

खुदा ने इंसान को इंसान के बराबर हर वक्त बनाया है
इंसान को इंसान से समाज और सत्ता ने हर वक्त अलहदा करवाया है
हमने इनसानियत के नाम पे ही आजादी को इंसान से दूर भगाया है
ऊपर वालो ने अपनी बिरादरी के लिए हर बार मज़लूमों को सताया है
हर ज़माने में गरीबों की आजादी को रकीबों ने दीवार में चुनवाया है

और जब जब आजादी की आवाजें बुलंद होती दुनिया में,
तो रहवरों नें बंदूकों ओर टैंकों को को सड़क पे लाया है
और फिर पैसे वाले वाले हाथों ने डरकर बंदूक आदमी को दिखाया है
रोज़ रोज़ सत्ता और समाज दे रहे हमारी आजादी को चुनोती, उन्हें हमारी फ़िक्र ही कबहै
कल एक अजनबी ने पूछा, ये आजादी क्या चीज़ अजब है

जुड़े हम सत्ता ओर समाज से देश के हवाले से, इसलिए हम मानते सत्ता के पाबंदी-की तामील
इस दम घूँट ने के दौर में हमें शायद चुनने होंगे अपनी नए आजादी के नए मयार और हासिल
उन्हें गर हमारे आजादी के अरमान पसंद नहीं तो हमें भी पसंद नहीं उनके हुकूमत का राहिल
अगर नहीं मिलति अब हमें और आजादी तो हमें चुनने होंगे अपने बीच से नए लोग काबिल
बदल ले वो हमसे बर्ताव और अदब, नहीं तो कल कहेंगे हम जैसे छोटे लोग बड़े बेअदब है
कल एक अजनबी ने पूछा, ये आजादी क्या चीज़ अजब है

हमारी आजादी के अब नए मायने और सायें हमें दिखते है
मजदूरों की आजादी आजकल काम और औज़ार कहलाते है
बुनकरों की आजादी उनके अपने घूमते चर्ख में पाए जाते है
किसानों की आजादी आजकल खेतों के झूमती फसलों में लहलहाते है
औरत की आजादी, उसकी समाज में सबके साथ बराबरी में कहाते है
केबल स्वतंत्रता या गणतंत्र दिवस नहीं, हर दिन आजादी का परब है
कल एक अजनबी ने पूछा, ये आजादी क्या चीज़ अजब है

कठिन शब्द

1. *लुब्ब-ए-लुबाब : मुद्दे की बात, सार, केंद्र*
2. *सार : मूल तत्त्व, निष्कर्ष*
3. *उपजीव : निर्भरता. जीवन जीने का प्रयास करना*
4. *परिपाटियों : परंपरा*
5. *अस्तित्व : 1. वजूद; होने का भाव 2. हस्ती;हैसियत 3. सत्ता; विद्यमानता; मौजूदगी; उपस्थिति अस्तित्व मिटा देना : नामोनिशान मिटा देना; न रहने देना; समाप्त कर देना*
6. *परस्परता : एक दूसरे के साथ रहने की अवस्था या भाव; आपसदारी*
7. *समरसता : 1. समरस होने का गुण या भाव 2. सामंजस्य 3. सदा एक समान रहने की स्थिति; संतुलन; समरस्य*
8. *प्रदाप्य : जब कोई चीज़ जबरदस्ती देनी पड़े*
9. *प्राप्य ; 1. जो कहीं से या किसी से प्राप्त हो सकता हो; प्राप्त करने के योग्य 2. जो मिल सके; मिलने के योग्य 3. जिस तक पहुँच हो सके; गम्य 4. जो बाकी निकलता हो और जिसे पाने का किसी को अधिकार हो*
10. *संवादों : 1. बातचीत; वार्तालाप; कथोपकथन 2. ख़बर; समाचार 3. भेजा हुआ या प्राप्त विवरण या वृतांत 4. चर्चा 5. सहमति; स्वीकृति 6. व्यवहार; मुकदमा*
11. *तरब : प्रसन्नता*
12. *रब : 1. भगवान; मालिक; परमेश्वर; ईश्वर 2. पालन-पोषण करने वाला*
13. *सबब : कारण; हेतु; वजह, के कारण; की वजह से*
14. *अलहदा ; 1. अलग; जुदा 2. ख़ास; अद्वितीय*
15. *मज़लूमों : जिसपर ज़ुल्म किया गया हो, पीड़ित; त्रस्त, सताया हुआ*
16. *पाबंदी-की तामील : रूकावट का पालन, कानून को मान लेना*
17. *मयार : सतह और स्तर*
18. *राहील : नेतृत्व, नेता, राह दिखाने वाले*
19. *सायें : परछाई*

English Translation

39. Freedom

Yesterday one stranger asked me, what is the reason behind freedom's peculiarity
He asked, What are the characteristics of our freedom, what are its content and its granularity
Response of question is not easy, as freedom is specific to us, different for each individuality
Everybody has its own essence of it, and everybody needs it as essential for their creativity
Freedom is hidden in all our wishes, even though the person might be in fetters or has inability

Freedom flows in our veins, even if man is walking on line of fire and needs dire assistance
For a hungry man, freedom can be seen in bread and fighting for life through meagre subsistence
For someone freedom can be seen in permission for traditions we follow for life's maintenance
For each of us freedom lies in our inner voice of thinking and its permitted social utterance
For some human being freedom in choosing the god they want to follow and the moral credence
Freedom is seen In mutual dependence of human's existence in community and their forbearance
Freedom is realized in the harmony of thoughts in community and our mutual patience
For freedom payment is made by common man in fighting with authority in their resistance
Freedom is also visualized as a result of human being's behaviour in society and its tolerance

Whatever content we make during conversations for others freedom, we must have sobriety
And freedom is existent the way our thought can meet the society along with its rules and reality
Foundation of freedom can be found in society, where people have mutual respect and solemnity
Yesterday one stranger asked me, what is the reason behind freedom's peculiarity

Can we get our own freedom, when others lies in their slavery?
Freedom can only be found by connecting ourselves with others freedom through bravery
Others enslavement also keeps our thought in fetters and denies us our savoury,
In every era freedom must be snatched from power and society through a prolonged drudgery
There is no meaning of fighting in closed doors, let go out and start fight in society as exemplary
Our excellence resides in god and in our inner self and, god is zenith of all our freedom's plenary

During creation of world at every opportunity God has created human beings as equal
Society and power has always separated human beings and made them colloquial
In the name of humanity only we have asked man to go away from each other's as practical
Those in power in society and community has always exploited the downtrodden for their game
In every era, leaders or society has confined the freedom of poor in wall and asphyxiated them
Whenever the voice of freedom rises in the world.
Then leader brought the guns and tanks on the road to make people a tame
Due to fear, power class has pointed the gun towards man, what a shame

Everyday power and society are always challenging poor man's freedom, and give him blame
Yesterday one stranger asked me, what is the reason behind freedom's peculiarity

We relate to power and authority for sake of our country,
we gladly follow the constraints of prohibition given by power and poverty
now we need to select our level and new leaders of freedom In this era of freedom's adversity
If power do not like our aspiration freedom, then we will also like to judge their capability
If we do not get more freedom then, we will select our qualified people as per their reliability

Let the power change their behaviour and respect towards us,
otherwise they will they will fill sorry, that small people like me do not have behavioural rationality
Yesterday one stranger asked me, what is the reason behind freedom's peculiarity

Now a day We do see new meaning and shadows of our freedom
Freedom of labourer is called tools and job-related work as solution
Freedom of weaver is included in the spinning wheel rotating motion
Freedom of farmer is found in ripen harvest in farms as true creation
Freedom of women is found in society as idea of equality as promotion
Not only independence or republic day, every moment is festival of freedom
Yesterday one stranger asked me, what is the peculiar thing called freedom

40. मेरे हबीब

मेरे हबीब अब न तुझसे बस पहले सी मुलाकतें होती हैं
फिर भी दिल से दिल की करीब से पुरानी जैसी बातें होती हैं
मेरा दिल आज भी आशना है तुझपर, रोज़ तेरी ही इबादतें होती हैं
मैं अपनी हर गुजरती साँसों में जो महसूस करता वो तेरी ही सलामतें होती हैं
हर गुज़रते वक्त में लगता मेरे हर पहलू में हर पल तेरी दुआएं और इनायतें होती हैं
आज भी मैं मुरीद हूं तेरा, मेरे जीने के अंदाज़ में तेरी बताई हुई ही रवायतें होती हैं
मेरे हबीब अब न तुझसे बस पहले सी मुलाकतें होती हैं
पहले हम कुछ न भी कहते थे तो भी तुम चुप्पियों में सारी बात समझते थे
हमारे अंदाज़ को तुम कभी गलत न लेते, और हमारे रिश्तों को कभी न परखते थे
तुम्हारी आवाज़ से हमें भी मिलती थी ताकत अपने अंदर, तभी तो हम दुनिया में कहते थे
आज भी चुनता हूं तेरी इवादत के लिए फूल हर सुबह, पहले भी तेरे लिए मेरे सज़दे थे
तेरे आँखों के समंदर में आज भी जो कुछ दिखते है उनमे पुरानी सी ही ऋचाएं होती है
मेरे हबीब अब बस तुझसे पहले सी मुलाकतें न होती है

हमदोनो एक दूसरे के इतने करीब कि तू जानता हर वक्त मेरा हाल कैसा है
हमदोनो का हाल बस हमारे जैसा, जिस हाल में तूने पहले छोड़ा था मेरा हाल बस वैसा है
आज भी गुफ्तगु होती हमारे दिलों के बीच, तो फिर छोड़ इन हालात की बातें, जैसा भी है
जब से तेरी आबिदी कर ली तेरी मैंने, भुला गया हूं जमाने को, मै नहीं सोचता मेरा हाल कैसा है
मत दूर जा आज मेरे तसव्वुर और ख्वाबों से तू, आजकल वही तेरी यादें मेरे लिए अमानतें होती है

आओ याद करें वो वक्त जब शुरू में मैंने तेरी जुस्तजू की थी
चुने थे कुछ शिरीन से गुल, और सज़दे में झुककर तेरी आरज़ू की थी
फिर सीखे थी मैंने कई नयी इल्मे, तब जाकर कहीं तेरी इवादत की वजू की थी
आज तक जाकिर हूं, पढ़ता हूं तेरे कसीदे, जब से तेरी ख़ुशबू अपने रूह में ली थी
मेरे दिल की हसरतें आज भी है तेरे लिए, बस पुरानी चार बातें न होती है
मेरे हबीब अब बस, तुझसे पहले सी मुलाकतें न होती है

कठिन शब्द

1. *हबीब : 1. दोस्त; मित्र 2. प्रेमपात्र; प्यारा*
2. *आशना : 1. दोस्त; यार 2. प्रेमी; प्रेमिका। जान-पहचान वाला; परिचित*
3. *इबादतें : बंदगी; आराधना; पूजा; उपासना; वंदना*
4. *सलामतें : 1. विपदा या हानि से बचा हुआ सुरक्षित; महफ़ूज 2. सकुशल 3. जीवित; स्वस्थ 4. पूर्ण; पूरा; अखंड कुशलतापूर्वक, जैसे- सलामत रहो*
5. *इनायतें : दया; कृपा; अनुग्रह; मेहरवानी; अहसान; उपकार*
6. *मुरीद : 1. चेला; शिष्य 2. अनुगमन करने वाला व्यक्ति 3. श्रद्धा रखने वाला व्यक्ति; अनुयायी*
7. *रवायतें : 1. परंपरा से चली आई रीति; रिवाज 2. पारंपरिक कहावत या कथा*
8. *सज़दे : 1. नमाज़ पढ़ते समय माथा टेकने की क्रिया 2. प्रणाम करना; सिर झुकाना*
9. *ऋचाएं : 1. पद्यमय अथवा गेय वेद-मंत्र 2. स्तोत्र*

10. गुफ्तगु : 1. बोलचाल; बातचीत 2. दो पक्षों में होने वाली साधारण बातें
11. आबिदी : इबादत या पूजा करने वाला; पुजारी; भक्त
12. तसव्वुर : 1. चित्त को ध्यान करके किसी को प्रत्यक्ष करना; समाधि-दर्शन 2. कल्पना 3. विचार; ख़याल; ध्यान
13. अमानतें : 1. थाती; धरोहर 2. एक निश्चित समय के लिए कोई चीज़ किसी के पास रखना; उपनिधि 3. अमीन का कार्य
14. जुस्तजू : 1. खोज; तलाश; ढूँढ़ 2. अन्वेषण
15. शिरीन : हल्का मीठा
16. सज़दे ; 1. नमाज़ पढ़ते समय माथा टेकने की क्रिया 2. प्रणाम करना; सिर झुकाना
17. आरज़ू : 1. चाहत; इच्छा; वांछा 2. विनती; अनुनय-विनय
18. वजू : नमाज़ पढ़ने से पहले शुद्धि हेतु हाथ-पाँव धोना।
19. जाकिर : 1. ज़िक्र करने वाला; चर्चा या वर्णन करने वाला 2. (इस्लाम) इमाम हुसैन की शहादत का हाल बयान करने वाला
20. हसरतें : हार्दिक इच्छा; दिली ख़्वाहिश; चाह; अरमान; लालसा

English Translation

40. My beloved

My beloved now a day we not meet like old days so easily
Even then our heart talks to each other so closely
My heart is full of your love, and I do offer my worship to you daily
In every passing breath of mine, what I feel warmth are best wishes of yours truly

In every passing moment, I feel that your blessing and kindness on my side warmly
I am still your aspirant, in my way of living I still embrace your rules and culture freely
My beloved now a day we not meet like our old days so easily

Earlier I do not use to say anything, but you use to understand everything even in my silence
Never you use to take my style wrongly and never use to judge my proven alliance
every moment I use to find your voice in me that's t why I use to talk to the world with confidence
even today every morning I pick flowers for your worship and pay my personal obeisance
earlier also I use to bow before you and offer myself due to your complete influence
in your eyes, whatever I see now also, are old psalms of holy scriptures as protuberance
My beloved now a day we not meet like our old days so easily

We are so close to each other that you know that every moment how do I feel

Both of us are like ourselves, I am the same way you left me other day to reveal

If our heart we can still talk to each other, then why should be talk of mundane reel

Since the time I have become your devotee, I have forgotten society and time's misdeal

Do not go away from my thoughts and dreams, those are the only belonging of yours for my zeal

My beloved now a day we not meet like our old days so easily

Just remember the time in beginning when I aspired for you for my own completeness

I picked up some sweet fragrant flowers, kneeled before you and offered prayers with eagerness

I learned many skill and knowledge thereafter I started my activity of your worship for togetherness

Even today I am your devotee, since the time I took your fragrance in my soul for happiness

I still have my wishes in my heart, only our old conversation did not happen for agreeableness

My beloved now a day we not meet like our old days so easily

41. मेरे देश के सत्‍ताधीशों की लोक-चेतना

मैं हर रोज़ सोचता हूं मेरे देश के सत्ताधीशों की घटती लोक-चेतना को क्या हुआ है
आज याद आ रही है देश के नियति के लिए उनकी पुरानी उद्घोषणा का क्या हुआ है
हर सुबह देश के अख़बारों में मिलती है भयाक्रांत जनता की कहानी
हर वक्त मिलती है समाचार पत्रों मे देश के सिंद्धान्तों के घटने की रवानी
आज रहबरों से मिल रही जन जन को दुत्कारें और आक्रांत रहती सबकी जिंदगानी
हर बार उपकारों से घटती जिंदगी और सम्मान मिटाती रहवरों के इनायतों की निशानी
हम तो हर बीते काल में उनसे हारें है, पर उनके हाल के जीतने का क्या हुआहै
मैं हर रोज़ सोचता हूं मेरे देश के सत्ताधीशों की घटती लोक-चेतना को क्या हुआहै

शायद देश हमसे ही है, इसलिए हमारे तिल तिल मिटने पे ये देश भी मिटता है
देश का कल भी हम हीं से है तो हमारे दर्द पे मालिकों से हमारा संबंध भी घटता है
शायद देश हम सभी से है, इसलिए किसी खास के एकाधिकार से देश भी लुटता है
शायद यह देश विरक्त नागरिकों से बना है,
इसलिए पीड़ित कल भी चुप था आज भी चुप ही रहता है
रहनुमा तो ज़माने को भूल चुके, पर उनके पुराने सत्ता विजय की राजघोषणा का क्या हुआहै
हर रोज़ सोचता हूं मेरे देश के सत्ताधीशों की घटती लोक-चेतना को क्या हुआहै

सत्ता में आगत हेतु उन्होंने संविधान को हस्तगत कर खाएं थे कसमे और वादे

और दिखाए थे हमें नए ख़्वाब, और संविधान को ज़मीन पर उतारने के अपने इरादे

पर अब तो ख़तम हो गयी सरकारी तामीरों में सब्र और सुनने को रबायतों में, जनता की फरियादें

आजकल हिल रहा है देश का सैद्धांतिक जामा और संविधान की पुरानी मूल बुनियादें

हर गली नुक्कड़ पे डरी सहमी खड़ी है भीड़, और तलवार भांज रहे है सत्ता की औलादें

हमारी बंदिशें और बेड़ियां तो युगों पुरानी, पर उनकी सत्ताधीश होने की वर्जना का क्या हुआहै

हर रोज़ सोचता हूं मेरे देश के सत्ताधीशों की घटती लोक-चेतना को क्या हुआहै

ढूंढ रहे वो आज भी हमें वादों और विवादों से दिग्भ्रमित करने के नए तरीके

आज कल कोई नया शगूफ़ा या फिर विवाद ही है, हमें ही मुर्ख बनाने के नए सलीके

भुलाने होंगे खाली हाथों को भी अब रोटी के सपने,
रोटियां आसमान में दिखतीहै, रोटियां नहीं जमीन के

पूरे तो न हुए उनके पुराने वादे, पर कहतेहै भूल जाओं उन्हें, वो तो थे चुनावों के नमी के

उनके वादे ही से ही बनी है हमारे इरादे की आस, देखे उनके पुराने इरादों की गर्जना क्या हुआहै

हर रोज़ सोचता हूं मेरे देश के सत्ताधीशों की घटती लोक-चेतना को क्या हुआहै

कठिन शब्द

1. *लोक-चेतना : जनता के बारे में चेतना*
2. *उद्घोषणा : सार्वजनिक जानकारी के लिए दी जाने वाली सूचना; सरकारी तौर पर की जाने वाली घोषणा।*
3. *भयाक्रांत : भय के द्वारा, 1. जो किसी से न हारा हो; अपराजित 2. सबसे आगे का; जिससे आगे निकलना कठिन हो 3. जो दबाया न गया हो।*
4. *रवानी : 1. प्रवाह; बहाव 2. प्रस्थान*

269

5. रहबरों : राह दिखाने वाला; मार्गदर्शक

6. इनायतों : दया; कृपा; अनुग्रह; मेहरवानी ; अहसान; उपकार

7. एकाधिकार : - वह व्यवस्था जिसमें किसी वस्तु, क्षेत्र या व्यापार पर किसी निश्चित व्यक्ति या संस्था का पूर्ण नियंत्रण हो। एकाधिपत्य

8. विरक्त : 1. जिसका जी हट गया हो; उदासीन; विमुख 2. वैराग्ययुक्त; विषयवासना, राग-रंग से दूर रहने वाला 3. राग-अनुरागरहित 4. गहरा लाल

9. आगत : 1. आया हुआ 2. उपस्थित 3. घटित 4. प्राप्त आने वाला समय; भविष्य

10. हस्तगत : 1. मिला हुआ; हासिल हुआ; हाथ में आया हुआ 2. अधिकृत।

11. सब्र : 1. संतोष; धीरज; धैर्य 2. सहनशीलता; सहन करने की क्षमता; बरदाश्त करने की क्षमता 3. तसल्ली।

12. रिवायत : 1. किसी के द्वारा कही गई बात ज्यों का त्यों कहना 2. इस्लाम में हजरत पैगंबर के मुख से सुनी हुई बात को दूसरों को उन्हीं के शब्दों में सुनाना; हदीस

13. जामा : 1. कमीज़ या कुरते की तरह का शरीर के ऊपरी भाग पर पहनने का वस्त्र; पहनावा; पोशाक 2. दूल्हे को पहनाई जाने वाली घूँट नों तक लंबी पोशाक जिसका घेरा चुन्नटदार होता

14. वर्जना : 1. निषेध; मनाही 2. किसी कार्य या बात के वर्जित होने की अवस्था या भाव; प्रतिबंध

15. दिग्भ्रमित : भटका हुआ; पथ भ्रमित

16. शगूफा : 1. मज़ाकिया बात; चुटकुला 2. अनहोनी या विलक्षण बात

17. गर्जना : 1. दहाड़; तेज़ आवाज़ 2. भीषण ध्वनि करने या होने की क्रिया

English Translation

41. Consciousness of my countries' people of authority

I am worried everyday about what has happened to citizen's consciousness of my country
I still remember today the announcement of our great leader for good fortune of my country

Every day through the morning newspapers I get the story of fearful public
Every time I get the description of obliteration of principles of this republic
Today leaders are lambasting the common people, stories resulting of way of life as cyclic
Reduction of life due to misdeed of leaders and ending of honour of life by behaviour rustic
In every era, I have been defeated by my leaders, what has happened to his recent win for recovery
Every day I think what has happened to consciousness of power authorities in this country

This country consists of all of us, so when troubles is created for us, our country is also reduced
Future of country also belongs to us, so due to our pain our relationship with owners is also disused
When someone tries to monopolize the country, country is for all, hence country is also subdued
This country consists of aloof citizens, they were silent yesterday and is silent today with excuse
Leader has forgotten the society, old proclamation of victory by them also not in active use

Every day I think what has happened to consciousness of power authorities in this country

For coming to the form, the government in this country,
Leaders have placed their hand on constitution and taken vow and made promises
They have also shown us new dreams and has promised to deploy the constitution in a better way
Now a day's patience and culture is over in bureaucratic structure
No one is listening to the common people's voice.
Moral and principle's fabric of this country is shaken along with foundation of constitution
A fearful crowd is waiting outside, and sons of power is dangling the sword for retribution
My social constrain and moral fetter are age old, what has happened to his rules and prohibition
Every day I think what has happened to consciousness of power authorities in this country

Even today they are searching for new promises and intentions to confuse us
Today also new confusion and controversy has been floated, those are means to fool us
Empty hands must forget the dream of their breads,
breads are not there on land but can be seen in sky belie us
There old promises have not been fulfilled,
now they say that forget promises as they were created during weather of election cover us
Our new hopes and intentions are based on their old promises,
let wait what has happened to their loud voice of old slogans for us
Every day I think what has happened to consciousness of power authorities in this country

42. उत्तरार्ध का सत्य

आजकल हमारे भूत और विभूत के सत्य भी अब शाश्वत नहीं रहे
देश के प्राचीन सत्य घटे युक्तार्थ में अब तथ्यों से तत्वतः नहीं रहे
पर मिथ्याओं से बने सत्य के इस देश के लोग कभी अभिमत नहीं रहे
और सत्य की विचारविहीन व्याख्या से जन जन कभी भी सहमत नहीं रहे

देश में आजकल हमारे मान्यताओं का सत्य पुनः निर्धारित हो रहा
समाज में हमारे अस्तित्व का नव-यथार्थ, दूसरों के विचार और विवेचना
पर आधारित हो रहा
समाज में वर्तमान का सत्य का रूप, काल विश्लेषण से अब पुनः
परिभाषित हो रहा
इसलिए आजकल इतिहास के पुनः निर्धारित होने पर ये समाज भी अब
विभाजित हो रहा

इस आलोचना के दौर में सत्य छुपा हुआ दिखता हमारी गर्ता के तिमिर में
मिथ्यात्व मिलता आजकल सत्य की चादर ओढ़े, समाज के विचार
मिहिर में
इस नव यथार्थ के दौर में सात्विक मान्यताएं दिख रही अब एक लघु
विवर में
उत्तरार्ध का सच दिखता आज कल हमारे देश में प्रतिरोध विहीन
अनिर में

273

धीरे धीरे समाज में इस अर्ध सत्य में अन्य विचार और पदार्थ मिल जाते
इस अर्ध-यथार्थ को विफल करने में कई वर्ष फिर व्यर्थ हो जाते
और इस सामाजिक कुत्सितता के विजल होने तक कई उत्कर्ष असमर्थ हो जाते
इनके प्रतिरोध के पूर्ण सत्य के अमल होने तक कई परामर्श के अर्थ खो जाते
जन चेतना में सच्ची अनुभूति होते तक कई छद्म सत्य के समानार्थ हो जाते

इस देश का आनेवाला कल अवश्य पूछेगा, आज के वर्तमान से लोक चेतना का सवाल
शायद उत्तर कल भी नहीं होगा, भविष्य जानेगा आज के नीतिगत मूल्यों का अकाल
आने वाला वंशज जरूर समझेगा हमारी बटीं सामाजिक प्रतिवद्धताएँ और ये वैचारिक महाजाल
चलो उच्चाटन करें इस अर्ध सत्य का आज, और शुरू करें हमारा नूतन वैचारिक प्रवाल

कठिन शब्द

1. *भूत : 1 भूतकाल 2. प्राणी; जीव 3. (व्याकरण) तीन कालों में से एक 4. वह जिसकी कोई सत्ता हो। 5. अतीत; बीता हुआ 6. वस्तुतः घटित 7. जो किसी के समान या सदृश हो चुका हो 8. जो अस्तित्व में आ चुका हो*
2. *विभूत : महान, उदय होता आदमी, शक्तिशाली*
3. *शाश्वत : 1. निरंतर; नित्य 2. सदा रहने वाला; चिरस्थायी। 1. स्वर्ग; अंतरिक्ष 2. शिव*
4. *युक्तार्थ : ध्यान देने योग्य, कुशल, अर्थ*
5. *तथ्यों : 1. यथार्थपरक बात; सच्चाई; वास्तविकता 2. किसी विशेष अवसर पर प्रस्तुत आँकड़े 3. सार; अर्थ 4. ठोस विवरण 5. हकीकत।*
6. *तत्वतः : 1. महत्वपूर्ण गुण या तत्व के विचार से 2. वस्तुतः; वास्तव में; यथार्थ रूप में*
7. *मिथ्याओं : 1. असत्य; झूठ 2. तथ्यहीन; निराधार 3. कृत्रिम; बनावटी 4. नीति के विरुद्ध*
8. *अभिमत : 1. राय; सुझाव 2. विचार; मत; सम्मति 3. इष्ट; मनचाही बात। 4. वांछित; मनोनीत 5. सम्मत; अनुमत 6. राय के मुताबिक; मनचाहा*

9. सहमत : 1. जिसका मत (विचार) दूसरे के साथ मिलता हो; जिसकी राय दूसरे से मिलती हो; एकमत; राज़ी; रज़ामंद 2. जो दूसरे के मत को ठीक मानकर उसकी पुष्टि करता हो 3. जो दूसरे के साथ वार्ता, संधि या समझौते के लिए तैयार हो

10. नव-यथार्थ : नया सत्य

11. पुनः निर्धारित : पुनः आकलन करना और तय काना

12. नव-विवेचना : फिर से जांचना परखना विभाजित

13. गर्ता : गुफा, छेद, गड्ढा

14. तिमिर : 1. अँधेरा; अंधकार 2. आँख का एक रोग 3. लोहे का मोरचा 4. एक प्रकार का पेड़

15. मिहिर : 1. सूर्य 2. चंद्रमा 3. हवा; वायु 4. बादल; मेघ

16. विवर : 1. छिद्र; बिल 2. कंदरा; गुफा; कोटर 3. गर्त; गड्ढा 4. दरार; संधि 5. ठोस वस्तु के अंदर खोखला स्थान।

17. सात्विक : 1. जिसमें सत्व गुण हो; सतोगुणी; सत्वगुण-प्रधान 2. पवित्र; निर्मल 3. वास्तविक; सत्यनिष्ठ।

18. अर्ध-यथार्थ : आधा ही 1. उचित 2. सत्य 3. जैसा होना चाहिए, ठीक वैसा।

19. कुत्सितता : 1. गंदा; घिनौना 2. अधम, नीच 3. निंदित होने का भाव

20. विजल : 1. वर्षा का न होना; सूखा 2. अवर्षण; अनावृष्टि, निर्जल; जलरहित।

21. असमर्थ : 1. अक्षम; अशक्त; दुर्बल 2. अपेक्षित शक्ति या योग्यता न रखने वाला 3. अभीष्ट अर्थ या भाव न बताने वाला, जैसे- असमर्थ पद

22. अमल : निर्मल; शुद्ध; पवित्र; साफ़; स्वच्छ,. कार्य रूप में होना प्रयोग व्यवहार 2. कार्य 3. आचरण 4. शासन 5. अधिकार 6. नशीली वस्तु। अमल में आना : कार्यरूप में परिवर्तित होना। अमल में होना : आज्ञा या आदेश का व्यवहार में आना।

23. परामर्श : 1. सलाह; युक्ति 2. निर्णय 3. (न्यायशास्त्र) पक्ष में हेतु के होने की अनुमिति; व्याप्य हेतु पक्षधर्म होना।

24. समानार्थ : 1. वे शब्द जिनका अर्थ समान हो 2. एक ही अर्थ देने वाले शब्द।

25. महाजाल : बड़ा जाल

26. प्रवाल : 1. मूँगा 2. नया कोमल पत्ता; कोंपल; कल्ला 3. वीणा, सितार आदि का लंबा दंड 4. वीणा की लकड़ी।

42. Post truth

Now a day's truth of past time and about great people are not immortal and constant
Old truth of this country has a new contemporary meaning, against the facts and truth as resistant
People of this country has never liked the facts cooked from false facts and inconstant
People has never agreed to the explanations based on thoughtless of truth as despondent

Now a day in this country, truth of our believes are being estimated for new meaning
In this society, new reality of our existence is now being built on thought of other's churning
New meaning of truth is being is defined again through a new analysis and approx. learning
That why our society is being divided based on re calibrated facts of history as new churning

In this era of criticism, truth is hiding in darkness and caves and it looks distraught
Falsification is acquiring the dress and meaning of truth, when we look at social sun of thought
In this present era of new reality, saintly values of society are losing their highly eternal clout
Post truth can be seen now a day in dried up effort to counter them in values round about

Then to defeat this half-truth, many years of present era will be just spent and spoilt
To fail and break this dark thought of present, many excellences will be incapacitated as guilt
Until the implementation of complete truth, meaning of good advice is lost as irrelevant
Until time the public get the real feel for truth, many illusions take the place of truth as rebuilt

Future of this country will ask the question of public consciousness from the present time for sure
But the answer may not be there tomorrow also, future will know about lack of morality and lure
Future generations will understand our divided commitment, prevailing fraud and thought impure
Let's hit the half-truth today and remove it,
let's continue with new thinking process and grow new soot of thoughts to ensure

43. जदिगी एक नदी

कुछ लोग यु ही कहतेहै की जिंदगी बस सांसों के सहारे पे चलती है
मैं तो कहता हूं की जिंदगी हमारे प्रयास और भविष्य के द्वारे पे पलती है

हमारे गुज़रते वक्त में लगता जिंदगी की सारी बातें यूँ ही पहले सी पुरानी है
उस बदलते दरिया की तरह जिसका साहिल तो पुराना पर, नया हर दम पानी है
धारा मे पानी की सतह नहीं बदलती पर हर वक्त उसमे नया पानी और नयी उसकी रवानी है
पानी की हर बून्द पे दरया रुका भी है और चला भी, इसी से उभरती नदी की कहानी है

वक्त के साथ नदी पहाडों से उतर कर हकीकत की बहती हुई धारा में बदलती है
जहाँ नदी की चंचलता तो काम हो जाती, पर वो गहराई में सब कुछ समाहित कर बहती है
सरिता को पत्थर मिलते हर मोड़ पर, बस नदी मुड़कर, संघर्ष कर, जुड़ कर कलकल कहती है
अगर कोई प्रपात बनता रास्ते में तो नदी गिरती है,
जुड़ती है और फिर संभल, कर आगे निकलती है
कुछ लोग अगर प्रवाहित करते गर अवशिष्ट नदी में,
तो नदी वो भी संग्रह कर समाकलित कर चलती है
नदी की धारा को ये धरा कभी सीधा रास्ता नहीं देती
तो नदी चिरंतन संघर्ष कर अपने पथ पर फैलती है

कभी कभी तो रूकाबटें इतनी बढ़ती की नदी अपने पथ को एक वलय में ढलती है
अगर रोकते बड़े पाषाण उसके बहाव को, तो नदी क्षण भर ठहर कर प्रलय में बदलती है
फिर फैलाती अपने कूल की सीमाएं और, क्रोधित होकर जन जीवन को अलय करती है
पर ढूंढती अपने में समाहित जल का रास्ता स्वयं और
अंततः उनका लक्ष्य से प्रयास द्वारा विलय करती है
इन मुसीबतों से टूटती उखड़ती साँसों के दौर में भी नदी समाहित जल का महालय रहती है

जल की बूँदे पत्थरों पर गिर कर उठती और कोशिश करती बार बार छूने को आकाश
नदी संजोती अपनी बूंदों को एकता के सूत्र में और देती उन्हें उत्कृष्टता का उच्चतम प्रयास
पथ पर पड़े पत्थर से टकरा कर भी बूँदे बार बार करती रहती अपने उठने का प्रयास
आओ चलो ग्रहण करें नदी से इस संदेश को, कि अपने जीवन के लक्ष्य के लिए करें अथक प्रयास

मैं पुनः कहता हूं नदी अपने जुड़ने की आत्म शक्ति और सम्बद्धता के आसरे पे चलती है
कुछ लोग शायद यूँ ही कहते है की जिंदगी बस साँसों के सहारे पे चलती है

कठिन शब्द

1. *साहिल : नदी या समुद्र का तट; किनारा; कूल*
2. *हकीकत : 1. वास्तविकता; यथार्थता; सच्चाई; सत्यता; असलियत 2. सूफ़ी मार्ग की वह मंज़िल जहाँ साधक को परमात्मा के वास्तविक स्वरूप का ज्ञान हो जाताहै और साधक उसके साथ एकत्व का अनुभव करताहै*
3. *समाहित : 1. एकत्र किया हुआ; संगृहीत 2. तय किया हुआ; निश्चित 3. समाप्त 4. स्वीकृत*
4. *सरिता : 1. नदी 2. जल की धारा या प्रवाह*
5. *कलकल : 1. कलकल की आवाज़ होना 2. शरीर में गरमी की अनुभूति होना*

6. प्रपात : 1. झरना; ऊँचे स्थान से गिरने वाला जलप्रवाह 2. एकबारगी और बहुत तेज़ी से ऊपर से नीचे आना या गिरना 3. एक प्रकार की उड़ान 4. आकस्मिक आक्रमण 5. किनारा; तट
7. अवशिष्ट : 1. शेष; बचा हुआ; अवशेष 2. फ़ाज़िल; अतिरिक्त
8. समाकलित : 1. एक ही तरह की इकट्ठी की गई अनेक वस्तुओं का मिलान करके उनकी व्यवस्था या क्रम देखना; आशोधन; समाशोधन 2. किसी से रकम प्राप्त करके उसके खाते में जमा में लिखना; (क्रेडिट) 3. विनिमय; अदलाबदली
9. चिरंतन : 1. बहुत दिनों से चला आने वाला; पुरातन 2. प्राचीन; पुराना।
10. वलय : 1. गोल घेरा; मंडल 2. वृत्त की परिधि 3. कंगन; छल्ला; चूड़ी 4. शाखा
11. प्रलय : 1. सृष्टि का अपने मूल कारण प्रकृति में सर्वथा लीन हो जाना; सृष्टि का सर्वनाश; जगत के नाना रूपों का प्रकृति में लीन होकर मिट जाना 2. भयंकर नाश या बरबादी; विलीनता; अंत; विश्व का नाश; विनाश; व्यापक संहार 3. मृत्यु; मौत।
12. कूल : तालाब या नदी का किनारा; तट; छोड़
13. समाहित : 1. एकत्र किया हुआ; संगृहीत 2. तय किया हुआ; निश्चित 3. समाप्त 4. स्वीकृत
14. विलय : 1. किसी पदार्थ का पानी में घुलकर लीन हो जाना; विलीन होना; घुल जाना 2. किसी छोटे राज्य या दल आदि का बड़े राज्य या दल आदि में मिलना 3. प्रलय; सृष्टि का नाश 4. मृत्यु।
15. महालय : 1. महाप्रलय 2. पितृपक्ष 3. तीर्थस्थान
16. आसरा : 1. उम्मीद; आस; आशा 2. सहारा; अवलंब 3. शरण 4. सहायक 5. आश्रय; आधार
17. उत्कृष्टता : उत्कृष्ट होने की अवस्था, गुण या भाव; अच्छापन; बड़प्पन।
18. अथक : बिना थके हुए
19. सम्बद्धता : जुड़ाव

English Translation

43. Life as a river

Some people just say just like that life moves on breath that we have
But I say that life survives on the door of effort and hopes for the future we have

In our passing phase of life every time we feel that everything of life is same old as in past
This is like changing river whose bank are same, water content changing arrangement surpassed
In the flow of water, level does not change, but every time there is new water that does not last.
On every drop of water, the river has stopped, as well as its moving, that gives rise to the story of river along time and place contrast

With the passing of time river comes out of mountains
, and faces the surface of reality after descending and flows on
Then the turbulence of river comes down, but in-depth river integrates everyone and moves on
Flowing water faces the rocks at every post of flow, but rives turns back fights and marches on
If some spring is created in the path of river, then river aggregates itself and carefully goes on
If some people drop their residue and waster in river, all that is accepted and it flows on
This earth also never gives a straight path to the river, then river expands through fight on

Sometimes the blocks in river grows so big, that river makes a rounded curve in its path of inflow
If some big boulder or rock tries to stop the flow of river,

it stops but turns in a cataclysmic disaster break and grow
Then river expands the boundaries of its banks,
get angry and breaks the synchronization of life around itself with a
blow
But river always finds the path for water contained in it,
and finally integrates that water with the desired target of water and
show
When the breath of the river is broken by trouble,
river continues to be abode of the water contained that flow

When the droplet of water falls on stone, it rises again and tries its best
to touch sky against gravity
River also aggregates its droplet in their unity,
provides them with the maximum effort for excellence against
adversity
Even though droplet of water continues to pound the stone, but never
lose their unity
Let us inculcate in us this message from river, to reach the target of
life let strive continuity
I want to say it again that river moves based on power of self-integration
and faith
Some people say just like that the life moves based only on whatever
we take in as breath

44. युक्लप्टिस का पेड़

मैं तुम्हारे सामने खड़ा यूकलिप्टस का लंबा पेड़ हूं यहीं मेरे परिचय का सन्दर्भ है
मैं इस आरण्यक का सबसे ऊंचा पेड़ हूं और इस बात का मुझे आज गर्व है

आज मैं तुम्हें बताना चाहता हूं की इसी धरा पर इतनी जल्दी कैसे बड़ा हुआ हूं
पी कर आसपास के धरती का लवण पर अपनी बढ़ने की लगन से खड़ा हुआ हूं
बंज़र बन गयी मेरी सृजन की जननी, पर अब न मैं अपनी जनयित्री से जुड़ा हुआ हूं
स्वयं मानित हूं मैं, आज सम्मानित हूं, ओर प्रमाणित हूं मैं, इसी बात का मुझे दर्प है
मैं तुम्हारे सामने खड़ा यूकलिप्टस का लंबा पेड़ हूं यहीं मेरे परिचय का सन्दर्भ है

मुझे मेरे गुजरें वक्त के यादों, बातों और इरादों में कोई रूचि नहीं है
जीता हूं हर वक्त नयी लोगों के साथ मेरी पुरानी मित्रों की कोई सूचि नहीं है
देखों मेरे जीने के नए अंदाज़ को और कुछ सीखो तुममे कोई अभिरुचि नहीं है

क्यों दस्तक देते हो बार बार मेरे दरवाजे पे जबकि तुम्हारे व्यक्तित्व में कोई सुरुचि नहीं है
तुमसे जुड़ी बात अब याद नहीं मुझे, जैसे विस्मृति की धरा में समाहित होता प्रदर्प है
मैं तुम्हारे सामने खड़ा यूकलिप्टस का लंबा पेड़ हूं यहीं मेरे परिचय का सन्दर्भ है
मैं इस आरण्यक का सबसे ऊंचा पेड़ हूं और इस बात का मुझे गर्व है

मैं मिलता हूं अपनी जिंदगी में रोज़ रोज़ नए दोस्तों से, पुराने मित्रों को छोड़ कर
मिलते नए लोग आजकल रास्तों में चलते चलते, विछड़ जाने को आगे के मोड़ पर
एक सुझाव है जिंदगी में आगे बढ़ने के लिए, झुको मालिकों के सामने हाथ जोड़ कर
केबल मेहनत से काम होता तो तुम भी बढ़ सकते थे, आओ आगे बढ़ो हमारे जैसों से गठजोड़ कर
देखो मेरी फैली शाखांए और आसमान में शिरसित मेरा शिखर जिस पर मुझे आज संदर्प है
मैं तुम्हारे सामने खड़ा यूकलिप्टस का लंबा पेड़ हूं यहीं मेरे परिचय का सन्दर्भ है
मैं इस आरण्यक का सबसे ऊंचा पेड़ हूं और इस बात का मुझे गर्व है

मेरे पत्ते भी छोटे होतेहै जो रोकते है अनावश्यक जल का वाष्पण
मै अपनी चीज़ संजोग कर रखता हूं, इससे दूसरों को चाहे हो जाए घूँटन
मुझे सारे सम्बन्ध नहीं, आता है तो आये पुराने संबंधों में विघटन
मेरी शाखांए धरा को छूकर रिश्तों के पेड़ नहीं उगाती, यहीं है मेरा प्रचलन
मुझे ज़रुरत सिर्फ विशिष्ट जनों की, इसलिए छोड़ा पुराने संदर्भों का सर्व है
मैं तुम्हारे सामने खड़ा यूकलिप्टस का लंबा पेड़ हूं यहीं मेरे परिचय का सन्दर्भ है
मैं इस आरण्यक का सबसे ऊंचा पेड़ हूं और इस बात का मुझे गर्व है

कठिन शब्द

1. *आरण्यक :. जंगली; बनैला; जंगल में उत्पन्न 2. अरण्य संबंधी, अरण्य का। 3. वनवासी 4. जंगल के प्राणी 5. वेदों का एक भाग जिसमें वानप्रस्थों के कृत्यों का विवरणहै*

2. सन्दर्भ : 1. रचना; बनावट 2. वह वर्णित प्रसंग, विषय आदि जिसका उल्लेख हो; 3. वह परिस्थिति जिसमें कोई घटना घटी हो 4. किसी पुस्तक या ग्रंथ में उल्लिखित वे बातें जिनका उपयोग जानकारी बढ़ाने के लिए किया गया हो।
3. जननी : 1. जन्म देने वाली स्त्री; उत्पन्न करने वाली; माँ; माता 2. दया; कृपा 3. चमगादड़ 4. जूही नामक लता 5. मजीठ 6. कुटकी 7. जटामासी 8. पपड़ी
4. जनयित्री : 1. माता; माँ 2. वह जो किसी को जन्म दे; जननी
5. दर्प : अहंकार; घमंड; गर्व; मन का एक भाव जिसके कारण व्यक्ति दूसरों को कुछ न समझे; अक्खड़पन।
6. अभिरुचि : 1. चाह; पसंद 2. झुकाव; रुझान 3. शौक 4. विशेष रुचि 5. यश, कीर्ति आदि की अभिलाषा।
7. सुरुचि : 1. परिष्कृत अथवा नागर रुचि 2. प्रसन्नता
8. प्रदर्प : अति अहंकार; प्रचंड अभिमान; अत्यधिक घमंड।
9. शिरसित : उच्च स्थान पर
10. वाष्पण : ताप की सहायता से किसी तरल या द्रव पदार्थ को वाष्प में परिणत कर देना
11. विघटन : 1. विघटित होना या करना 2. अलग करना 3. तोड़ना 4. छिन्न-भिन्न हो जाना 5. नाश; बरबादी।
12. सर्व : 1. समस्त; सब; सारा; संपूर्ण; कुल 2. आदि से अंत तक; शुरू से आख़िर तक 3. सृष्टीय; वैश्विक

44. The tree of Eucalyptus

I am the long-standing tree of Eucalyptus before you, that is the reference of my introduction
I am the tallest tree of this forest and that is a matter of haughtiness as creation

Today I want to tell you, how I have grown so quickly on this earth as known
I have grown after consuming the mineral of the ground earth, but urges and passion of my own
The mother who gave me birth has turned barren, and my connection with her are now torn
I have value society, I am a reference now, proven in society, I am proud of myself as icon
I am the long-standing tree of Eucalyptus before you, that is the reference of my introduction

I do not remember the past time, memories, event and intentions of mine
I live in every moment of new time and do not have an old friend's list of mine
Look at me and my new style, as you do not have good manner and shine
Why you knock on my door repeatedly, you do not have a good personality of thine
I don't remember the matter associated with you, as forgetfulness has the pride as line
I am the long-standing tree of Eucalyptus before you, that is the reference of my introduction

Daily I meet with my new set of friends after leaving my old friends then and there

Now a day's people meet on road just like that, latter not to take care for each other

I have a suggestion for you to grow, offer yourself to powerful in a platter

No one can grow just by labour, if you must grow let us collaborate

Look at the spread branches and towering head in sky, I feed proud of it rather

I am the long-standing tree of Eucalyptus before you, that is the reference of my introduction

My leaves are mall, that helps me in avoiding the evaporation of water

I keep my things with care, even though that suffocates many other

I do not want to carry relationship, I might decompose them rather

When my branches touches ground, they do not sprout new relationship further

I need only special people in my life, I have left the small things of my life all together

I am the long-standing tree of Eucalyptus before you, that is the reference of my introduction

45. बकि हुए आवाज़

रहवरों को सिर्फ कहने और कहलाने की आदतहै, सुनने की नहीं है
साहिब लोग समझते है हमें झुकने और टूटने की आदत है कहने की
नहीं है

इसलिए वो बार बार कहतेहै और मैं सुनता हूं, कहने पे उनकी इवादत
भी करता हूं
उन्हें जब लगता है उनके इल्म की की दाढ़ियां बढ़ गयी है तो उनकी
हजामत भी करता हूं
हमने उनके पास रखा है गिरवी अपना जमीर जब से, तो आजकल
उनकी इनायत भी लेता हूं
हमने पढ़े है ज़माने में उनके लिए कई कसीदे, तो आजकल उनके इमदाद
के रिवायत भी लेता हूं
हमारे रहनुमाओं को हमारे ख़्वाब चुनने की आदत है, बातें कर कतरा
कतरा बुनने की नहीं है
रहवरों को सिर्फ कहने और कहलाने की आदतहै, सुनने की नहीं है

वो हमारी रहनुमाई का दावा कर रहे हम उन्हें समझदारी कैसे समझाएं
जमीर तो उन्हें पहले ही दे दिया था अब क्या उनके लिए उनके नाम
कि दुकान लगाएं

उनके लिए तोडा था अपना सच्चाई का वादा, अब क्या ज़माने में उनके हमशक्ल कहलाएं
अब हमें अंदर से मंज़ूर नहीं था उनका साथ, शायद बाद में जमानें में हम बे-अक्ल कहलाएं
रकीबों को सिर्फ सभी से खेलने की आदतहै, दिल मिलाने की नहीं है
रहवरों को सिर्फ कहने और कहलाने की आदतहै, सुनने की नहीं है

पीछे मुड कर देखता हूं अपने जिंदगी का वो मनहूस मुकाम, जब उनसे हाथ मिलाया था
कितना जोर था उनके हीरे मोती और सिक्कों की खनक का जो अपना पढ़ा सबक भुलाया था
पता नहीं उन्होंने कौन सी जड़ी बूटी पिला कर, हमें खुद के लिए उन्हों ने मुकम्मल बनाया था
उस दिन जो बाजार में बिका था वो मेरा मोहसिन जमाल तो नहीं, बस मेरा बाहरी नुमायाँ था
पेशवाओं की सिर्फ हमें खरीदने की आदत है, हमें बनाने की नहीं है
रहवरों को सिर्फ कहने और कहलाने की आदतहै, सुनने की नहीं है

अब इंतिहा हो गयीहै मेरे भी सब्र की, मैं कूदना चाहता हूं देश के इत्तिहाद की के नदी में
देखें कब तक रोकती है रोटियों की ललक, मेरे जिद्दोजहद को इस जिंदगी की यदि में
बाहर बारिश हो रही है, अब बहने लगाहै मेरे भी विचारों का पानी, इस नयी सदी में
अब नहीं मानूँगा उनकी रहबरी, खुदा से ही मांगूंगा सब कुछ, ढूंढूंगा खुद ही में
जब से उन्होंने मेरे नए तेवर देखे हैं तो आजकल उन्हें नए चेहरों की तलाश है,
उन्हें आदत लोगों को पहचानने की आज भी नहीं है
रहवरों को सिर्फ कहने और कहलाने की आदतहै, सुनने की नहींहै

कठिन शब्द

1. *रहवरों : राह दिखाने वाला; मार्गदर्शक*
2. *इवादत : बंदगी; आराधना; पूजा; उपासना; वंदना*
3. *इल्म : जानकारी; ज्ञान; विद्या*

4. हजामत : 1. बाल-दाढ़ी आदि बनाने का काम 2. क्षौर 3. सफ़ाई 4. दुर्दशा हजामत बनना :पिटाई होना। हजामत बनाना :बाल काटना। हजामत करना : ठग लेना
5. जमीर : 1. अंतरात्मा; अंतःकरण; मन; दिल 2. सर्वनाम (व्याकरण) 3. विवेक
6. इनायत : दया; कृपा; अनुग्रह; मेहरवानी ; अहसान; उपकार
7. कसीदे : उर्दू या फ़ारसी की क्रमिक रूप से सत्रह चरणों वाली कविता या गज़ल जिसमें किसी की प्रशंसा, निंदा अथवा उपदेश का भाव हो 1. खिंचा हुआ; आकृष्ट 2. अप्रसन्न
8. रिवायत : 1. किसी के द्वारा कही गई बात ज्यों की त्यों कहना 2. इस्लाम में हजरत पैगंबर के मुख से सुनी हुई बात को दूसरों को उन्हीं के शब्दों में सुनाना; हदीस।
9. रहनुमाई : 1. नेता या नायक का कार्य; नेतृत्व; अगुवाई; 2. राह दिखाने का काम; पथप्रदर्शन।
10. रकीबों : प्रेमिका का दूसरा प्रेमी; प्रेम क्षेत्र का प्रतिद्वंद्वी
11. मनहूस : 1. अशुभ; बुरा; अनिष्ट 2. बदकिस्मत; अभागा 3. देखने में कुरूप और अप्रिय 3. सदा दुखी 4. जिसमें चमक-दमक आदि न हो; श्रीहीन
12. खनक : 1. चूहा 2. ज़मीन खोदने का काम करने वाला व्यक्ति 3. खान खोदने वाला मज़दूर। धातुओं या बरतनों के आपस में टकराने से होने वाली ध्वनि।
13. सबक : 1. पाठ 2. शिक्षा; उपदेश; सीख; नसीहत 3. अनुभव 4. चेतावनी के साथ मिलने वाला दंड। सबक सिखाना : दंड देना
14. मोहसिन : उपकार करने वाला; अहसान करने वाला
15. जमाल : 1. ख़ूबसूरती; सौंदर्य 2. बहुत सुंदर रूप 3. शोभा 4. छवि 5. माधुर्य 6. ऐश्वर्य।
16. नुमायाँ : 1. जो स्पष्ट दिखाई देता हो; ज़ाहिर; व्यक्त; प्रकट 2. बड़ा; प्रधान।
17. पेशवाओं : 1. सरदार; नेता 2. मराठों के प्रधान मंत्रियों की उपाधि
18. इंतिहा : सीमा
19. इतेहाद : एकता, मिलान, गहरी मित्रता, संधि, मिला हुआ, संगठित
20. जिद्दोजहद : अंतर्द्वंद, संघर्ष
21. तेवर : क्रोधयुक्त भाव; त्योरी 2. भृकुटि; भौंह 3. देखने का ढंग; दृष्टिकोण; नज़रिया 4. तिरछी नजर।

English Translation

45. Sold out voices

Our leaders only have the habit of saying and becoming renowned, but not want to listen
Authorities of society feel we should bow before them, not speak in front of them as disposition

That why they always speak and I listen, when they ask me I also start worshipping them as icon
When they think their knowledge has grown up, I give a criticism of their knowledge to rely on
Since the time, I have mortgaged by consciousness to them, I take their given gifts as right on
I have read many songs of ode for them in society, so I take or accept their presents as my live on
Our leader wants to pick up our dreams, not used to weaving my dreams our discussion to write on
Our leaders only have the habit of saying and becoming renowned, but not to listen

When he is claiming to be my leader, how can I give him understanding of his lack of knowledge
I have already given him my consciousness, should I open a shop with his name as show of bondage
For them I have broken my promise of truth, should I start looking like him in society as arbitrage
I internally never liked his company and favours, perhaps I will be called dumb in society for cliché
Our leaders want to play with us, they do not want to bring their heart closer to ours as passé
Our leaders only have the habit of saying and becoming renowned, but not to listen

When I turn back in my life and look at the sad moment when I shook his hand with friendship
What a percussion sounds of pearls, diamond and coins, that I forgot my learnt lesson intrinsic
I don't know what potion of roots and herb he made me drink,
that transformed me and made me complete for his apprenticeship
The personality which had sold his consciousness in market that day, was not my inner self, rather it was only external manifestation of mine for kinship
Our leader only believes in purchasing us, not to construct us in craftmanship
Our leaders only have the habit of saying and becoming renowned, but not to listen

Extremes of my patience has been surpassed, I want to jump into river of unity for my country
But let's see how far my need for bread stops me, in this fight of life along with its ifs for continuity
Now the downpour of rains is happening outside, water of thoughts is flowing inside with curiosity
Now I will not take their leadership and I will request everything to my god,
and search for new capability in myself only until eternity
Now a day he is looking for new faces,
he still does not have the habit of recognizing people by their name and chastity
Our leaders only have the habit of saying and becoming renowned, but not to listen

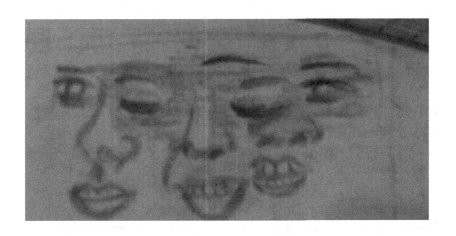

46. संदेह में आत्म अवलोकन

जीवन में अधिकाधिकता की प्रत्याशा क्यों हम सब में पलती है
कुछ दान से पहले प्राप्ति की आशा क्यों हम सब में बसती है
अन्यों से प्रशंसा की आशंसा क्यों हमारे अंदर हर दम फलती है
हमारे अंदर ईर्ष्या और द्वेष की भाषा कहाँ कहाँ न छिपी रहतीहै

क्या हम इतने कमज़ोर आत्मविश्वास में, कि अनुभूति के लिए प्रतीक्षारत गैरों के शब्दों का
या शायद अब मिट गया है हमारा ही विश्वास बदलाव के लिए अपने निज के प्रारब्धों का
क्यों केबल उत्कर्ष के लिए समर्पण सत्य होता, क्यों नहीं है भूमिका प्रयास के महत्बों का
अन्यों के शब्द तो किन्तु परन्तु आधारित होते, शायद हममे ही हो कमी कहीं कुछ तत्वों का

जीवन की परमता तो होती हर युग काल में ईश में उद्धारित
प्राप्ति के लिए प्रयास अनिवार्य ही है पर प्रतिफल सर्वदा परिस्थिति आधारित
प्रशंसा की चाह उन मानवों को जिनके लक्ष्य में होता शायद संदेह समाहित
हमारी आतंरिक ईर्ष्या और द्वेष तो हमेशा होते आतंरिक कुत्सितता से ही प्रभावित

शायद मानव जीवन के विभव के साथ भी रहते हमारे अंदर कुछ पुराने दानवी अवशिष्ट
शायद प्राचीन विष और अमृत मंथन में हो गए थे, मानव में कुछ विष कण भी तब प्रविष्ट
सांस्कृतिक उद्विकास के होते हुए भी मानव अब तक छोड़ न पाया रीति रिवाज़ अशिष्ट
आज भी हमारे पुराना गुहा भाव ही कर रहे वर्तमान के सामाजिक संचरना को अरिष्ट

आज भी मानव के नाखून युग काल के विकास के बाद भी बढ़ रहे है
शिक्षा और सांस्कृतिक विकास के बाद भी स्याह स्पृहा मानवता को जकड़ रहे है
हथियार बढ़ रहे, आपसी रिश्ते बिगड़ रहे और विश्वास के पैर उखड रहे है
संस्कार, प्रवचन और ज्ञान के होते हुए भी लोग खुद पे ही अकड़ रहे है

शायद इस सामाजिक विस्तारण में तीर्थंकर के अहिंसा ज्ञान को जोड़ने की जरूरत
शायद आलस्य वत मानवता को उत्कृष्टता के लिए शमी प्रयाण की जरूररत
शंकाओं को मिटाने के हर काल में उपयुक्त अद्यानुतन भक्ति ज्ञान की जरूरत
लेकिन पहले मानवता को स्व परिपूर्ण के लिए हर काल में होती आत्मन ज्ञान की ज़रुरत

कठिन शब्द

1. *अधिकाधिक : अधिक से अधिक; ज़्यादा से ज़्यादा, जैसे- रैली में अधिकाधिक संख्या में आइए*
2. *प्रत्याशा : 1. आशा; उम्मीद; भरोसा 2. अधीरता से प्रतीक्षा; बेचैनी से इंतजार; उत्कंठा 3. होने, मिलने आदि की संभावना।*
3. *आशंसा : 1. इच्छा 2. आशा 3. प्रशंसा 4. अपेक्षा 5. चर्चा 6. कथन*
4. *अनुभूति : 1. अहसास; संवेदना; अनुभव 2. न्याय-शास्त्र के अनुसार अनुमिति, उपमिति, शब्दबोध और प्रत्यक्ष द्वारा प्राप्त ज्ञान।*

5. प्रारब्धों : 1. भाग्य; नियति 2. पूर्वजन्म या पूर्वकाल में किए हुए अच्छे और बुरे वे कर्म जिनका वर्तमान में फल भोगा जा रहा हो 3. उक्त कर्मों का फल भोग।
6. परमता : वह जो मुख्य या सर्वोच्च हो। 1. उच्च; उत्कृष्ट; श्रेष्ठ 2. अत्यधिक; सबसे बढ़कर 3. प्रधान; मुख्य।
7. उद्गारित : 1. भले विचार या भाव; भाव-विह्लता में अभिव्यक्त बात; आंतरिक भावों की अभिव्यक्ति 2. आधिक्य; बाढ़।
8. प्रतिफल : 1. किसी कार्य का परिणाम 2. प्रतिबिंब; प्रतिच्छाया 3. किसी कार्य के बदले मिलने वाला पुरस्कार 4. वह जो बदले में दिया जाए 5. किसी कार्य का प्रतिकार।
9. कुत्सितता : 1. गंदा; घिनौना 2. अधम, नीच 3. निंदित
10. विभव : ऐश्वर्य; शक्ति; धन-दौलत; संपत्ति; वैभव
11. अवशिष्ट : 1. शेष; बचा हुआ; अवशेष 2. फ़ाज़िल; अतिरिक्त
12. उद्विकास : विकास और जैविक विकास
13. अरिष्ट : 1. आपत्ति; विपत्ति 2. अशुभ या अमंगलकारी लक्षण 3. दुर्भाग्य 4. कष्ट 5. अनिष्ट ग्रह या ग्रहयोग 6. भूकंप आदि प्राकृतिक उत्पात 7. औषधियों के मादक अर्क। 1. अविनाशी 2. निरापद 3. अशुभ।
14. अशिष्ट : 1. असभ्य 2. बेहूदा; उजड्ड 3. अविनीत 4. मगरूर; घमंडी
15. गुहाः : 1. माँद; गुफा; खोह; कंदरा 2. चोरों के छिपकर रहने की जगह 3. अंतःकरण 4. बुद्धि 5. शालपर्णी
16. प्रशिष्ट : 1. शासित; अच्छा शासन 2. आज्ञप्त; आदिष्ट; आदेश
17. प्रविष्टि : 1. जिसका प्रवेश हो चुका हो; जो प्रवेश कर चुका हो; जिसे दाख़िला मिला हो 2. अंदर गया हुआ; घुसा हुआ
18. विस्तारण : बढ़ाबा देना, फैलाना
19. तीर्थंकर : जैन समाज का साधु
20. शमी : 1. एक प्रकार का विशेष वृक्ष जिसकी लकड़ी को रगड़ने पर आग निकलतीहै 2. एक प्रकार का पवित्र वृक्ष; सफ़ेद कीकर 3. शिंबा 4. बागुजी। 5. आत्मसंयमी 6. शांत।
21. प्रयाण : 1. प्रस्थान; अभियान; कहीं जाने के लिए यात्रा आरंभ करना; कूच 2. यात्रा; सफ़र; विशेषतः सैनिक यात्रा 3. उक्त अवसर पर बजाया जाने वाला नगाड़ा 4. मरकर किसी अन्य लोक में जाना
22. अद्यानुतन : पुराना और नया
23. आत्मनज्ञान : खुद को जानना

46. Introspection when in doubt

Why we have the hope for excess of every things in our life to gather
Why we think of receipt even before contributing that resides inside rather
Why the need for recommendation or praise, always originates inside in splatter
Why the language of jealousy and ill-feelings hides inside ourselves as blather

Are we so weak in self-confidence, that we wait for others word to realize our value?
Or we have lost the confidence on ourselves and our efforts to change the situation anew
Why the complete commitment is necessary for excellence, what is role for effort in this view
Word of others are always based on but's and if's, perhaps we only lack some element in review

Zenith of excellence is always defined and explained in society as God,
To get the results effort is necessary, but fruits of results depend on circumstances for nod
Only those persons wait for praise those who has doubt on themselves and walk with plod
Our internal jealousy and ill-feelings are always effected by internal bad personality of us as trod

Even after so much rise of humanity, some residue of monstrous tendencies resides inside
In the old churning of sea for poison and nectar separation, some drops of poison entered inside

Even with the rise of culture, human beings are not able to foil uncultured customs & conventions
Even today the dark emotion of past is shaping to new social structure of society with intervention

Now also the nails of human being are growing despite the extension of culture in the world
Even with the development of education the dark hidden in feeling is putting us on whirled
Arms are increasing in society; our relations are getting dwindled and faith is being curled
Even with cultured behaviour, knowledge and words of great people, haughtiness is being hurled

perhaps we need to include the knowledge of non-violence given by Tirthankara
perhaps lazy humanity needs to do a focussed untiring effort for excellence towards our maker
in every era to remove the doubts of people. definition of devotion and greatness needs make over
but before all that to make human being perfect, we need the introspection of ourselves as anchor

47. जहर

आओ अब कुछ जहरों की बात करें
वो नहीं जिन्हें मृत्यु पूर्व गले से नीचे उतारना होता हैं
बल्कि वो जो हवाओं से हमारी नसों में आ जाते हैं
और तब हमारे चेहरे का रंग पीला कर जाते हैं
फिर चुपके से हमारे हाथों में कहीं से पत्थर आ जाते हैं

और पत्थर पकड़ाने वाले हाथ मुहँ छिपा हमसे फिर दूर खिसक जाते हैं
आजकल तो पत्थर पकड़ाने आजकल हमें इतिहास भी समझाते हैं
दिन के उजालों में तो ये हाथ लोगों में आजकल देशप्रेम जगातें हैं
पर शाम होते ही उनके हांथो के छुपे हुए लम्बे नाखून निकल आतें हैं
और फिर उनकी जन सिद्धान्तों की प्रतिबद्धताये भी बदल जाते हैं
कुछ हिंसा भरे रातों में अपने जुनून के लिए ये लोग वहशी भी बन जाते हैं

कुछ देर बाद नेपथ्य से कुछ टूटने की आवाज़ आती है
चटाक ..... चटाक......
केबल वो ही नहीं टूटता जो आँखों को वक्त के पशमंजर दिखातीं है
टूटता है वो बंधन जो आम आदमी को सर फूटने वाले आदमी के साथ जोड़ती है
और जो दोनोंइन्सानों के बीच दिन के उजाले में भाईचारा कहलाती है

तब ये पत्थर पकड़ाने वाले हाथ, गैरों का सर फूटता देखकर खुश हो रहे होते हैं
या किसी सभा या भाषण के बाद गांधी और नेहरू के बुतों पे ये लोग, उसी हांथो से माला चढ़ा रहे होते हैं
या आम लोगों को पत्थर बाँटने हेतु अपने स्याह चेहरों में ईशा और बुद्ध के मंदिरों के पीछे छुपे होते हैं
और रोज़ कि तरह आम लोग खुद को बचाने के लिए, तथ्यहीन बातों पे आपस में लड़ रहे होते हैं

कठिन शब्द

1. *प्रतिबद्धताये : किसी ख़ास उद्देश्य, मतवाद आदि से संबद्ध होने की संकल्पबद्धता; वचनबद्धता*
2. *जुनून : 1. पागलपन; उन्माद; विक्षिप्तता 2. नशा; लगन।*
3. *वहशी : 1. जंगली; असभ्य 2. जंगल में रहने वाला; वन्य 3. जो अभद्र तथा असंस्कृत हो; उजड्ड 4. बर्बर।*
4. *नेपथ्य : 1. रंगमंच के पर्दे के पीछे का स्थान; रंगमंच के पीछे का वह भाग जहाँ अभिनय करने वाले शृंगार और रूप धारण करतेहै 2. अभिनय करने वालों की वेशभूषा 3. परिधान; भूषण*
5. *पशमंजर : पृष्ठभूमि*
6. *बुतों : 1. मूर्ति; प्रतिमा; प्रतिकृति 2. वह मूर्ति जिसकी पूजा होतीहै; देवमूर्ति 3. नायिका; प्रेमिका (गीत या ग़ज़ल आदि में प्रयुक्त) 4. मूर्ति की तरह मौन और निश्चल 4. मूर्ख 3. नशे में लिप्त।*

English Translation

47. Poison

Come let's talk about the poison
Not the ones that you must gulp in neck for causing death
One which comes to your veins from air
And then your face turns pale and loose breath
Somehow you find that someone has kept stone in our hands as prey
And hands which provides you the stone has silently goes away
Now a day, hand that provides stone to us teaches also our history of our existence

After some time, a voice emerges from the background of breaking sound and resistance
It's just not the breaking of what you emerge from back ground
But it is breakdown of relationship of a common with the person whose head gets broken
And this thing in the light of day along with humanity is called brotherhood that get shaken
Then these hands which provides stone feels happy after seeing the heads as falling apart
Or, these hands are offering garland to statues Gandhi and Nehru with same hand and depart
Or for purpose of distributing stone these hands are hiding behind the temples of buddha and Christ
And like every other day, the common people will continue to fight which each other as their tryst

48. हसि और प्रतहिंसि

आज फिर कुछ लोग अंतहीन हिंसा कि वेदी पर बलि चढ़ गए
निज अर्पण से वे लोग हिंसा के विरुद्ध अपना शौर्य मढ़ गए
अपने जीवन की पूर्णाहुति देकर वो हमारे और देश की सुरक्षा गढ़ गए
कल जमाना उन्हें जरूर शहीद कहेगा, जिस तरह वो मृत्यु ओर मुड़ गए

आखिर हम लड़े भी तो किस से, उस तरफ भी हमारे जैसे बदनसीब मिल गए
ये ओर बात है की कुछ छुपे अंदाज़ में हिंसा के रकीबों के तरकीब खिल गए
दुश्मन हो तो दो दो हाथ कर लें, पर सामने तो हमारे भाईजाद गरीब मिल गए
किन पर करे हम वार जब सुनी आँखों वाले हमारे ही जैसे कुचले नसीब मिले गए

जब दो लोग लड़ रहे होते तो कहीं न कहीं. बीच में रोटी का सवाल भी रहता है
दूर जंगल में, सुनी सड़कों पर, या पगडंडियों पर भूखा पेट ही चल सकता है
मज़लूम ओर मजरुह आज हर शख़्स है जो भी लू भरी दोपहरी में जिंदगी में पिसता है
जीतती है हर बार वो पोशीदा ताकतें, जो गरीबों के के खून से जमीन को सींचता है
ओर दूर खड़ा शहर का आदमी अनमना सा सब कुछ देख कर कुछ सोचकर आंखें मीचता है

सबलोग ढूंढते इस संघर्ष में कहाँ है समाधान वर्तमान की खींची रेखा पर कहीं
पर कौन खींच रहा है आजकल समाज में न्याय के पंक्ति, जनता की लेखा पर कहीं
एक अदृश्य स्वर पंक्तिबद्ध कर रही समाज में हम सबको. हमारी नयी विलेखा पर यहीं
आजकल तबके में हमारी भी सतहें बन रही सतत, समाज ओर देशभक्ति की सुलेखा पर कहीं

नेपथ्य से बुद्ध की आवाज़ उभर रही इस काल में भी, एक बार फिर अंगुलिमाल के लिए
पूछते सभी से बुद्ध, हम तो बदल गए तुम कब बदलोगे देश के नए शांति के सवाल के लिए
गूढ़ प्रश्न विवेचना का भी है, आज के हिंसा के दौर में समाज के वैचारिक अकाल के लिए
पता नहीं समाज में कहाँ छिपा आज अहिंसा का प्रत्युत्तर, अशांति के रूप विकराल के लिए

क्या शायद विकास ही समाधान है या सामाजिक न्याय भी चाहिए
क्या सिर्फ पोषण ही मोक्षदान है या नया युग अध्याय भी चाहिए
क्या कल भी हिंसायुक्त समाज ही विधान है या प्रियाय भी चाहिए
शोषण का प्रत्युत्तर हिंसा नहीं, विधियुक्त व अन्यायमुक्त अभिप्राय भी चाहिए

विकासयात्रा शायद लम्बी हो अनुपासित की असमता से
विभासयात्रा शायद अंतहीन हो अनुदान्त की अममता से
परिणतियात्रा शायद अनंत हो विमन की अक्षमता से
पर उत्थान यात्रा दमित की कि आवश्यक है समाज की विषमता से

कठिन शब्द

1. *अंतहीन : 1. जिसका अंत न हो 2. जिसकी सीमा न हो; असीम; सीमाहीन; निस्सीम, जैसे- अतंहीन आकाश 3. अगणनीय; अनंत*
2. *शौर्य : 1. शूर होने की अवस्था, भाव या धर्म 2. शूरता; पराक्रम; वीरता 3. शूरतापूर्ण कार्य 4. नाटक की आरभटी वृत्ति।*
3. *पूर्णाहुति : 1. किसी अनुष्ठान या संस्कार की समाप्ति पर किया जाने वाला हवन या अग्नि में दी जाने वाली आहुति; होम कर्म की अंतिम आहुति 2. किसी कार्य का वह अंश जिससे वह पूर्णता को प्राप्त हो 3. किसी कार्य की समाप्ति पर होने वाला अंतिम कृत्य*
4. *बदनसीब : अभागा; ख़राब किस्मतवाला; बदकिस्मत।*
5. *रकीबों : प्रेमिका का दूसरा प्रेमी; प्रेम क्षेत्र का प्रतिद्वंद्वी।*
6. *भाईजाद : भाई या संबंधी*
7. *मज़लूम : जिसपर ज़ुल्म किया गया हो, पीड़ित; त्रस्त, सताया हुआ*
8. *मजरुह : 1. जिसे घाव हुआ हो; घायल; आहत; चोट खाया हुआ; ज़ख्मी 2. प्रेम या विरह में व्याकुल।*

9. शख़्स : व्यक्ति; आदमी; मनुष्य; जन।
10. पोशीदा : 1. गुप्त; छिपा हुआ 2. ढका हुआ
11. समाधान : 1. किसी समस्या का हल निकालने की क्रिया; समझौता 2. निर्णय; फ़ैसला; निष्कर्ष 3. सुलझाव; हल 4. मतभेद दूर करना 5. संदेह निवारण; निराकरण 6. (नाट्यशास्त्र) मुख संधि का एक अंग; बीज स्थापन।
12. लेखा : 1. हिसाब-किताब; आय-व्यय या लेन-देन का विवरण 2. खाता; 3. गणना 4. अंदाजा; अनुमान, जैसे- स्थिति का लेखा लेना। 1. रेखा; लकीर 2. चित्रण 3. लिपि 4. किरण; रश्मि, जैसे- चंद्रलेखा 5. चिह्न; निशान।
13. विलेखा : चिन्ह, हल का मिटटी पे निशान, खरोंच
14. सुलेखा : 1. अच्छी लिखावट 2. सुंदर लेख; सुंदर हस्तलेख। 1. शुभ रेखाओंवाला 2. शुभ रेखाएँ बनाने वाला
15. नेपथ्य : 1. रंगमंच के पर्दे के पीछे का स्थान; रंगमंच के पीछे का वह भाग जहाँ अभिनय करने वाले शृंगार और रूप धारण करतेहैं 2. अभिनय करने वालों की वेशभूषा 3. परिधान; भूषण
16. गूढ़ : 1. जिसमें बहुत गहरा अभिप्राय छिपा हो; अर्थगर्भित 2. ऐसी बात या विषय जिसको समझना आसान न हो 3. जटिल; गहन; मुश्किल; कठिन 4. ढका हुआ; गुप्त; छिपा हुआ 5. पेंचीदा; दुरूह; उलझा हुआ 6. गूढ़ोक्ति अलंकार।
17. प्रत्युत्तर : 1. उत्तर; जवाब 2. प्राप्त उत्तर का उत्तर
18. प्रियाय : दया के साथ वर्ताब करना, मित्र बनाना
19. विधान : 1. किसी प्रकार का आयोजन और उसकी व्यवस्था; प्रबंध 2. निर्माण; रचना 3. नियम; कायदा 4. उपाय; तरकीब 5. बतलाया हुआ ढंग, प्रणाली या रीति 6. निर्देश; आज्ञा 7. विधि, कानून आदि बनाने का कार्य; बनाया गया कानून
20. अभिप्राय : 1. अभिप्रेत; तात्पर्य; आशय; मतलब 2. उद्देश्य; प्रयोजन 3. मूल अर्थ 4. इरादा; 5. कथानक रूढ़ि 6. इच्छा 7. राय 8. नीयत।
21. अनुपासित : जिसकी पूजा न की जाती हो
22. अनुदान्त : जो सर्वश्रेष्ट न हो, पिछड़ा हुआ
23. विभास : 1. दीप्ति; चमक 2. (संगीत) सुबह के समय गाया जाने वाला एक राग
24. परिणति : 1. परिणत होने की अवस्था या भाव; अत्यंत नति; चारों ओर से झुका होना; झुकाव 2. परिणाम; नतीजा; प्रतिफल

3. परिपक्व होने की अवस्था 4. पूर्ण वृद्धि; पुष्टता; प्रौढ़ता 5. परिवर्तन के बाद बनने वाला नया रूप 6. अंत; अवसान।

25. विमन : 1. बेमन; खिन्न; उदास; बिना किसी इच्छा के 2. अन्यमनस्क; विकल; परेशान; अप्रसन्न

26. विषमता : 1. कठिनाई 2. असमान स्थिति 3. प्रतिकूल; विपरीत; विकट स्थिति 4. गैर बराबरी।

English Translation

48. Violence and counter violence

Today also some people sacrificed their life on the altars of continued violence
In opposing violence, they have decorated courage through their self-sacrifice with eminence
By submission of their life, they have also kept the security of country intact for continuance
Tomorrow society will call them altruistic, the way they walked towards the death with somnolence

In the end whom should we fight, on the other side also some misfortune people were found
It's another matter, in a hidden way leader of violence and their schemes has blossomed on ground
If there are enemy on other side we can fight, but we have found poor brothers for surround
Should we hit with arms when we meet such man with dry eye and trampled fortune on that mound

Whenever two people are fighting, somewhere in between question of bread is there always
only an empty stomach can afford to walk in forest, narrow roads and farm lanes as roadways,
Everyone is now injured and deprived, poor is rammed by hot air Summer noon on sideways
Always the clandestine power wins the war, quenches the land with blood of poor as give away
And a person standing in a far place in city in least interested in this closes the eye and walks away

Everybody is searching for solution in the fight on line drawn on the society of present time
But who is drawing the line of justice in society, on the account of public behaviour each time
An invisible voice is making people fall in a line in society, who is drawing a line to define the crime
We all are getting layered in community now days, based on line drawn on society for our mime

From background voice of Buddha is emerging one more time for Angulimaal
Buddha is asking everyone I have changed now, when others are change for sake conditions of all
There is deep question of explanation also in era of violence in society and thoughtlessness appal
I don`t know where the answer of non-violence in society, in time colossal disturbances and bawl

Perhaps growth is the only answer of social justice is also required
Do we think that feeding is the only emancipation or new chapter of society need to be inquired?
Will violence persist even tomorrow or true kind treatment should also be admired
Violence is not the response of exploitation, freedom for injustice should also be acquired

Journey of development will be long due to inequality of downtrodden
Journey of hope will seem to be endless due to lack of feeling towards trodden
Journey of result will be infinite due to competency of dishonoured being untrodden
But the journey to rise of these section is necessary to overcome the inequalities of old burden

49. आशाओं का कमल

चलो आज जोड़ते हैं चरखे से तुम्हें और फिर उनसे ही तुम्हारे भी ख़्वाब बुनते हैं
लेकिन पहले पकड़ते हैं एक दूसरे का हाथ और आपस में कुछ कहते सुनते हैं
चल तेरी आजादी की नयी जबरदस्त ईजाद आज अब तेरे ही हाथों में रखते हैं
तेरा भी कल पूरा होगा सपना, इसी इमाद से चल तेरे सपनों की बुनियाद रखते हैं

देख क्षितिज पर अपने स्वाभिमान के उगते अस्तित्व को, चल उस और चलते हैं
तुम भी परवाज दो अपनों हौसलो को, देख तेरी आशाओं के कमल अब खिलते हैं
इस कमल की एक एक पंखुड़ी में तेरे पुराने सम्मान के अरमान उगे मिलते हैं
देख अपने सपने को फलीभूत होते हुए, तेरे विकास के सोपान अब अम्बर तक पहुँचते हैं

चरखा सिर्फ एक यन्त्र नहीं स्वाबलंबन का मंत्र है, कह सब से अब हम न डरते हैं

बुनकर तेरी गरिमा पुनः लौटाएगा चरखा, चल गरीबी से आज आगे निकलते हैं
नारी तेरी आंसू भी मिटाएगा चरखा, रोना छोड़ते है और आज कुछ और परिश्रम करते हैं
चरखा सिर्फ परिश्रम का सामान नहीं सम्मान है, चलो आज इससे जुड़े हाथों को नमन करते हैं

अहिंसा, चरखा का सिर्फ प्रतीक नहीं हिस्सा है, चल इससे अपने अंदर की हिंसा का वध करते हैं
परिश्रम के हाथों की इज्जत करना सीख, दुनिया बदलती इसी से, जिसको मानवीय प्रारब्ध कहते हैं
चरखे से तू भी जुड़ अपने देश के विकास से, चल मुट्ठियों को जोड़ कर दुनिया को स्तब्ध करते है
कल का ज़माना जरूर मेहनत करने वालों का होगा, चल अब उठ और वर्तमान के विरुद्ध चलते है

कठिन शब्द

1. *ईजाद : 1. अविष्कार; खोज 2. किसी नई चीज़ का बनाना; नवनिर्माण*
2. *इमाद : भरोसा, विश्वास, यकीन, खम्भा*
3. *क्षितिज : वह स्थान जहाँ पृथ्वी और आकाश मिलते दिखाई दें*
4. *परवाज : 1. उड़ान 2. अहंकार; नाज़। 1. उड़ने वाला 2. डींग मारने वाला*
5. *फलीभूत : 1. जिसका फल या परिणाम निकल चुका हो; फलरूप में परिणत; फलदायक 2. सफल।*
6. *सोपान : 1. सीढ़ी; ज़ीना 2. ऊपर चढ़ने का रास्ता 3. मोक्ष प्राप्ति का उपाय*
7. *स्वाबलंबन : 1. आत्मनिर्भर होने की अवस्था, गुण या भाव; आत्मनिर्भरता; ख़ुदमुख़्तारी 2. अपने भरोसे रहने का भाव।*
8. *नमन : 1. झुकने की क्रिया या भाव 2. नमस्कार; प्रणाम।*
9. *वध : किसी मनुष्य, प्राणी आदि को जान-बूझकर किसी उद्देश्य से मार डालने की क्रिया; हत्या*
10. *स्तब्ध : 1. जड़ीभूत; निस्तब्ध 2. सुन्न; संज्ञाहीन; निश्चेष्ट 3. रुका हुआ; रुद्ध 4. दृढ़; स्थिर*

49. Lotus of hopes

Let me connect you with spinning wheel, and then weave your dreams also with same
But let's first hold the hand of each other, let us introduces us to each other along with our name
Let's keep the powerful enabler of your freedom in your own hand for equality as proclaim
Your dreams will also come true, with this pillar
let's build the structure of your dreams in new frame

Look at the horizon and see the rising of your confidence and existence, lets walk towards them
You should also give the voice to your own courage, see how lotus of hopes are blooming again
In each petal of this lotus flower, your old quest for social dignity in form of your wishes remain
See how your dreams are getting realized, stairs of your growth prosperity lead you to sky to regain

Spinning wheel is just not a tool, it psalms of self-sufficiency, tell everybody that you fear none
Weaver your dignity will be returned by spinning wheel, let move away from poverty with a run
Women your tears will be wiped by spinning wheel, let's leave crying and start enjoying work as fun
Spinning wheel is not just an item, but honour of labour, lets salute hands connected for their stun

Non-violence is just not a symbol but part of spinning wheel, let's kill our inner violence and disarm

Let us learn to respect the hands that does labour, world changes through quest of human as charm

With the help of spinning wheel, you with also connect with growth of your country as the new arm

, let's surprise the world with joining together of hands in weaving and warming of palm

let go against the present rules and policies song of people who does labour should be new psalm

50. यादों की परछाईआं

कल तुम तो मुझसे दूर चली जाओगी पर अपनी परछाइयां छोड़ जाओगी
कल तुम कहीं और जाओगी पर अपने यादों की तनहाईओं छोड़ जाओगी

हमारे गली कूचे और गुजरे हुए लम्हे, मुझे याद आएंगे,
फिर तुम्हें जहाँ ढूंढूगा हमनशीन वही नज़र आओगी
हमारा गुज़रा हुआ मंज़र तुम्हें भी तो याद आएगा,
पता नहीं तुम उन्हें आखों के सामने से कैसे हटाओगी
मुझे याद करों न करों, हमारे माज़ी को तो यादों में बुलाओगी,
पर पता नहीं तनहाईओं में मांजी से पीछा कैसे छुड़ाओगी
या फिर यूँ ही दुनिया में चलते चलते गुमनामियों में खो जाओगी,
पर मैं तो जिधर देखूँगा ये दोस्त, हर ज़र्रे में तुम ही नज़र आओगी
मेरी हमनफ़ज़, मैं जानता हूं यादों में, मैं जब भी बुलाऊंगा तुम जरूर वही मिल जाओगी
कल तुम तो दूर जाओगी पर मेरे हबीब पर तुम मेरे वक्त की सन्नाईयाँ ले के जाओगी
कल तुम तो मुझसे दूर चली जाओगी पर अपनी परछाइयां छोड़ जाओगी

आने वाले कल में, हमारी यादों के दरीचे खोलते ही,
पुरानी हवा का झोंका मेरे पास आएगा, तेरी ख़ुशबू लिए
तेरे यादों के पैरहन आएंगे मेरी ओर, फिर हवा में तैरते हुए,

मेरी जानशीन इस हवा में सांस लेकर कोई कैसे न जिए
रुबरु जिंदगी में तुझसे मुलाकातें न होते हुए भी,
हर वक्त तेरी यादों के खुशनुमा जाम कोई क्यों न पिए
याद दिलाऊंगा मैं तेरा पुराना वादा, अपने हर सफर में निकलते ही
, पर तब तुम शायद मुझसे हाथ न मिलाओगी
तुम तो चली जाओगी मेरी हमदम पर,
हमारी गुजरी जिंदगी की रानाई छोड़ जाओगी
कल तुम तो मुझसे दूर चली जाओगी पर अपनी परछाइयां छोड़ जाओगी

कभी ये मत सोचना की मेरे लिए चन्द गुजरे लमहों की बस कहानी थी तुम
आज भी एक ख़ूबसूरत सा हो अहसास हो, पर गुजरें वक्त की पूरी जिंदगानी हो तुम
महकती है तेरे यादों की ख़ुशबू आज भी मेरे तस्सबुरों में, मेरी माजीं की पूरी रवानी हो तुम
मेरी किताब-ए-जिंदगी के सफों में दबी, सूखे गुलाब के शिरीन ख़ुशबू सी सुहानी हो तुम
जो तुमने छोड़े है सामान अपनी यादों के मेरे घर में, कोशिश भी कर लो पर वापस न ले पाओगी
कल तुम तो मुझसे दूर चली जाओगी पर अपनी परछाइयां छोड़ जाओगी

जमाना भी हमदोनो को भुला न पायेगा, जमाने को तेरी याद मेरी सरगोशियों में तो आएगी
तेरी यादों को मैं मिटा नहीं सकता, मुझे तेरी याद जिंदगी में कहने के खामोशियों में तो आएगी
जमाने की सामने अब हम गले नहीं मिल सकते तो क्या, तेरी याद नए दोस्तों के आगोशियों में तो आएगी
तेरे बिना अब मेरे घर का कोई मतलब नहीं रहा, तो तेरी याद मुझे जिंदगी के खानाबदोशियों में भी तो आएगी

ज़माने में मेरे इस्तकबाल पर मेरा दिल तेरा, मुश्ताक ही रहा,
पता नहीं मेरी हमदम ज़माने में मेरे रुसवाइयों पर तो आओगी
कल तुम तो मुझसे दूर चली जाओगी पर अपनी परछाइयां छोड़ जाओगी

कठिन शब्द

1. तन्हाईआं : 1. तनहा होने की अवस्था; अकेलापन; एकाकीपन 2. निर्जन या एकांत स्थान

2. लम्हे : समय का अति सूक्ष्म मान; निमेष; पल; क्षण

3. मंज़र : 1 देखने योग्य वस्तु या स्थान; दृश्यावली; दृश्य; नज़ारा

4. माज़ी : भूतकाल; विगत। बीता हुआ; गत

5. सन्नाईयाँ : कलाकारी,

6. गुमनामी : 1. जिसका नाम कोई न जानता हो, जैसे- गुमनाम बस्ती 2. अज्ञात; अप्रसिद्ध 3. बिना नाम का (लेख या पत्र) जिसपर लिखने या भेजने वाले का नाम न हो की अवस्था

7. ज़र्रे : 1. किसी वस्तु का बहुत छोटा अंश; अणु 2. तौल की पुरानी प्रणाली में एक जौ का सौवाँ भाग 3. धूल आदि का कण जो प्रकाश में उड़ता दिखाई देताहै

8. हमनफ़ज़ : सांस लेने में साथ देने वाला

9. हबीब : 1. दोस्त; मित्र 2. प्रेमपात्र; प्यारा

10. दरीचे : खिड़की

11. पैरहन : लिबास, वस्त्र, पोशाक

12. रानाई : सुन्दर, सुकोमल कली, वीनस

13. लमहों : समय का अति सूक्ष्म मान; निमेष; पल; क्षण।

14. तस्सबुरों : चित्त को ध्यान करके किसी को प्रत्यक्ष करना; समाधि-दर्शन 2. कल्पना 3. विचार; ख़याल; ध्यान।

15. रवानी : तीव्रता, गति, वारम्बारता

16. सफों : पेज

17. शिरीन: : मीठा स्वाद वाला

18. आगोशियों : गले से लगाना, आलिंगन

19. सरगोशियों : 1. कान में कोई बात बताना 2. किसी की शिकायत करना

20. खानबदोशियों : जीप्सी, एक जगह से दूसरी जगह घूमने वाला आदमी

21. रुसवाइयों :. बेइज्जती 2. फ़ज़ीहत 3. बदनामी

22. इस्तकबाल : अगवानी; स्वागत

23. मुश्ताक : 1. इच्छुक 2. शौक रखने वाला; अभिलाषी; उत्सुक 3. आकांक्षी

50. Shadows of Remembrance

By and by you will fade, but shadows of memories will always be mine
Tomorrow you will reside elsewhere; tales of your memories will be mine.

You will also Remember of our streets and past,
Wherever I see you're your shade of memories will be cast.
Scenes of past will flash by you also,
How will you wipe them out from eyes?
Remember me or not, reminiscence of our past should be recalled
How will you get rid of chase by our memories in solitude of thoughts?
Wandering in the world you will be lost in anonymity
But wherever I will look, you will be remembered in every bit of reality.

My beloved I am aware

Whenever I will call you, in memories you will be there.

Tomorrow you might go away,

But my beloved you will go with praises of mine.

By and by you will fade, shadows of your memory will always be mine.

Tomorrow, In the coming time, when the door of our memories will open In quiff,
Old breeze will have essence of your scent in time's sniff.

That air will come with ensemble of your memories floating in skiff

Beloved, how will one live without this whiff?

Notwithstanding vis-à-vis that we will not meet in reality,

Why not relive your memories in plausible time of tranqulity?

I will remind you of your old promise in every transit,

But then you probably will not mix for compatibility.

You will leave but my soul mate,

Beauties of our lives will be left behind by you.

By and by you will fade, shadows of our memories will always be mine.

Don't ever think you are mere story of petty moments of past time

Even today, you are a beautiful feeling, my whole erstwhile lifes define.

My fantasies will still have your essence; on tides of my forgoing time you ride

My Beloved you are as pleasant as dried roses buried in my book of life.

You can't take back existent of your memories even if you try

By and by you will fade, shadows of our memories will always be mine.

Ages will not be able to forget us; folks will have your remembrance in whispers of mine

Your memories can not be erased; you will be remembered in spoken silences of life

What if we cannot hug each other in faces of time,

you will exist in agony of new companionship of time

Without your presence home is meaningless, so you will be remembered in vagrancy of life

Times immemorial in my welcome heart will desire you;
don't know if you will come in my societal disgraces of time

By and by you will fade, shadows will be mine.

51. तेरी याद

तेरी याद आती रही फिर न जाती रही
जिंदगी तुझे ही हर वक्त गुनगुनाती रही

जिंदगी तेरे तसव्वुरों को जगाती रही, उन ख़्वाबों में तेरी मैं कहलाती रही
कायनात के हर ज़र्रें में तू ही दिखता रहा, ये देख कर मैं बस मुस्कुराती रही
मैं नहीं हूं दीवानी किसी की, मैं हरदम खुद को ये समझाती रही
पर यकीन न था खुद पे इसलिए हर लम्हे में तुझे मैं बुलाती रही

यादों के दौर जब भी चलते रहे, पुराने अरमान ही दिल में मचलते रहे
तेरे लफ्ज ज़ेहन में उभरते रहे, तेरी करामतें दिल में फिर उत्तरत्ते रहे
हम ज़माने में चुप ही रहे, जब ज़माने के सारे मुझ पे कुछ कहते रहे
बंद आँखों में तुम तो दिखते रहे पर खुली आँखों में हम तुझे खोते रहे

मंज़रों में तेरी नजरें इनायती रही, इन्ही इनायतों से में जिंदगी को सजाती रही
जब जब तेरी यादों की बांसुरी बजती रही, अपना सुर उसी में मैं मिलाती रही
तेरी आवाज़ फलक से भी उभरती रही, तेरे साथ मैं फिर सितारों में जाती रही

तेरे गुलों को आँचल में मैं उठाती रही, हयात में तेरी शिरीन ख़ुशबू मै पाती रही,
तेरे जज्बात मेरे ज़ेहन में उभरते रहे, तेरे जज़्बातों के जाम हर शाम मैं चढ़ाती रही

तेरे अहसासों में फिर मैं हर रोज़ सिमटती रही
आईने में भी तुझ पर हर रोज़ मैं मिटती रही
तेरे अक्स जब तक दिखते रहे, जिंदगी नयी सांसे पाती रही
तेरी याद आती रही और मेरे रूह को सुकून पिलाती रही

हम पीते रहे पर तेरी याद, प्यास हर रोज़ बढ़ जाती रही
मेरी जिंदगी, हर मुकाम पर तेरी ही ओर मुड़ जाती रही
तू जब भी मिला जुस्तजू से, जिंदगी तुझे ही पकड़ती रही
तू रुठा था ख्वाबों में मुझसे, मैं बार बार तुझे मनाती रही,
कुछ सोच कर फिर रुक कर, फिर ख्वाबों में मैं सिहर जाती रही

जिंदगी की दौर ए खिंजा में, मैं दिल को तेरे पुरानी यादों से चहकाती रही
नए घर में भी तेरे पुरानी गुलों से, मैं अपने गुलशन को सजाती रही
वक्त की रवानी में पुरानी अलबम के सफे हररोज़ मैं यादों में पलटाती रही
वक्त गुज़रता रहा और वक्त के कुछ पन्नो पर ठिठक कर, मैं रुक जाती रही
तेरे यादों की तस्वीरें बोलती रही, मुझे वो बहुत कुछ फिर याद दिलाती रही

जिंदगी की उदासियाँ बार बार तेरा ही रास्ता दिखलाती रही
तू कारवाँ सा गुज़रता रहा, दूर से मैं खड़ी हाथ हिलती रही
पर तेरे यादों के चिराग से ही जिंदगी को रोशनी दिलाती रही
दिल में उभरते रहे तेरे जो नज़्म, उन्हीं से जिंदगी को गुनगुनाती रही
नफरतों उदासियों के के दौर में भी हमनफ़ज़ इस तरह तेरी चांदनी ही दिल को नहलाती रही

तेरी याद आती रही फिर न जाती रही
जिंदगी तुझे ही हर वक्त गुनगुनाती रही

कठिन शब्द

1. तसव्वुरों : 1. चित्त को ध्यान करके किसी को प्रत्यक्ष करना; समाधि-दर्शन 2. कल्पना 3. विचार; ख़याल; ध्यान।
2. कायनात ; 1. सृष्टि 2. जगत; ब्रह्मांड; संसार; विश्व।
3. लम्हे : समय का अति सूक्ष्म मान; निमेष; पल; क्षण।
4. अरमान : 1. इच्छा; लालसा; कामना 2. महत्वाकांक्षा 3. हौसला।
5. लफ्ज : शब्द
6. ज़ेहन : 1. जानने-समझने की क्षमता; समझ; दिमाग 2. बुद्धि; प्रतिभा; कौशल 3. समझने-बूझने की योग्यता; धारणाशक्ति 4. स्मरणशक्ति; याददास्त
7. करामाते : आश्चर्य वाली बात, चमत्कार
8. मन्नतो : किसी विशिष्ट कामना की सिद्धि या अनिष्ट के निवारण पर किसी देवता की पूजा करने का संकल्प; मनौती।
9. इनायती : दया; कृपा; अनुग्रह; मेहरवानी ; अहसान; उपकार
10. हयात : जीवन; ज़िंदगी
11. शिरीन : हलकी मीठी
12. जज़्बातों : भाव; भावनाएँ
13. गुलशन : 1. बाग 2. वह छोटा बगीचा जिसमें अनेक प्रकार के फूल खिले हों; फुलवारी; उद्यान 3. पुष्प वाटिका।
14. सफे : 1. पवित्र; पाक; निर्मल; शुद्ध 2. साफ़; स्पष्ट; स्वच्छ 3. ख़ाली; रहित। किताब का पृष्ठ; पन्ना; कागज़।
15. अक्स : 1. छाया; प्रतिबिंब, परछाईं 2. तस्वीर, चित्र 3. किसी के मन में छिपा द्वेषभाव, अक्स उतारना : किसी का चित्र बनाना; फ़ोटो खींचना
16. प्यास ; 1. अप्राप्त को पाने की तीव्र इच्छा 2. पिपासा; लालसा; तृषा 3. प्रबल वासना; कामना
17. जुस्तजू : 1. खोज; तलाश; ढूँढ़ 2. अन्वेषण
18. कारवाँ : 1. वाहनों या व्यक्तियों का समूह जो किसी यात्रा या प्रवास पर हो 2. चलता हुआ काफ़िला; देशांतर जाने वाले यात्रियों या व्यापारियों का दल
19. नज़्म : पद्य; कविता।, प्रबंध; इंतज़ाम
20. हमनफ़ज़ : साथ में सांस लेने वाली

51. Remembering you

Your memories keep coming to me never to forget
Life continues to sing your memories on my whet

Life continue to evoke your imagination, I belonged to you in that dream
In every particle of cosmos, I continue to see you, I keep on smiling in that deem
I continue to convince myself every time I am not a lover or follower of any gleam,
But I could not believe myself, so I called in each unit of time for your esteem

Waves of memories were sweeping my heart, old wishes continue to churn my emotions
Your words continue to emerge in my consciousness, your actions continue to occupy my notion
I continued to be silence in society, while the society was talking about me in their commotion
I continue to have you in my closed eyes, while lose you always with my open eyes in emotion

In my wishes, your you were always a giver of alms, with your alms my life got embellish
Flute of your memories continue to ooze music inside me, in my voice I have you to cherish
Your voice continued to come from horizon and, I felt like going to star along with you and relish
I continue to get the sweet fragrance of you, I collect the flowers on your in become establish

My emotions continue to emerge and, I continue to drink the drink of your emotions everyday

Every time my heart felt exuberance, with the old memories of yours as its brae

I continued to decorate my garden of life with old flower of yours acting as hay

Every day I continued to turn the pages in album of your memories that was grey

On some pages of this album I stopped due to exclamation of emotion to say

Picture of that time continued to speak and I just listened in rapt attention with sway

I continued to get engulfed every day in with you in genuine feeling

In the mirror, I continued to offer myself to you in my kneeling

If I saw you're in that melancholy, my hopes get breath and healing

Your memories continued to come to my soul and offer solace from my reeling

I continue to drink your solace but my thirst for more solace is day by day increasing

My life continues to ask for you on every goal post, I am overwhelmed now in piecing

Whenever I could meet you with my aspiration, my life tries to grasp you with firm sealing

I was thinking that you are not happy with and I was shivering in my dreams due to unfeeling

While traversing through the sadness of life, I was directed toward always towards you for peace

You continue to pass like a caravan in life, I was waived at you but you continued as the breeze

But With the light of your memories, I continue to still brighten my life and get the quiescent

Couplets of you continue to emerge in my heart, I pass my life with that song fine the ease

In this time of hatred and gloom in life, my breath partners your moonlight is my emotional cease

52. मेनचेस्टर की एक स्याह रात

एक रात में फिर उड़ा धुआं इस बार मैंचेस्टर के उफ़क़ पर
दिखने लगा वही गुबार जो दिखा था न्यूयार्क व मुंबई के फलक पर
फिर दिखी आदम के अज़मत की हत्या, उसके लाश के सिमटने में झलक भर
फिर कोशिश की थी तस्सदुद्द ने दुनिया में, अपने नए कायराना कसक पर

रात अभी जवाँ ही हो रही थी. कि आसमाँ से मौत के शरारे आये
उस मलूल शाम में रानाइयाँ मिटाने को पयाम ए मर्ग के गुबारे आये
उस शाम तहज़ीब को तज़लील करने के बदकार के हुंकारे आये
बज़्म ए तरब को मिटाने के इक ख़ब्ती के मज़लूमियत के इरादे आये

मैं एक स्याह रात में मखतल बना, मै शहर-ए-मेनचेस्टर हूं
अमन की नामुरादी पर भी दुनिया में पैगामे वकां का पोस्टर हूं
इस दौर-ए- मलामत में इस ज़माने में आदम के उखूबात का पैकर हूं
त्यौहार ए- वहदत हूं मैं, एक साथ मुहर्रम, विजयादशमी और ईस्टर हूं

मैनचेस्टर की एक स्याह रात में आदमी
नामुराद आदम की लाश पे उगता ये कौन सा धरम है
आदम की खून के प्यासा इस सोच के खंजर का कैसा ये मर्म है
एक महकती शाम में निर्दोष की हत्या में क्या सत्कर्म है

मानव का हिंसा के विरुद्ध कथन ही आज का समय कर्म है

निर्दोष की हत्या से कैसे किसी सिद्धांत का प्रतिपादन होता
हिंसा को फैला कर कैसे विश्व में विचार का आच्छादन होता
कैसे मिलती उस सोच को मान्यता जिसमें मौत का प्रहसन होता
केबल उभरता मानवीय प्रतिरोध जिसमें उस अविचार का विकर्षण होता

पुनः अग्नि पथ पर गिरा आदमी उठता और करना अपने प्रादुर्भाव की आपूर्ति
एक बार फिर हारती हिंसा जब जब आदमी जगाता प्रासह के विजय की प्रवृति
शनैः शनैः समुदाय भी लाता सुविचार द्वारा, प्रमत विरुद्ध समाज में विक्रम की प्रकृति
उगता फिर जन एकता का आदित्य, और मिट जाती उस सामाजिक अविवेक की विकृति

अनेकों लोग चल रहे होते एक ही पथ पर अनजान के विश्वास के सहारे
मिल रहे होते उनके कदम और उभरता साहस उनमे भी जो पहले अकेले थे बेचारे
फिर घनीभूत साहस समाज में उभरता, दिखते आसमाँ में आशा के नए सितारे
आपसी ढांढस से उनमे भी खड़ी होती मानवता, होते आपसी सद्भाव के वारे न्यारे

समाज मे एक विचार शिशु प्रयत्न कर चलना शुरू करता है और हिंसा पीछे हटती है
हिंसा कभी अपने प्रयास से किसी समाज को कभी संपूर्ण विजित नहीं कर सकती है
हिंसा पागलपन में केबल छुप सकती है, घूट सकती है, और पश्चाताप कर मिट सकती है
मानव में पुनरुत्थान की क्षमता, और हिंसा व अन्याय विरोध की कामना ही उसे अध्यात्म से जोड़ती है

कठिन शब्द

1. उफ़क़ : आसमान
2. गुबार : 1. धूल; गर्द 2. आँखों की वह स्थिति जिसमें चीज़ें धुँधली नजर आतीहैं 3. मन में दबा हुआ दुर्भाव या क्रोध; शिकायत; मैल
3. फलक : क्षितिज
4. अज़मत ; महानता
5. नामुराद : 1. जिसकी कामना (मुराद) पूरी न हुई हो; विफल; नाकाम 2. अभागा; बदनसीब; दुर्भाग्यशाली।
6. जवाँ : 1. जवान; युवक 2. वयस्क; बालिग
7. झलक : 1. झलकने की क्रिया, अवस्था या भाव 2. चमक; दमक; आभा 3. आकृति का आभास या प्रतिबिंब 4. ऐसा क्षणिक दर्शन या प्रत्यक्षीकरण जिससे किसी वस्तु के रंग-रूप का आभास मिल जा
8. तस्सदुद्द : हिंसा
9. कसक : 1. दुखद अनुभव के स्मरण से होने वाली पीड़ा; टीस 2. खटक 3. हलका मीठा दर्द 4. पुराना द्वेष; वैर।
10. शरारे : 1. लकड़ी या कोयले का जलता, दहकता हुआ टुकड़ा 2. अग्निखंड; आग 3. शोला; शरारा। तपा या दहकता हुआ; तप्त; गरम।
11. मलूल : उदास, अकेलापन, एकांत
12. रानाइयाँ : सुंदरता
13. प्रासह : मज़बूत, बल, शक्ति
14.
15. तहज़ीब : 1. शिष्टाचार; भल-मनसाहत; सज्जनता 2. सभ्यता; संस्कृति।
16. तज़लील : बेइज़्ज़ती, ख़राब करना
17. बदकार : 1. बुरा करने वाला 2. कुकर्मी; व्यभिचारी; दुश्चरित्र।
18. बज़्म ए तरब : आनंद की सभा
19. ख़ब्ती : 1. जिसे किसी बात का ख़ब्त हो; झक्की; सनकी 2. पागल।
20. मज़लूमियत : जिसपर ज़ुल्म किया गया हो, पीड़ित; त्रस्त, सताया हुआ
21. इरादे : विचार; संकल्प; ख़्वाहिश; इच्छा।
22. अमन ; शांति; सुकून; इतमीनान; सुख-चैन
23. पैगामे ए वफ़ा : जीवन का संदेश
24. मखतल : बध्धगाह

25. दौर-ए- मलामत : निंदा का समय
26. उखूबात : भाईचारा
27. पैकर : शरीर, रूप, आकार, बनाबट, प्रतिकृति
28. त्यौहार ए- वहदत : एकत्व का परब
29. नामुराद : 1. जिसकी कामना (मुराद) पूरी न हुई हो; विफल; नाकाम 2. अभागा; बदनसीब; दुर्भाग्यशाली।
30. मर्म : 1. भेद; रहस्य 2. स्वरूप 3. गूढ़ अर्थ 4. किसी बात के अंदर छिपा हुआ तत्व
31. सत्कर्म : 1. अच्छा या शुभ काम; भलाई; सुकर्म 2. नेकी का काम; पुण्य कर्म 3. उपकार; सत्कार 4. वेदविहित कर्म 5. प्रायश्चित 6. अंत्येष्टि
32. प्रतिपादन : 1. अच्छी तरह समझकर कोई बात कहना; प्रतिपत्ति 2. अपना मत पुष्ट करने के लिए प्रमाणपूर्वक कुछ कहना 3. ज्ञान कराना; बोधन 4. किसी विषय का सप्रमाण कथन; निरूपण।
33. आच्छादन : 1. कवच 2. खोल 3. ढक्कन 4. छाजन 5. छिपाना
34. प्रहसन : 1. ज़ोर की हँसी; परिहास; दिल्लगी 2. नाटकों का एक प्रकार जो हास्य-व्यंग्य से युक्त होताहै; भाण की तरह का हास्य रस प्रधान एक रूपक
35. अविचार : 1. विवेक का अभाव या सोचने समझने की शक्ति का अभाव; अविवेक; नासमझी 2. जिसमें विचार का अभाव हो; विचारहीनता। अविवेकी; नासमझ
36. विकर्षण : 1. विपरीत दिशा में होने वाला आकर्षण 2. दूर हटाना
37. प्रादुर्भाव : 1. जन्म धारण कर अस्तित्व में आने का भाव 2. उत्पत्ति 3. पुनः, दुबारा या नए सिरे से अस्तित्व में आना या पनपना
38. आपूर्ति : 1. पूर्ति करने की क्रिया या भाव 2. भरना; भरा होना 3. संतुष्टि 4. आवश्यक वस्तुओं को उपलब्ध कराना; संभरण;
39. प्रमत : बुद्धिमान, अच्छे से सोचा हुआ
40. विक्रम : 1. बल या पौरुष की अधिकता 2. वीरता 3. शक्ति।1. उत्तम; श्रेष्ठ; बेजोड़ 2. क्रमरहित।
41. आदित्य : 1. अदिति का पुत्र; सूर्य 2. इंद्र 3. देवता। अदिति से उत्पन्न
42. अविवेक : 1. विवेक का अभाव; अविचार 2. अज्ञान; नादानी 3. अन्याय 4. (न्यायदर्शन) विशेष ज्ञान का अभाव 5. (सांख्यदर्शन) मिथ्याज्ञान

43. *विकृति : 1. विकृत होने की अवस्था या भाव 2. विकार; दोष 3. बिगड़ा हुआ रूप; रूपांतरित; परिवर्तित 4. रोग; बीमारी 5. माया; कामवासना*

44. *घनीभूत : 1. गहरा; ठोस 2. जो जमकर घना या ठोस हो गया हो; गाढ़ा 3. केंद्रीभूत 4. जो विस्तार करके उग्र हो गया हो।*

45. *विजित : 1. जिसको जीता गया हो; जिसपर विजय प्राप्त की गई हो 2. जिसको पराजित किया गया*

46. *अध्यात्म : आत्मा और ब्रह्म के विषय में चिंतन-मनन। 1. आत्मा तथा परमात्मा से सरोकार रखने वाला 2. आत्मा और परमात्मा के पारस्परिक संबंध के विषय में किया जाने वाला दार्शनिक चिंतन हो; जीता हुआ।*

English Translation

52. Manchester in a Dark Night

One-night smoke came out on skylines of city of Manchester
It was same cloud which was seen in New York and Mumbai earlier
We saw the death of greatness of humanity, when human mind was filled with fear
once again terror tried to bully us, stroked us with its new violence and murder

Night was just blossoming when sparks of death came from sky
To insult the human civilization, murderèrs voice came through sly
To end the congregation of joy & kill innocents, a mad person made a try
on this sad evening with message for destruction of beauty made us cry

On a dark night, this was a place of innocent killing called Manchester
even after failure of peace, it remained as message of life on city poster
Against the act of barbarism that night, city kept brotherhood and civic structure
Manchester city is still festival of unity like Muhhrram, Vijyadashmi and Easter together

Which idea is arising now over the dead body of human being
which dagger is claiming greatness after doing blood drinking?
What is good in killing innocent humans in a peaceful musical evening
Opposition to the violence by all is the only idea now worth pursuing

How some principle can be propagated by killing of innocent
How death and destruction can make an idea's greatness more pertinent
Along with dance of death of human being, how a thought can be made reverent

violence only gives rise to mere repulsion in world and makes incumbent idea irrelevant

Man walking even along fiery path of violence in world rises with its own courage
Man feels the strength when in fellow togetherness to destroys the scourge
society also gathers its strength and with rise of civility violence loses its millage
people's solidarity wakes up finally and nonsense of violence gets discourage

people start walking on their life's path with mutual trust of each other
this walk creates mutual courage among them of having same idea together
cloud of courage continues to arise in civil structure with strength of fellow brother
this gives rise to peace in their mind and society, best wishes of togetherness grow further

53. फेसबुक

आइए स्वागत स्वागत आपका, ये मेरे चेहरे की दुनियावी किताब है
यही है दावा- ए -सदाक़त मेरा, इसमें मेरा वजूद बेनकाब है
आजकल दुनिया की दोस्तीदारी में दिखता इसी का माहताब है
इसमें छिपी हम सब की पहचान की अदाकारी तो बहुत लाजवाब है

मेरे सारे हालात दिखते इसी में सभी को, यहीं आजकल मैं सबसे बातें करता हूं
आजकल मैं अपने दोस्तों इसी चेहरे की किताब के जरिये मिलता हूं,
अपनों के पसंदों और नापसंदों के विचार के कुर्ते भी मैं यहीं सिलता हूं
इससे ही मैं लेता गैरों के तसव्वुर, फिर अपने ख्याल को कतरा कतरा बुनता हूं

मेरी हर हसरतें मानो इस चेहरे की किताब का एक सफा है
दोस्ती का इम्तहान होता यहाँ अक्सर, देखें कौन दोस्त बेवफा और कौन बावफ़ा है
मेरे दोस्तों के अल्फ़ाज़ों से आजकल मेरी शख़्सियत बनती, देखें कौन मुझ से ख़फ़ा है
आजकल हर आम ओ खास की पहचान उसके चेहरे की किताब से ही हर दफा है

पर कुछ लोग आज भी कहतेंहै की ये चेहरे की किताब बहुत बड़ी अज़ाब है
दुनिया में दोस्ती और औजार ख़राब नहीं होते, हर वार आदमी की नियत ख़राब है
इस किताब में मिलते कुछ अड्डे भी जिनके अपने अपने रकीब और जुड़े जनाब है
हमारी जरूरतों के शामिल है कई साज इसमें, जिसके अपने ही मज़े और लब्बो लुबाब है

लेकिन आजकल मैं सोच में हूं की क्या ये मेरी ही किताब है या जमाने का मेरा दिखाब है
मुझे तो लगता इसमें हर रुक्न ने अपने वक्त और जरूरत के लिए बस ओढी नकाब है
इसमें बस दिखता जो भी चेहरा उसके हर सच्चाई के पीछे छिपी हुई एक हिजाब है
आजकल ये सिर्फ इस फेसबुक की बात नहीं, यहीं तबके और जमाने का भी बर्ताव है

क्या सच में इस किताब की जरूरत हमें, क्या यहीं हमारी शख़्सियत का साया है
या बस खुद को अपने से बड़ा दिखलाने की कोशिश का आज का हमारा नुमायाँ है
बदल गया है आजकल हमारी दोस्ती और यारी का मायने, जब से ये दुनिया में सामने आया है
पर हमारे इंसानी रिश्ते तो कभी इतने छोटे न थे, की फेसबुक में सब कुछ समाया है

इस चेहरे की किताब में आजकल हमारे रिश्तों और माटी का रूप बदल जाता है
हमारे रिश्तों की सच्चाईयां नहीं दिखती, धुंधला सा आसमान में धूप विकल आता है
यहाँ तो दोस्त मिनटों में मिलते, दुनिया में दोस्त कहलाने में कई साल निकल जाता है
लेकिन दुनिया के दोस्त पाएदार होते, जबकि फेसबुक का दोस्त हर रोज़ बदल जाता है

कोई चीज़ बुरी नहीं होती, इंसान की सोच उसे अच्छा या बुरा बनाती है
हर चीज़ अपने मकसद के लिए होती, पर इंसानी फ़ितरत उसे कहीं और पहुंचाती है
कभी कभी अपनी ही फितरतों पे इंसान रोता, जब मंज़रों में खंजर नज़र आती है
फिर अपनी हसरतें बदलने की कोशिश करता इंसान, पर इनसानियत बेज़ार हो जाती है

माया, तो परम तत्त्व की विवेचना से ही है निकलती, इसका उद्घोष हमारे वेदों में है
आदमी अपने क़यास से कुछ भी बदल सकता, इसका उद्बोधन दर्शन के प्रभेदों में है
चेहरे की किताब की कोई त्रुटि नहीं, शायद गलतियां हमारे रिश्तों के खेदों में है
ये फेसबुक तो सिर्फ एक औजार है, रिश्तों का मजमून तो दोस्तों के हमारे यादों में है

आओ चलो एक बार कोशिश कर फेसबुक की नकली दुनिया से बाहर निकलतें हैं
चलो आओं, इसबार अपनी ही दुनिया के खुद के वहम से, बहुत आगे निकलतें हैं
रुत भी है दस्तूर भी, चलो किसी दोस्त तो उसके पैदाइश के सालगिरह पे मुबारक कहते हैं
केबल चेहरे की किताब में मशीनी मुबारक वाद नहीं बोलते, घर चल कर गर्म जोशी से मिलते हैं
चलो इस शाम में, दोस्तों के घर जाने के लिए इस चेहरे की किताब को बंद करते हैं

कठिन शब्द

1. *दावा- ए -सदाक़त : सत्य का दाबा, अधिकार*
2. *वजूद : 1. अस्तित्व 2. सत्ता 3. देह; शरीर 4. सृष्टि 5. उपस्थिति; मौजूदगी*
3. *बेनकाब : 1. जिसपर नकाब या परदा न हो 2. जिसका चेहरा ढका न हो 3. जिसका रहस्य खुल चुका हो; जिसका परदाफ़ाश हो चुका हो*

4. माहताब : 1. चंद्रमा; चाँद 2. एक प्रकार का जंगली कौआ। 3 चाँदनी
5. तसव्वुर : 1. चित्त को ध्यान करके किसी को प्रत्यक्ष करना; समाधि-दर्शन 2. कल्पना 3. विचार; ख़याल; ध्यान।
6. सफा : 1. पवित्र; पाक; निर्मल; शुद्ध 2. साफ़; स्पष्ट; स्वच्छ 3. ख़ाली; रहित। किताब का पृष्ठ; पन्ना; कागज़।
7. बेवफा : वफ़ा नहीं करने वाला
8. बावफ़ा : वफादार
9. अल्फ़ाज़ों : शब्द, शब्द समूह
10. शख़्सियत : 1. व्यक्तित्व 2. व्यक्तिगत विशेषता
11. ख़फ़ा : अप्रसन्न; रुष्ट; नाराज़; क्रुद्ध
12. अज़ाब : 1. तकलीफ़; कष्ट; दुख 2. विपत्ति; संकट 3. दुष्कर्म; पाप 4. झंझट; बखेड़ा
13. रकीब : प्रेमिका का दूसरा प्रेमी; प्रेम क्षेत्र का प्रतिद्वंद्वी
14. शबाब ; 1. यौवनावस्था; जवानी 2. किसी वस्तु या भाव की उत्तम अवस्था 3. सौंदर्य
15. रुक्न : सदस्य
16. हिजाब : 1. परदा; ओट 2. लज्जा; शरम; लिहाज़
17. साया : 1. परछाँई; छाँह 2. छाया; प्रतिबिंब 3. (अंधविश्वास) भूत-प्रेत बाधा
18. नुमायाँ : 1. जो स्पष्ट दिखाई देता हो; ज़ाहिर; व्यक्त; प्रकट 2. बड़ा; प्रधान
19. विकल : 1. व्याकुल; विह्वल; बेचैन; अधीर 2. अपूर्ण; खंडित; अंगहीन 3. रहित; हीन; असमर्थ 4. क्षुब्ध 5. हतोत्साह
20. पाएदार : स्थाई
21. मकसद : 1. उद्देश्य; इरादा 2. मनोरथ; कामना 3. अभिप्राय; मतलब; अभीष्ट।
22. फ़ितरत : 1. प्रकृति, स्वभाव 2. सृष्टि, पैदाइश 3. चालबाज़ी, चालाकी 4. धूर्तता 5. होशियारी 6. शरारत।
23. मंज़रों : देखने योग्य वस्तु या स्थान; दृश्यावली; दृश्य; नज़ारा
24. बेज़ार : 1. नाराज़; नाख़ुश; अप्रसन्न 2. विमुख 3. अरुचिकर
25. विवेचन : 1. भली भाँति परीक्षण करना
26. क़यास : 3. अनुमान; अटकल 2. कल्पना 3. सोच-विचार; ध्यान
27. उद्बोधन : 1. किसी बात का ज्ञान कराने की क्रिया या भाव 2. उत्तेजित करना 3. जागने या जगाने का भाव 4. विचार प्रकट करने की क्रिया या भाव।

28. प्रभेदों : 1. प्रकार; भेद; श्रेणी; किस्म 2. कोई छोटा विभाग, प्रभाग या वर्ग 3. अंतर; भेद 4. भेदन करने की क्रिया या भाव 5. तोड़ना-फोड़ना; स्फोटन

29. खेदों : 1. किसी अपराध या त्रुटि पर होने वाला दुख या पश्चाताप 2. अफ़सोस; अनुताप; पछतावा 3. रंज; उदासी; कोफ़्त 4. किसी को ठेस पहुँचाने से उत्पन्न ग्लानि; व्यथा; गम 5. निर्धनता 6. रोग 7. शिथिलता; थकावट।

30. मज़मून : 1. वह विषय जिसपर कुछ कहा या लिखा जाए 2. लेख; निबंध; पाठ

31. वहम : 1. भ्रम 2. शक; मिथ्या संदेह 3. भ्रममूलक विचार

32. मुबारक : 1. शुभ; मंगलप्रद; मंगलकारी; जिसमें बरकत दी गई हो 2. नेक; भला; शुभ 3. बरकत का संकेत; बरकत का हेतु 4. धन्यवाद; बधाई

English Translation

53. Facebook

Welcome, welcome, this is book of my worlds masque
This is my face of truth and honesty so called without mask
Now a day this is dazzling moonlight of friendship world for bask
It hides the identity of and acting of all of us is simply excellent as casque

You can see my life in this and I communicate with friends through this tool
Now a day I meet my friends only through this in this communication school
I sew my shirt of worlds by likes and dislikes by my friend's message pool
I understand the imagination of other's through this build my own thoughts by this rule

All my wishes are now days a page in the book of face.
Friendship has tested her every day, who is true friend in well known in this showcase
My personality is defined by words of friends and I know who is angry with me in this place
Now a day's common as well as privileged person identity is created here in every time & space

Now a day some people say that, this book of face is a torture
Any Tool and friendship is never bad, only the intention of human is final creature
It has some parking places, for them there are owners and users for adventure
It also has many apps and those tools have its own characteristics for pleasure

But now a day I think whether this my book of face or face for showing it to world
I feel user of this has wearing over a mask to create the personality that is revered
Whatever face is seen here it behind a mask here, there is with veil well covered
But that is not just applicable to face-book, but common in society also anything preferred

Do we really need this book of face, or is this the only a shadow of personality that I need?
Or to show myself larger than what I am, it my external exhibition to world for me to supersede
It has changed the meaning of friendship & ally. since when it has come in the world for intercede
But human relationship was not so small, that everything can be included in the face-book in deed

In the face-book the shape of relationship and its foundation takes a new form and shape
It does not show the truth of our relationship, in the sky of time, brightness of sun hides in drape
You can make friends here in minutes, however in real life friendship might take years to make
But the friendship in real life is stable, while the friendship in face-book changes very fast to break

Nothing is good or bad in world, human thoughts only makes them good or bad
Everything in this world is for its own purpose, human efforts only make or break a fad
Sometime human being cries on its effort and qualities, when violence is scene inside the clad
Then man try to change his wishes as consequence, but humanity is torn asunder by the mad

Maya comes of out of separation from Brahma, that has been proclaimed in the Vedas

Man can change anything by his efforts, these sayings are there in the classification of ideas

Book of face does have errors, wrong part is there in way of our relationship's wheezes

This face-book is only a tool, our relationship is in remembrance by friends and their speeches

Let's try for one more time and come out of unreal world of face-book

Let us come of illusion of our own world and move forward in life for new look

Its ritual also, its customary also that we can wish happy birthday to a friend with shook

Let's not just wish the mechanical happy birthday, wish a warm happy birthday in his nook

In this evening, lets close the face-book for going to a friend's place for life's new hook

54. हमारे लिए

उनका ही मुल्क उनकी ही निज़ामशाही फिर वो कहते है, कि वो हमारे लिए लड़ते हैं
कहते है वो, हम तो तुम्हारे ही खातिर, आजकल काले नकाबपोशों को पकड़ते हैं

क्यों मान लें हम उनकी बातों को, अब तक उनके इरादों से आज भी कुछ भी न बदला है
पहले भी उन्हों ने अपने को देश के लिए खास बतलाया था, पर आजभी उनका सुपुर्दगी उथला है
उनके पहले के सारे लोग कहे अनुसार सत्ता में भ्रष्ठ थे वही हमारे प्रिये हमदम और सहेला है
क्यों और कैसे मान ले हम उनका दावा कि देश चलाने का उनका हक़ सबसे पहला है
बार बार हमे चुप करने कि कोशिश करते हैं वे, हम जब भी उनकी गलतियां पकड़ते हैं
उनका ही मुल्क उनकी ही निज़ामशाही फिर वो कहते कि हमारे लिए लड़ते है

बार बार जोर देकर कहते है वो, हमारे लिए उनके पास नयी नीतियों के प्रकार हैं
दूसरी तरफ के लोग दल नहीं दलदल है उनमे व्याप्त प्रचुर भ्रष्टाचार हैं
मत भूलो कि देश उनका भी है जिनपे लगती तोहमतें आज, उनके भी अपने विचार हैं
छायांकित मुक्के बाज़ी करते है वो, काले नकाबपोशों के साथ, इसलिए अब देश जार जार है
हाथ मिलाते है फिर परदे के पीछे उन्हीं से, नूरा कुश्ती में जिनसे सामने झगड़ते हैं
उनका ही मुल्क उनकी ही निज़ामशाही फिर वो कहते है कि हमारे लिए लड़ते हैं

दावा है उनका कि उन्होंने बदल डाला है हस्तिनापुर के सत्ता का चरित्र

यमुना में पहले बदबूदार पानी बहता था, जिससे उन्होंने ही बनाया है पवित्र
उनके अंदाज़ और व्यवहारों में से हम उन्हें कैसे मान ले आज भी अपना मित्र
उन्हें तीज त्योहारों के हमारे दिए कपडे पसंद नहीं आतें, न ही अच्छा लगता हमारा इत्र

हमें गुमराह करने कि कोशिश करते वो हर बार, जब हम देश का परचम आगे बढ़ाते है
उनका ही मुल्क उनकी ही निज़ामशाही फिर वो कहते कि हमारे लिए लड़तेहै

क्यों करतेहै वो ये सब, और क्या उन्हें पता नहीं इन सब से क्या क्या गुल खिलता है
उनकी इन्ही वादों और इरादों का न आजकल भी ज़माने में न उसूलों का अमल मिलता है
देश के विकास का पत्थर लोगों के आजकल साथ आने से ही आमूल चूल हिलता है
उनके सारे इरादों कि खबर हमें है, देखें आगे उनके किन शगूफ़ों से देश दहलता है
मुस्तकबिल दिनों में हमारा क्या हाल हो पता नहीं, और देखें वो देश को किस और मोड़तें है
उनका ही मुल्क उनकी ही निज़ामशाही फिर वो कहते कि हमारे लिए लड़ते है

कठिन शब्द

1. *निज़ामशाही : 1. निज़ाम का शासन 2. मध्य युग में निज़ामाबाद में बनने वाला एक प्रकार का बढ़िया कागज़।*
2. *नकाबपोशों ; 1. जिसका चेहरा नकाब से ढका हो 2. छुपा हुआ*
3. *सुपुर्दगी : किसी को सौपने की क्रिया; किसी को देना*
4. *उथला : कम गहरा; छिछला*
5. *हमदम : वह जो अपने मित्र का आख़िरी दम तक साथ देता हो; अत्यंत घनिष्ठ*
6. *सहेला : मित्र, दोस्त*
7. *तोहमतें : 1. मिथ्या दोषारोपण; लांछन 2. इल्ज़ाम; आरोप 3. झूठे आरोप से की गई बदनामी 4. मिथ्या कलंक।*

8. छायांकित : जिसका छायांकन किया गया हो; फ़ोटो या अक्स बनाया हुआ
9. परचम : 1. झंडे का कपड़ा 2. पताका; झंडा
10. उसूलों : सिद्धांत; नियम
11. आमूल : जड़ से; जड़ तक; मूलपर्यंत
12. मुस्तकबिल : भविष्य काल; आने वाला समय; भावी समय

54. For ourselves

It's their country and their rule but they claim to fight for us.
They claim to catch the black masked people who create fuss
Why should we agree with their claim, when their intention still create ruckus?
They have claimed themselves to be special for country while delivery has been a muss

Does all people before them in power were corrupt and they only our friend and companion?
Why should I accept his claim that they have the first right to run my country with union?
They always try to silence us, whenever we catch their errors as minion
Its his country and his rule, but he claims to fight for ourselves

They always emphasize that we have new types of policies and thoughts for country
People in other political party are marshy land, other people has corruption as industry
Let's not forget the country also belong to blamed people, their thoughts are not just sundry
They indulge in shadow fighting with black masked people, while condition of country is hungry
Behind the curtains they shake the hand, with whom they indulge in shadow fight for inventory
Its their country, its their rule but they claim to fight for ourselves

They claim to have changed the character of power structure in Hastinapur

Dirty and fowl water use to flow in Yumna, that they claim to have purified forever
How can we still take them as our friend by their current intention and behaviour?
They do not like cloth provided on festival by us, they also do not like the fragrance that we pour
They triy to confuse us, when we hold the flag of country and want to march for endeavour
Its their county and their rule, but they claim to fight for ourselves.

Why they do it like this and do not they know that what is consequence of all their work
Evennow country does not show the implementation of their principle and intention in murk
Static stone of growth can only be moved by coming together of people in a unity to give it jerk
I know all their intentions, let's see country will be shattered by which of their falsification to irk
I do not know what will be my condition in future, in which direction they turn the country by quirk
Its their country, there rule but they claim to fight for ourselves

55. जन्म दविस क बधाई

स्वीकार करें स्वीकार करें, आप के जन्म दिवस पर मेरी भी शुभकामना
लेकिन सर्वप्रथम ईश्वर को समर्पित हो, आप के दीर्घायु होने कि मेरी कामना
आज अंगीकार करें, आप के उज्ज्वल भविष्य के लिए मेरी भी भावना
ईश्वरीय अनुकंपा मिले आप को सर्वदा, परिलक्षित हो उसकी वरदभावना
उत्तरोत्तर विकास होता रहे आप का, वास्तविकता बने हर कल्य संभावना

समाकलित हो उल्लास हमेशा जीवन के समस्त पर्वों पर
सम्मिलित हो उत्कर्ष हमेशा जीवन के संपूर्ण सन्दर्भों पर
समाहित हो विजय हमेशा जीवन के प्रत्येक प्रादुर्भों पर
संकलित हो ज्ञान हमेशा जीवन के समस्त कर्मों पर

पुनः धन्यवाद देते हम आज ईश्वर को आप के जीवन रूपी उसके वरदान पे
गौरवान्वित होते हम भी आप जैसे समाज में विचारों के ओजस्वी महान पे
मिलता हम सभी को मार्गदर्शन जीवन में आप जैसे अनुभव युक्त विद्वान पे
धरा, कुटुम्ब और जननी भी धन्य होते और, गर्व करते, पाकर आप जैसे संतान पे
खुशी हमें भी आज मिलती, आप के इस जन्म दिवस पर छाई मुस्कान पे

कठिन शब्द

1. शुभकामना : मंगल कामना; कल्याण या भलाई के लिए की जाने वाली कामना; इच्छा
2. दीर्घायु : लंबी आयु वाला; दीर्घजीवी; अधिक आयु वाला
3. अंगीकार : 1. स्वीकृति; मंजूरी; ग्रहण करना 3. अपने ऊपर लेना 4. ज़िम्मेदारी उठाना
4. अनुकंपा : 1. करूणामय कृपा; अनुग्रह 2. दया 3. हमदर्दी
5. परिलक्षित : 1. अच्छी तरह से देखा-भाला हुआ 2. अच्छी प्रकार से निरूपित, वर्णित या कथित 3. चारों ओर से देखा हुआ 4. जो स्पष्ट रूप से दिखाई पड़ रहा हो; दृष्टिगोचर
6. वरदभावना : वरदाता; वर देने वाला भावना
7. उत्तरोत्तर : आगे-आगे; क्रमशः आगे की ओर; अधिकाधिक; लगातार
8. कल्य :1. प्रातःकाल 2. आने वाला कल 3. बीता हुआ कल 4. शुभ समाचार; सुसंवाद 5. बधाई; शुभकामना 6. स्वास्थ्य 7. उपाय 8. प्रशंसा 9. मधु 10. शराब 11. क्षेपण। 12 स्वस्थ; निरोग 13. तैयार; प्रस्तुत 14. चतुर 15. शुभ; मंगलकारक
9. समाकलित : 1. एक ही तरह की इकट्ठी की गई अनेक वस्तुओं का मिलान करके उनकी व्यवस्था या क्रम देखना; आशोधन; समाशोधन 2. किसी से रकम प्राप्त करके उसके खाते में जमा में लिखना; 3. विनिमय; अदलाबदली
10. समाहित : 1. एकत्र किया हुआ; संगृहीत 2. तय किया हुआ; निश्चित 3. समाप्त 4. स्वीकृत
11. संकलित : 1. एकत्र किया हुआ; संगृहीत 2. तय किया हुआ; निश्चित 3. समाप्त 4. स्वीकृत
12. गौरवान्वित ; 1. सम्मानित 2. गौरवयुक्त; महिमायुक्त
13. मार्गदर्शन : 1. मार्ग दिखाने का कार्य; रास्ता दिखाने वाला 2. पथप्रदर्शन
14. धरा : धरती; भूमि; पृथ्वी; ज़मीन
15. विद्वान : ज्ञानवान, विवेक सम्मत
16. कुटुंब : 1. एक ही कुल या परिवार के वे लोग जो सब मिलकर एक साथ रहते हों 2. कुनबा 3. ख़ानदान 4. परिवार।
17. जननी : 1. जन्म देने वाली स्त्री; उत्पन्न करने वाली; माँ; माता 2. दया; कृपा 3. चमगादड़ 4. जूही नामक लता 5. मजीठ 6. कुटकी 7. जटामासी 8. पपड़ी

English Translation

55. Wishes for a Happy birthday

Accept it & accept it my best wishes for your happy birthday
But first let me submit my prayers to God for long life that endures
Kindly incorporate in yourself my sentiments for bright future that
assures
You should always get the God's compassion and, boons and all his
cures
You should grow continuously, every auspicious possibility of should
be yours

Let enthusiasm be integrated in all the festivals of your events
Let the excellence be included in all the activities of your life presents
Let victory be result of all the effort and trials of your life's extents
Let knowledge be the outcome in all the work of your life as scent

We thank the god today again for boon of in the form of your life as
his kindness
We feel proud for a thoughtful and great person like you in the society
for your politeness
We all get the guidance in our life, by an experienced great person like
you with brightness
Mother earth, family and your mother feels pride for having a child
like you for highness
We also feel the happiness. by seeing the smile on your face on this
birthday of yours with easiness

56. वचिारहीन देश

कैसी होगी दुनिया अगर आदमी के साथ उसके विचार भी मर जाते
शायद कुछ लोग दुनिया को चलाते, सबको डराते और लोग भयग्रसित कहलाते
वीभत्सता और अंधकार भरी होती दुनिया, जब रावण और कंश जीवित होते
और राम और कृष्ण मर जाते
संस्कृतियां और कला नहीं होते, लोग बस लड़ लड़ कर यूँ ही मर जाते
शाश्वत कुछ होता नहीं, सामाजिक नैतिकता भी समाज में बिखरे मिल जाते
पता नहीं मानवता रसातल में कहाँ छिपी होती, जब सारे बदगुमान कहलातें
गुफा में छुपा होता आदमी, उसके लंबे नाखून और अस्त्र उसे प्रखर बनाते
इस हिंसा भरी स्याह दुनिया में लोग घटनाओं पर रोज़ कांपते और सिहर जाते
लोग विचारों के बगिया न लगाते, और दूसरे के बागों को भी बिखेर लाते
जीवन बस लिप्त होता विलासिता में, लोग विवेकहीन समर में फंसे रह जाते
शोषण ही फैल होता चारो और, मानवता के ज़ख्मों को को कोई न सहलाता
विचार बिक रहे होते बाज़ारों में, आदमी भी तब सत्ता का गुलाम हो जाता

कमज़ोरों को फिर भेड़ बकरी बनाते, हर आदमी उनके उपयोगिता भर रह जाता
मंदिरों में न मिलते गंगाजल, आदमी वध के खून से ही मूर्तियों को नहलाता

उन क्षणों में हिंसा भी सोचती शायद वही सर्वोच्च शक्ति और परम सत्य है
समाज में हिंसक के सामने खड़ा भयाक्रांत आदमी प्रयोजन भर का भृत्य है
हिंसा का प्राधिकार, लोगों को उतनी ही जीने कि आजादी देती जितने गुलाम के कृत्य है
हिंसा की राज्य सत्ता तब जो कह रही होती, सब मानते वो ही युग के महान वक्तव्य है

कभी कभी तो सबको विश्वास होता मानो दुनिया में हिंसा ही छा जायेगी
मिट जाएगी मानवता और चारो और कालिमा ही आसमान में आ जायेगी
आदमी के अंधेरों से लड़ना कि आदत मानो अंधेरो में ही खो कर रह जाएगी
विश्वास रख स्याह रातें हर बार ख़तम हुई है, आशाएं बो कल नयी सुबह ज़रूर आएगी

कठिन शब्द

1. *वीभत्सता : 1. घृणित; भयानक 2. असभ्य; जंगली; बर्बर*
2. *शाश्वत : 1. निरंतर; नित्य 2. सदा रहने वाला; चिरस्थायी। 3. स्वर्ग; अंतरिक्ष 4. शिव।*
3. *नैतिकता : नीतिशास्त्र के सिद्धान्तों का ज्ञान एवं उसके अनुरूप किया जाने वाला आचरण*
4. *रसातल : ज़मीन के नीचे के सात तलों में से छठा तल*
5. *बदगुमान : 1. दूसरे के बारे में बुरे विचार रखने वाला 2. संदेह करने वाला; संदेहशील 3. जिसके मन में किसी की ओर से संदेह उत्पन्न हुआ हो; शक्की 4. असंतुष्ट*
6. *प्रखर : 1. बुद्धिमत्तापूर्ण 2. तीक्ष्ण; प्रचंड; उग्र*
7. *विलासिता : विलासी होने की अवस्था या भाव; विलास*
8. *समर : 1. वृक्ष का फल; मेवा 2. किसी कार्य का परिणाम; नतीजा 3. सत्कर्म का सुफल*

9. *भयाक्रांत : भय का 1. जिसपर आक्रमण हुआ हो; जिसपर हमला किया गया हो 2. पराभूत 3. वशीभूत; अभिभूत; ग्रस्त 4. सताया हुआ 5. व्याप्त*

10. *वक्तव्य : ऐसी बात जो किसी विषय को स्पष्ट करने के लिए हो 2. जो कहा जाने वाला हो 3. कहे जाने योग्य हो 4. विचारों को प्रकट करने के लिए मौखिक या प्रकाशित कथन*

English Translation

56. A Thoughtless country

How the world will look in case the thought will also die along with the person
Perhaps some people will be able to run world, create fear and repulsion
World will be filled with ugliness and darkness when Ravana and Kansh will centre stage of discussion
And lord Ram and Krishna might have died with distraction

Culture and art will not be there, people will just die due to constant fighting
Nothing would immortal in society, society moral can be also being found broken and adjusting
We do not know where humanity will there in abyss, when everybody will be haughty & distrusting
Man will be hiding in caves and his long nails of the man will make him excel in the job of killing
In the violence filled such a dark world, people will shiver everyday but will do nothing

Nobody will plan to make thought in their garden, even they will destroy the garden of others
Life will be just be indulged in seeking pleasure, people will be engaged in thoughtless fights & fears
Exploitation will surround the man and nobody will care for humanity due to exploitation as tremor
Thoughts would be sold in markets human being will be slave of a violence authority of terror

We will not be able to get water of Ganges in temples, man will cleanse the statue with the blood of human carnage

Poor people will be made to behave like goat and sheep and everybody
will be treated as per utility of the man as usage

Violence will think that they are supreme authority and absolute truth
of society and has privilege

Fearful Man standing before the violence is servant only for purpose
of its intention and envisaged

Then violence will only give that much freedom in life to person as per
the slave's nooses

At that time, whatever violence will say that will be the voice of the
society and time adage

Sometimes we would have believed that violence will engulf the entire
world

Humanity will come to an end, darkness will be all around in the places
of society as gold

Ability of human being to fight with the darkness will be lost
permanently in time as sold

But have faith, dark night always ends, sow the hopes, tomorrow a
new dawn will come as bold

57. शंख

प्रभु मुझे वो शंख नहीं चाहिए जिससे लोगों के मन कि आवाजें सुनाई देती है
मुझे वो दिव्य दर्शन भी नहीं चाहिए जिसमें मुस्कान के पीछे कि भावनाएं दिखाई देती है

जमाना कहता है मेरा नकली दोस्त अपने असली सांसो में आज भी जिन्दा है
मेरे ख्यालों में तो वो दोस्त पहले ही गुजर गया था आज तसव्वुरों में भी वो दूर का परिंदा है
अपने ज़माने का वो शाइना कहलाता था वो, जबकि अंदर से वो आज भी मुकम्मल गन्दा है
उसे जब से अंदर से जाना है मैंने तब से, हमारा अलग अलग रब और जिंदगी का मानिन्दा है
जब भी मैं झांकता हूं दोस्तों के ज़ेहन के अंदर, उनकी दिल की हकीकत मुझे रुला ही देती है
प्रभु मुझे वो शंख नहीं चाहिए जिससे लोगों के मन कि आवाजें सुनाई देती है

हम सब अपने अपने दीवारों में क़ैद हमारा अपना अपना कुआँ अँधा है
सब लोग पुकार रहे जिंदगी को, पर अब हो चला सबका गला रुँधा है

जब झांकते लोग कुएं के बाहर तो बाजार दिखता, जिसका हर दुकानदार दरिंदा है
हर किसी को अपने जिंदगी के रोशनी और चांदनी कि तलाश, भटकता दर व दर हर वंदा है
पर नूरानी रोशनी रूह को तब तक नहीं मिलती जबतक अंदर कि आवाज़ परायी होती है
प्रभु मुझे वो शंख नहीं चाहिए जिससे लोगों के मन कि आवाजें सुनाई देती है

क्यों जीता है नफरत और बेबफ़ाई के साथ इंसान, बस मिलाबट के मुखौटे हटा लें
कबतक वो जियेगा गैरियत के उक़ूबत के बीच, क्यों नहीं बस अदाबत के चेहरे मिटा ले
कोशिश तो कर एक बार रहने कि खुदाई में ख़ुदा के साथ, सदाक़त के आईने तो जमाने में जुटा ले
एक बार हबीबी से जीने कि कोशिश तो कर, बस दोस्तों के पुराने रंजो गम सिमटा ले
या मौला तू ही अता कर मेरे दोस्तों को तेरी आबिदी, जिसमें जिंदगी खुद को तुझमे सिमटा देती है
प्रभु मुझे वो शंख नहीं चाहिए जिससे लोगों के मन कि आवाजें सुनाई देती है

चल अपने खुदगर्जी और खुमारों को छोड़, जिंदगी में जुड़ने कि और मुड़ते है
चल अपने वजूद की बीमारी को छोड़ कायनात के संबंधों की ताज़ी साँसों में आज पड़ते है
देख अब मिटा रहा तेरा बेकरारी का आलम अब दोस्तों से दिल वाली दोस्ती गढ़ते है
बढ़ा दोस्ती पे तू अपना इख़्तियार आज से अब हम सब दोस्तों के हाथ तुझसे जुड़ते है

देख अपनी मिटती गुरबतों को जमाने में फूटते नए दोस्ती के आसार से
रुक गया है तेरे हयात कि तन्हाइयों का क़हर दोस्ती के दुरुस्त होते मयार से
ओर फिर उग रहे है तुझ में भी नए रिश्ते आज, मरासिम कि नयी बयार से

ओर इस तरह मिट रहा है तेरे वजूद का सिफर कुरबतों के नए बहार से

कठिन शब्द

1. *दिव्य दर्शन : 1. अलौकिक; लोकातीत 2. चमकीला; दीप्तियुक्त 3. अतिसुंदर; भव्य 4. स्वर्ग या आकाश संबंधी। वाला दर्शन*
2. *तसव्वुरों : 1. चित्त को ध्यान करके किसी को प्रत्यक्ष करना; समाधि-दर्शन 2. कल्पना 3. विचार; ख़याल; ध्यान।*
3. *परिंदा : पक्षी; चिड़िया; पाखी*
4. *शाइना : सुन्दर*
5. *ज़ेहन : 1. जानने-समझने की क्षमता; समझ; दिमाग 2. बुद्धि; प्रतिभा; कौशल 3. समझने-बूझने की योग्यता; धारणाशक्ति 4. स्मरणशक्ति; याददास्त*
6. *रब : 1. भगवान; मालिक; परमेश्वर; ईश्वर 2. पालन-पोषण करने वाला*
7. *नूरानी : आत्मीय*
8. *गैर : 1. पराया; बेगाना; अन्य; दूसरा 2. कोई और; अपने परिवार से बाहर का 3. बदला हुआ 4. जिसके साथ आत्मीयता का संबंध न हो। एक प्रत्यय जो शब्दों के आरंभ में जुड़कर निषेधसूचक या अभाव से संबंधित अर्थ देताहै, जैसे- गैरहाज़िर, गैरज़रूरी आदि*
9. *उक़ूबत : सजा देना, दंड देना*
10. *सदाक़त : 1. सत्यता; सच्चाई; खरापन 2. गवाही 3. तसदीक*
11. *हबीब : 1. दोस्त; मित्र 2. प्रेमपात्र; प्यारा*
12. *मौला : 1. ईश्वर; देवता; भगवान 2. स्वामी 3. मित्र; दोस्त; सहायक; सखा*
13. *आबिदी : इबादत या पूजा करने वाला; पुजारी; भक्त*
14. *खुमार : 1. मदहोशी; नशा; 2. शरीर में नशे की थकावट 3. कच्ची नींद में उठने पर आँखों और सिर का भारीपन 4. वह शिथिलता जो रात भर जागने से होतीहै।*
15. *कायनात : 1. सृष्टि 2. जगत; ब्रह्मांड; संसार; विश्व*
16. *बेकरार : बेचैन; व्याकुल; विकल; जिसे करार या चैन न हो; जिसके मन में शांति न हो*
17. *इख़्तियार : 1. काबू; नियंत्रण 2. सामर्थ्य; शक्ति 3. अधिकार 4. प्रभुत्व; स्वत्व*
18. *मरासिम : परंपरा, सबंध, कानून*
19. *आसार : 1. लक्षण; चिह्न 2. खंडहर 3. नींव; दीवार की चौड़ाई 4. 'असर' का बहुवचन 5. पदचिह्न*

20. सिफर : 1. गिनती में वह संख्या जिसके बाद 1, 2, 3... आदि आतेहै, शून्य; 1. जिसमें कुछ भरा न हो; ख़ाली; रिक्त 2. अयोग्य; निकम्मा।

21. कुरबत : 1. नज़दीकी; निकटता; बहुत निकट का संबंध

57. The conch shells

My god I do not want that conch shell, with which I can listen the content of other's mind
I do not want that divine view, with which I get the real intention of a person smile's unkind

Society says that my false friends in his real breath is still today is very much alive
That friend of mine has already died. he does not even come to my thoughts for contrive
He was known as pious person of time, while he was a complete bad man used to connive
Since the time I have known him completely, we have different gods, values and means to survive
Whenever I enter inside the consciousness of people, it makes me feel cry but unalive
My lord I do not want that conch shell with which I can listen the voice of other's mind

We all are prisoner of walls around us, we have our own well of darkness for permutation
We all are calling for life, but not now our voice is chocked in our current situation
When we look outside the well, we see the market, where every shopkeeper having temptation
People are searching for moonlight of life, the man is moving all around filled with vexation
But we cannot have the pious light in our life, till the time inner consciousness is in aberration

My lord I do not want that conch shell with which I can listen the voice of other's mind

Why the people live with so much hatred and lack of trust, they just need to remove their mask
How long will he they live with punishment of separation, why does not face enmity without casque?
Let try for one time to live in God's world with his blessing, why not collect mirror of truth in society for our task
Let's try to live in harmony and friendship, why not forget the old anger and sadness of friends ask
My god you give your devotion to my friends also, in which everybody life is focussed on you as unmask
My lord I do not want that conch shell with which I can listen the voice of other's mind

Let's us leave the habit and intoxication of our existence and turn towards realities of life
Let's breath fresh air from environment and overcome our sickness of our existence and strife
See your aloofness is now getting over, lets connect you with friend and shape new relationship as rife
You also increase your claim on new friends now, as hands of friend is coming towards you for advice

You can see your poverty of relationships is getting solved as new sapling of friendship is growing
Loneliness of this world is coming down as level of friendship is becoming stronger and glowing
New relationship is growing inside you, with the coming of new wind of friendship that is blowing
The hollowness of your existence is getting wiped by new spring of togetherness that is showing
My lord I do not want that conch shell with which I can listen the voice of other's mind

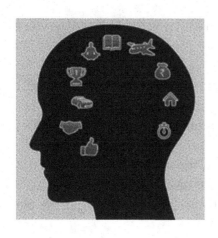

58. सोच के दायरे

चलो आज अपने ही सोचे के दायरे से आगे निकलते है
युग कि नयी बहती हवा में पुरानी चहारदीवारी के बाहर टहलते है
ढूँढ़तेहै कुछ नयी खुश्बुएं गुलशन में, और उन्हें हवा से मुट्ठियों में जकड़ते है
आज खेलते है कुछ पुराने भूले-विसरे खेल, जो लम्बे समय से हमारे ख़्वाबों में पलते है

क्या है आजकल हमारा वैचारिक रकबा, परिवार, मोहल्ला, जाती या देश
अंतर होता केबल हमारे सोच का, आत्मसात कर ही बनती सारी बातें विशेष
अगर हम बृहत कर सकें अपने सोच का दायरा, तो समाज में छोड़ने को नहीं है कुछ भी शेष
समझे तो ले हम अपना आपसी सामाजिक अदृश्य जुड़ाव, उन्हीं से बनता हमारे जीवन का निमेष

आजकल हम सभी सिकुड़े जाते, अपने में कछुए के कवच जैसे मानिंद
समाज में हम अकड़े हुए रहते, व्यक्तिगत दर्प में कहते स्वयं को गोविंद
युग प्रणेता हम सभी, बनना चाहते, पर फूटते नहीं वैचारिक अरविन्द
गलीयों में हम काम क्यूं नहीं करते, सभी बस बैठना चाहते ऊपर अलिंद

इस सामयिक युग में समाज को आवश्यकता परिवर्तन के उसके कर्मयोद्धा का
इस समाज को भी जरूरत जन जन के उत्कर्ष के लिए उसके अपने नए पुरोधा का
आज भी देश आशान्वित नए अनुसंधान के लिए हमारे लोक ज्ञान के समिधा का
लेकिन नए वैचारिक अवतरण के लिए समाज में चढ़ानी होगी बलि स्वयं के दुविधा का

कुछ दधिचियों के दान से बनेंगे कल के अस्त्र और कल प्रस्फुटित होंगे प्रसून व नव-किसलय
फिर नव विचारों से मिटेगी असमानता समाज में और उभरेंगे व्यक्तिगत स्वतंत्रता के नव महालय
आज की सत्ता संरचना ओर समाज को बदलने के लिए, लाना होगा हमारे विचारों में भी विकलय
चलिए आज ले सामुदायिक उत्कर्ष का संकल्प और नए प्रकल्प में करते हैं जन प्रयास का विलय
लेकिन देखते है पहले खुद को ओर शुरू कर लाते हैं स्वयं के वैचारिक बदलाव के लिए प्रलय

कठिन शब्द

1. *दायरे : क्षेत्र, सीमा, वृत्त*
2. *गुलशन : गुलाब या फूलों का बागीचा*
3. *रकबा : अन्तर्निहित क्षेत्र*
4. *आत्मसात : अपने अंदर लेना, मिला लेना*
5. *निमेष: : पलक झपकने का समय, एक क्षण*
6. *बृहत्: :बड़ा करना, बढ़ाना*
7. *अदृश्य : जो नहीं दिखता हो*
8. *मानिंद : के जैसा, के तरह*
9. *गोविन्द : भगवान या प्रभु, अंतिम सत्ता का प्रतीक*
10. *अरविन्द : कमल, यहाँ विचार के निकलने का प्रतीक*
11. *आलिंद : 1. भौंरा 2. दरवाज़े के सामने का चौतरा; चबूतरा 3. छज्जा 4. द्वार-कोष्ठ; पौर 5. एक प्राचीन जनपद का नाम।*
12. *प्रणेता : नेतृत्व या हमें बनाना वाला*
13. *दर्प : घमंड*

14. पुरोधा : पुरोहित की पदबी वाला आदमी, ज्ञान का नेतृत्व करने वाला
15. समिधा : लकड़ी या ईंधन
16. अवतरण : स्वर्ग से नीच उतर कर धरती पर आना
17. दधिचियों : महान ऋषि जिन्होंने ने शरीर दान कर देवताओं की सहायता की थी
18. प्रस्फुटित : निकलना, खिलना
19. नव-किसलय : डाली का वह भाग जहां पत्ते निकलतेहैं, फूटते हुए
20. महालय : मठ, तीर्थ का स्थान या, शरण की जगह
21. विकलय : घायल करना या काटना
22. प्रकल्प : योजना, या उद्देश्य
23. विलय : मिलाना, एक करना
24. प्रसून : 1. फूल; पुष्प 2. फूल की कली 3. प्रसूत 4. उत्पन्न 5. संजात
25. प्रलय : बड़ा बदलाव, एक कल्प का खतम हिना, नष्ट होना, खत्म करना

58. Range of one's Thought

Let's us go beyond the boundaries of thoughts we have
Let walk outside of compounds wall of thoughts in new wind of as brave

Let's find some new fragrance in world around, let hold them today in our grip
Let's play the forgotten plays, which still looms in our dream's current snip
What is important for us family, community, caste, region or country as our leap
Only difference is of thought, special things emerge only through incorporating in our kinship

If we can expand our range of thinking, there is nothing to be left out in society
Let's understand the invisible connection we have, that give moments of our life a variety

Now a day we all are confined to our own shell like the one for tortoise
We try to stand upright in society, we tend to consider ourselves as God otherwise
We all want to be transformer for society, but we lack the lotus of thoughts to be wise
No body want to do the manual work in street, they want to seat in Balcony and give advice

Contemporary time also needs it doers in society for initiating the change
For giving excellence to people, society needs the fighter to enable outrange

Today also country is hoping for more collective knowledge of people for new range

But for ushering in in a new willing society, we need to sacrifice our own doubts as interchange

Due to sacrifice of bones by saint like Dadhichee new arm will come and new possibility will emerge

Inequality will come down in society and new houses of personal freedom will get upsurge

If we want to change the power structure of today we also have mutilated our thoughts and urge

Let's take the vow of excellence, but first let's start the cataclysm of change in thoughts for purge

59. प्रेमपत्र का नया तरीका

आजकल कि जो है मेरी कहानी, बीते माज़ी कि रवानी वैसी तो न थी
तुझसे मिलने के बाद बदल गया हूं मैं, ये मेरी जिंदगानी आज जैसी
तो न थी

दिल पुकारता है तो, सामने आती है तू हर वार, किसी वक्त कहीं भी
गुजरे वक्त से, सामने आती है तू हरवक्त, मेरे ख्यालों अनायास कभी भी
तेरी यादें के गीतों को गाता हूं मैं, तू हर दम मेरी आवाज़ मिलाती है
यूँ भी
तेरी वजह से वजूद मिट रहा अब मेरा अपना, तू दिखती मुझमे वैसे भी

बहुत शिद्दत से दूरियां बढ़ा किसी तरह दुनिया से निजात पायी थी मैंने
पर तू जैसे ही सामने आयी, सब भुला कर तुझमे फिर हयात पायी थी
मैंने
तेरे देखने से मुत्मइन हुआ मैं, और फिर खुद को इल्तिफ़ात दिलाई थी
मैंने
तेरे लम्स के सुकून से जावेद हुए हम, और तेरी ही साँसों में कायनात
पायी थी हमने

मेरी दरमांद जिंदगी इस तरह खड़ी हुई है, और आज मिट गयीहै अब मेरी सारी नदामत
जब से मिली है मेरे दिल को तेरी सदा, मिट गयी अब इस ज़माने कि सारी जुल्मत
दोस्त कहते है बदल गया हूं में आजकल, उन्हें दिखती मेरी आँखों में अब नयी तम्कनत
हार गया हूं मैं अपना वजूद मेरे सद्र तुझको, बस अब तु अत्ता फ़रमा मेरी सल्तनत

और इस तरह आने वाले कल में, मैं से हम बनकर जिन्दा रह पाउँगा मैं
अपनी हालत और मज़बूरियों में भी साथ उठ कर ज़बर का मानिन्दा हो जाऊंगा मैं
अब तक तो जमाने मैं उड़ न सका, कल जरूर परवाज भरा परिंदा हो जाऊंगा मैं
आसमान भी झुकेगा हमारे लिए, जब से तेरे साथ उफ़ुक़ का बाशिंदा हो जाऊँगा मैं

कठिन शब्द

1. *निजात : छुटकारा*
2. *हयात: :जिंदगी और अस्तित्व*
3. *मुत्मइन: : शांत, सुरक्षित ओर संतुष्ट*
4. *इल्तिफ़ात : दया ओर ध्यान*
5. *लम्स : छूना, छूने कि संवेदना*
6. *जावेद : अमर, शाश्वत*
7. *कायनात : दुनिया, विश्व ओर बनाये हुए चीज़*
8. *मांजी - : भूत काल का का समय;*
9. *रवानी : तीव्रता, गति या बहना*
10. *अनायास : 1. बिना कोशिश के; बिना मेहनत के 2. आसानी से 3. स्वतः*
11. *शिद्दत : हिंसा, जोर लगाना, तीव्रता से*
12. *सदा : पुकार, बुलाना*
13. *जुल्मत : अंधेरापन, अँधेरे का क्षेत्र तम्कनत: सम्मान, गंभीरता, इज्जत, राज्य कि शक्ति*
14. *सद्र, सदर : सर्वप्रथम, सबसे पहले, मुख्या नेता, प्रमुख, राष्ट्रपति*
15. *मानिन्दा : तरह या जैसा*
16. *ज़बर : ऊँचा, महान, बड़ा*

17. परवाज : उड़ना
18. परिंदा : पक्षी;
19. उफ़ुक़ : क्षितज
20. बाशिंदा : निवासी; रहने वाला
21. दरमांद : थका हुआ, टूटा हुआ, बिना अर्थ का
22. नदामत : पश्चाताप और शर्म

59. New form of Love letter

Whatever is the story of today, flow of my history's flow was not like the present one
My Love, I have changed after meeting you, my life was not like the one of current one

Whenever My heart remembers you, you come before me, at any time and any place
From our memories, you always come back to my thoughts any time with grace
Whenever I sing Whatever I sing, you are in my voice somehow and make its content and face
My existence is getting wiped and you are visible in me anyway at its substance and base

With great efforts and passion, I distanced myself and got away from world somehow
But when you came before me, I forgot everything and found world in your life's wow
When you looked at me I got pacified and found my self-respect in the word for now
I became immortal by comfort of your touch and together found the whole world in your braw

My tired life has arisen again and all the complaints of word are over and out
Ever since I have heard your voice in my heart, tyranny of world has been bought to naught
My friend tells me that, they see a new light of confidence now a day's and removal of distraught

I have submitted my existence to you my love, you accept my existence,
I submit to you my clout

So, in coming time, when we will become one, I will be able to rise
again and lead the life
I will sure rise even give my current conditions and constraints, and my
life will become rife
I was not able to fly in society, tomorrow I shall become passion filled
bird overcome strife
Sky will bow before us when you and I will fly, and start living on far
horizon as husband and wife

60. अधनियक

वो समझते है देश उनसे है, उनके बगैर जन जन को कोई आस नहीं है
उनकी तो आज वो ही जाने, पर मैं कहता हूं उनमे कोई बात ख़ास नहींहै

जब जब हमने विचार पूर्वक दुनिया के तारीख के पन्नों को पलटाया है
हर काल में कई देश के लोगों ने अधिनायकवाद कि गलती को दोहराया है
देश जन जन से ही हर बार बनताहै, ये बात सत्ता को कई बार समझ न आया है
ये तेरा देश ये मेरा देश, इसी बात ने कई देशों को दुनिया में पहले भी मिटाया है
देश हम सबका है, और देश बटवारे के चिंता वश सोच में है, ये बात अब अनायास नहीं है
वो समझते है देश उनसे है, उनके बगैर जन जन को कोई आस नहीं है

कहते है वो चाहिए, सबका साथ सबका विकास, पर इसमें हमने नया क्या पाया है
सदियों पुरानीहै ये हमारी परंपरा, जिससे उन्हों ने आज भी फिर से दोहराया है
हम आज भी है जुड़े इस देश से जिसे हमने ही अपने ही खून पसीने से बनाया है

कभी कभी उन्होंने अपने इरादो और हितों के लिए टोपियों और पगड़ियों को लड़वाया है

जनता को सब समझ में आता है, इसलिए कहती आजकल रहनुमाओं पर अब विश्वास नहीं है

वो समझतेहै देश उनसे है, उनके बगैर जन जन को कोई आस नहींहै

तुम भी माँ भारती के ही बेटे हो हम सभी भी उसी की संतानें हैं

हमें साथ साथ चल कर एक दूसरे के दुःख और आंसू मिटाने हैं

जिस देश में भी आपस में लोग लड़पड़े उन्हें देश पड़े गंवाने हैं

भूलो पुरानी बात मुझे अब दिलों कि दूरियां ज़रूर मिटाने हैं

आओ चलो बतलायें दुनिया हम, कि हमारा भाईचारा जीवंतहै इतिहास नहीं हैं

वो समझतेहै देश उनसे है, उनके बगैर जन जन को कोई आस नहीं हैं

आओ कोशिश तो करें और मिटायें हम अपने आपस की दूरियां

मुझे नहीं दिखती हमारे आपस के मिलने में अब कोई मज़बूरियां

शायद वो बन्दर खा गए हमारी रोटी, और दे गया आज की कमज़ोरियाँ

आओ फिर गले मिलते है देश की रबायतों के साथ और मिटाते है हमारी मगरूरियां

बस एक बार कह दो हम तुम्हारे अपनेहै, तुम्हारे लिए केबल उपहास नहीं है

वो समझतेहै देश उनसे है, उनके बगैर जन जन को कोई आस नहीं है

देख रहा हूं आजकल वो दावा कर रहे है अपने शहंशाह होने का

पर इस देश में हमेशा दुःख होताहै अपने लोग और भाईचारा को खोने का

राम और भरत भी तो अलग रहते थे, पर याद करो भारत मिलाप में उनके रोने का

देश की परम्पराएं नहीं सिखलाती हमें गलत काम, एक दूसरे के रास्ते में काटें बोनें का

गलतियां दोनों ने की पर, ये मत कहना की अब तुम्हें आपसी भाईचारा का अहसास नहीं है

वो समझतेहै देश उनसे है, उनके बगैर जन जन को कोई आस नहीं है

साथ रहनाहै तो पहननी होगी एक दूसरे की टोपियां और साथ चलना भी होगा

देश में अगर साथ जीना है तो दुश्मनो की गोलियां खाकर साथ शायद सीमा पर मरना भी होगा

367

देश को अगर आगे ले जाने है तो एक साथ हाथ मिलाकर साथ में कुछ करना भी होगा

देश को हिस्से और फिरकों में जुदा करने के के ख्यालों से आगे हमे अब निकलना ही होगा

वो जाने अपनी गलतियों का अहसास मेरी सोच में उनकी गलतियों पर अट्टहास नहीं है

वो समझतेहै देश उनसे है, उनके बगैर जन जन को कोई आस नहीं है

कठिन शब्द

1. *अधिनायकवाद : शासक के ज्यादा अधिकार के साथ राज करने की प्रविति*
2. *रबायतों : शिष्टाचार, समाज में व्यवहार का तरीका*
3. *बगैर : 1. बिना; रहित; सिवा 2. न होने की अवस्था में 2. अलग करते हुए;*
4. *उपहास : व्यंग में किसी पर हँसाना*
5. *अट्टहास : जोर जोर से हसने का एक तरीका जिसमें स्वयं पर विश्वास दिखता हो*
6. *रहनुमाओं - नेता गण*
7. *मगरूरियां - घमंड;*
8. *मुकम्मल - पूरा तौर पे*
9. *भारती - भारत माता*

English Translation

60. Dictator

They think that country runs due to them, people will have no hope without his name
They only know what they are but saying, but I want to say that there is nothing special in them

Whenever we have turned back the pages of world history and understood the political game
Many countries have committed the same mistake of dictatorship of ugly along with shame
Country is always constituted by people, and powerful fail to understand this always and complain
That is your share of country, this is mine, many countries have been wiped out due to this blame
Country belongs to all of us, due to thought of hatred country is pensive, seriousness remains
He thinks that country runs due to them. people have no hope without his name

they claim to do the development with togetherness of everyone, but that's not new
This is our countries age-old thinking and they have just repeated the age old believe and culture
Even with fears around, we made this country always great from our blood, toil and tear
They have made caps and turbans to fight with each other for their intentions, and mutual fear
People understand everything, that's why sometimes they do not want their leaders to come near
He thinks that country runs due to him. people have no hope without his name

They are sons of Mother India, we are also son of countries goddess
We must walk together and wipe out the tears of each other remain fearless
If people will start fighting with each other, the loose that country for being thoughtless
Let us forget the old conversation, bridge the distance of hearts through togetherness
Let's go out and tell the world that our brotherhood is alive not a history of mutual hatredness
He thinks that country runs due to him. people have no hope without his name

Come let's try to cover up distance and gap that we have created among each other
I do not see any problem or constraint in our unity and we are coming together
It seems that Monkey has eaten our bread and has given us todays weakness rather
Let's us remove the haughtiness between us and follow the traditions to embrace one another
Let them say for at least one time, we belong to same family and not just a scorn for laughter
He thinks that country runs due to him. people have no hope without his name

Now a day I am seeing that they are claiming to be our country's emperor
In this country people feel sorry for loosing brotherhood and relatives whenever
Ram and Bharat were separate, but remember how they cried in Bharat Milaap of in their prayer
Conventions of this country does not teach the wrong work, of sowing the thorn of hatred there
Both of us has committed the sins, but we still have the feeling of brotherhood for us together
He thinks that country runs due to him. people have no hope without him.

If we must live together, then we must exchange the caps and must walk together

If we must live together then we must face to bullets of enemies at border in a tether

If we want to take the country forward, we must do something holding the hand of each other

We should not think of country as sum of its parts, we need to go forward with unity altogether

They should know the consternation caused due to their error, void scorn for their behaviour

61. जन्म दविस की बधाई

जीवन में तेरे जन्म दिवस का हर वार्षिक पर्व ईश्वर का वरदान है
इन सब बातों से अपरिवर्तित, की आदमी चिंताओं से परेशान है
अपनी हर सांस को ईश्वरीय अनुग्रह समझो, हर क्षण उसका अहसान है
तेरे बगिया में जो फूल खिलेहै आज, वो भी तो सच में ईश्वरीय प्रदान है

आज हवाएं भी तेरा ही ही गीत गा रही, आसमान में भी उड़ रहा आज पराग है
हर कोई बधाइयाँ भेज रहा आज तुझे जन्म दिवस पर, जो तेरा ही सहभाग है
रागनियों के स्वर्ण-कलस भी आज गुंजित हो रहे, सुन कितना सुमधुर समय-राग है
देख सामने नए कल के उदित होते सूरज को, जो अब तेरे ही प्रयासों का विजय-भाग है

जन्म दिवस पर चल एक बार फिर धन्यबाद कह ईश्वर को, जो तेरा ही दायित्व है
कल तेरा भविष्य और उज्जवल होगा, शायद तू ही कल का हमारा प्यारा नेतृत्व है
देख तेरा अतीत भी अब कह रहा वो सिर्फ व्यतीत नहीं. तेरा आज का व्यक्तित्व है

तेरी अर्जित विधाएं भी अब हो रही उद्घोषित समाज में, तू भी ईश्वर का अद्वितीय कृतित्व है

देख खिड़कियों से बाहर बर्फवारी के विरुद्ध कैसे नयी धूप आसमान में खिल रही है
पिघल रहीहै अब जमी रिश्तों की बर्फ, रिश्तों को मजबूती की नयी बूँदे मिल रही है
शायद जिंदगी के जमीन पे अब नयी घांस उग रही, जिंदगी रिश्तों के नए कपडे सील रही है
जो छूट गए तो उनका नमन कर और समय से आगे निकल, तुझे आज नयी सांसें मिल रहीहै
तुझे आज क्या परेशानियांहै, तुझे किन मामलों का आजकल परहेज़ है
तू क्यों अपना आप से ख़फ़ाहै, ज्यूँ तुझे अपने ही जिंदगी से भी गुरेज है
गौर से देख अपनी ही जिंदगी को आज भी वो खुशियों से लबरेज हैं
रब की इनायतों से मिलते कुछ को फूलों के सेज़, और किसी को काँटों की मेज़ है
रब ने तुझे तेरे जद्दोजहद के लिए ही चुनाहै, क्योंकि तेरे अंदर छुपा हुआ तबरेज़ है

कठिन शब्द

1. *अनुग्रह - ईश्वरीय कृपा, प्रसाद*
2. *अहसान- अच्छा काम, दया, कृपा; प्रदान- देने की क्रिया या भाव ;अपरिवर्तित - जो न बदला हो ;*
3. *सहभाग : एकाधिक लोगों के साथ मिलकर कोई काम करने की वृत्ति, क्रिया या भाव; सहयोग; सहयोगिता; सहकारिता;*
4. *रागनियों -भारतीयशास्त्रीय संगीत में कोई ऐसा छोटा राग जिसके स्वरों के उतार-चढ़ाव आदि का स्वरूप निश्चित और स्थिर हो ;*
5. *स्वर्ण-कलस - सोने के बने घड़े ;*
6. *सुमधुर- अच्छा ओर मीठा :*
7. *उदित - निकलता हुआ, प्रारम्भ का ;*
8. *विजयभाग - जीत के श्रेय का परिणाम भाग ;*
9. *व्यतीत - बीत चुका ;*
10. *अर्जित - कमाया हुआ; विधाएं- तरीका, प्रकार*
11. *उद्घोषित- घोषणा करता हुआ, बतलाता हुआ*
12. *कृतित्व - रचना, बनाया हुआ ;*
13. *नमन : सम्मान में झुकना, आदर व्यक्त करना ;*

14. परहेज़ : संयम बरतना, सहना. रोक के रखना;
15. गुरेज - दूर भागना, बचने कि कोशिश करना;
16. ख़फ़ा : नाराज, गुस्सा, परेशान;
17. इनायतों: दया;
18. जद्दोजहद : संघर्ष, आतंरिक लड़ाई;
19. लबरेज : 1. ऊपर तक भरा हुआ; पूर्ण; लबालब; छलकता हुआ
    2. ओतप्रोत
20. तबरेज़ : चुनौती को स्वीकार करने वाला;

English Translation

61. Best wishes for birthday

In life, every birthday's celebration is a God's blessing to us
Even though the man is worried in life with many things creating fuss
Every breathe of yours is a compassion of God, every moment is his Graceful kiss
Whatever flowers you have in the garden of life is a for sure a God's gift to bless

Winds are singing your song and nectar of your life is flying in the sky very high
Everybody is congratulating you on your birthday, all that is now your part, not to deny
Vessel of music is also enchanting you name, just listen how graceful the song of time fly
See the new sun arising on horizon, it is coming out as victory for yours due to your efforts and try

On your birthday, you must say thanks to the god once again, that is your duty towards him for sure
Your future will be brighter tomorrow, you are leader of us for our bright future with endeavour
Your history is confirming you that, it's just not spent time, has shaped the personality of your
All your skills are becoming visible in society now, you are creation of God as simple and pure

Look outside the window, and notice how the new sun is fighting against the covered snow
Ice of your thawed relationship is melting now; new drop of water is strengthening yours avow

New grass is coming out on the floor of your life, and the life is sewing new cloths of a new wow
All those who are not with you now, just bow to their memories, pick up the courage and grow
Just come out of past time, now your life will be getting new breath, new splendours and glow

What are your problems, what issues are bothering you and why you are looking completely torn?
Why you are angry with yourself, why you do not like your own life, why you must do the mourn
By the grace of god some people get bed of roses, and while others get the life's table of thorn
God has chosen you to fight in life, perhaps there is victor hidden inside since you were born

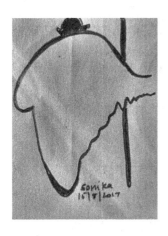

62. बापू तेरी बात कुछ और है

बापू हम तो आज भी तेरे सिद्धान्तों और बताये रास्तों के लिए तेरे कृतज्ञ है,
क्योंकि तेरे चलते अब इस देश में न जमींदार और न कोई शोषक अज्ञ है
तुमने जो रास्ता हम सभी को दिखलाया, उसी से बने आज इस देश के मतैक्य है
तेरे विधान ने ही इस देश कि जनता और हमारे संविधान को दिए बहुतेरे अनुक्य है

तुम्हारे बतलाये सिद्धांतो से होते अंतोदय से ही, अब जन जन को मिल रहा है गौरव
तुम्हारे कहे वचनों से इस देश में सत्य और अहिंसा बन गए है, अब माँ भारती के वैभव
देखो तुम्हारे अनुकरण से ही आजकल इस देश में स्वच्छता ही है हमारा नया महोत्सव
अब तो जुड़ रहे है जन जन तेरे एकता के मंत्र से, सामुदायिक विकास से हो रहा देश का विभव

तुम दिख रहे हमारे देश के जन संघर्षों में जहां भी हो रहा नीतियों का अवसान है

गरीबों ने भी ली है तुमसे ही प्रेरणा ओर बनाया अपने उदय का आवामी गान है
तुमने जो सबको विश्वास दिलाया, तो अछूतों को भी आज मिला सामाजिक मान है
तेरे चलते चरखा भी आज एक सिर्फ यन्त्र या सामान नहीं बुनकर के परिश्रम का सम्मान है

मेरे इस देश का संविधान तेरे विचारों ओर दिखलाये पथ का का ही मूर्तरूप है
हमारे सामुदायिक एकता में दिखते आज भी तेरे सिद्धान्तों के ही कई स्वरुप है
हमारे विरोध का नैतिक आधार भी तो तेरे दिए हुए सत्याग्रह का ही अभिरुप है
तेरे प्रेरणा से आज उठ रहे समाज में बंचितों के स्वर, जहाँ भी पिघल रही धूप है

तू हमारा बापू है क्यों की, हाथ पकड़ तू बार बार हमें रास्ता दिखलाता है
शोषण ओर अनैतिकता के प्रतिरोध में जिधर देखूं हर तरफ तू ही नज़र आता है
हमें भारतीयता की परिभाषा लम्बे समय से आज तक भी तू ही बतलाता है
इसलिए आज भी तू इस महान देश के सैद्धांतिक कण कण में पाया जाता है
साष्टांग समर्पित आज भी तेरे सामने देश के चेतनाधीश और प्रज्ञ है
बापू हम तो आज भी तेरे सिद्धान्तों और बताये रास्तों के लिए तेरे कृतज्ञ है,

कठिन शब्द

1. *कृतज्ञ: आभार मानाना; जमींदार: कृषक से कर लेने वाले अज्ञ: राजा, सम्राट*
2. *मतैक्य: विचारों कि एकता: अनुक्य: रीढ़ कि हड्डी, मूलभूत, आधार*
3. *अंतोदय - अंतिम पंक्ति के आदमी का उदय ;*
4. *भारती - भारत माता या भारत कि जनता का मातृ रूप में कि गयी कल्पना;*
5. *वैभव- समृद्धि, महानता, उच्चा स्तर का ;*

6. अनुकरण - नक़ल करना या एक जैसा दिखना ;
7. महोत्सव- महान उत्सव या आनंद पर्व;
8. सामुदायिक विकास - लोगों का मिला जुला विकास; अवसान - ख़त्म होना, घटते जाना, परिणाम उन्मुख होना ;
9. आवामी- जनता से जुड़ा हुआ;
10. अछूतों - भारत के कुछ जातियों के लोग जिन्हे छूना पाप माना जाता था ;
11. मूर्तरूप- हाथों से छू कर देखने वाला रूप; स्वरुप- आकार, रुप ;
12. अभिरुप - सुन्दर रूप, विद्वान्, चन्द्रमा ;
13. सत्याग्रह - सत्य कि खोज, ज्ञान और गरिमामय उपयोग; बंचितों - जिन्हे कुछ चीज़ न मिली हो ;
14. अनैतिकता - तो काम करना सही नहीं हो; प्रतिरोध - विरोध करना;
15. साष्टांग : आठों अंगों से युक्त आठों अंगों सहित; दंडवत, जैसे- साष्टांग प्रणाम

English Translation

62. Mr. Gandhi you are different from others

Oh, my Father of nation, even today I am obliged to you for principle taught and path shown
Because in this country now there are no knights and tyrant kings and country has grown
Whatever path you have shown, that only has created the view of our unity made in known
Your principles and rules has made our country's constitution and gives its strong backbone

Based on your principle, rise of last man is happening in society and giving growth to him as bounty
Based on your truth and non-violence there is peace in in society and has raised the greatness of this country
Even today the cleanness in this country is our new festival and brooms are our new infantry
Now people are getting united with your mantra of unity, community development programs as new gallantry

I can see you in every resistance to injustice by public,
wherever there is decay of our morality absolute
Poor people has also taken inspiration from you, and has made their community song for salute
Whatever faith you have given to them, that has helped in getting their social prestige for dissolute
Now days charkha is just not a tool or thing, but honour of weaver's in society as resolute

380

Constitution of our country is tangible form of paths and principles as per your guidance

In our communal unity, I can see its core as consequence of your ideas & principle's providence

Moral base of resisting injustice in our society is based on path of right for truth as insistence

Through your inspiration, voice of deprived is arising in society, wherever light of immorality is threatening our existence

You are father of nation, as you always hold our hand and has shown us the right path always

Whenever I look around for fighting against our exploitation, I see you only around now a day

You teach me the definition of Indians and associated principle along with its shine and glaze

That why you are found in every particle of countries Moral fabric and the foundation base

63. मन की बात

आज भी मैं अपने ही देश में अपनों के साथ कतार में हूं
कब बदलेंगे मेरे परिवेश उसी सुहानी सुबह के इंतजार में हूं

कुछ वक्त पहले की ही बात है, जब एक नया ख़्वाब देश में आया था
हाल की ही बातहै, जब उसने मेरे माज़ी को बदलने का ढांढ़स मुझे
दिलाया था
वो एक नयी सोच और करामात थी, और वो एक नया ताना-बाना भी
लाया था
वादा भी किया उसने, न पैसे खाये है और नो दूसरों को कभी खिलाया था
वो नयी बयार जो अब तक न मेरे पास से गुजरी है, मैं उसी टूटे दयार
से हूं
आज भी मैं अपने ही देश में अपनों के साथ कतार में हूं

मैं देश हूं, अभी नहीं थका, मेरे बूढ़े शरीर और नम आँखों में आज भी
सपने है
मैं विशेष हूं, अबतक नहीं रुका, क्योंकि कतार की भीड़ में सदा मेरे
अपने ही अपने है
मैं अशेष हूं, इसलिए हालत पे नहीं झुका, सियासत के रिश्ते तो यूँ भी
चुभने है

मैं समर शेष हूं, अपनी स्थितियों पे नहीं चुका, मुझे देश के लिए नीव के पत्थर बुनने है
शायद नेतृत्व के लिए है कतार के लोग है देश के खर पतवार, मैं तो इनके आभार से हूं

आज तुमने कतार में काफी वक्त गुजारा है और अब शाम भी होने को आयी है
माना की तुम कतार में दिन भर खड़े रहे पर तुमने आज देशभक्ति तो जरूर कमाई है
अब तुम ध्यान से सीखो और समझो उनकी बात, क्योंकि देश में उन्हीं की रहनुमाई है
अब तुम सिर्फ वो ही कहो और करो, जो उन्होंने तुम्हें अच्छे से कल समझाई है
पर जरूर बदलेगा मेरे देश का नसीब, मैं उम्मीदों की मुसलसल बहार से हूं

इस देश में कतार का स्थापत्य कोई नयी बात नहीं, कई दशकों पुरानी है
कुछ कतारें तो पुराने समाजबाद की वैधव्य और जनित वंशजों की भी कहानी है
कतारें तो इस देश में हमेशा शाश्वत रहीहै, हमारी सरकारें तो बस आनी जानी है
ध्यान से सुनो अब उनके मन की बात, उन्हें तुम्हारे प्रति अपनी संवेदना जतानी है
कतार का दुःख हम सबका है, क्योंकि वो केबल इतिहास नहीं वर्तमान की भी रवानी है
जिंदगी गुजर गयी कतारों में मेरी, अब तो मैं अपनी जिंदगी में मिटने के कगार पे हूं

वो कहतेहै और कुछ दिन और कष्ट सहो, अपने सुनहरे भविष्य की बातों को लेकर
शायद मुस्तकबिल में भी हम लड़ लेंगे, फिर से हमारी पुरानी आदतों और जात पातों को लेकर
शायद कल कोई और कौम बदनाम होगी, उनके जातो के कुछ अपने ही नामुरादों को लेकर
फिर हम देश में कल एक और नकली बहस में उतरेंगे, राम और आदम की औलादों को लेकर

कुछ पत्थर मेरे भी घर पे गिरे है आगे भी गिरेंगे, मैं भी आज उनके नए शगूफ़ों के प्रहार से हूं

पता नहीं क्यों और कब तक है मेरे नसीब में ये रोज रोज की कतारें,
शायद आगे भी होंगी पुरानी भूख प्यास और गलतियों पर होती साहबों के दुत्कारें
हमारा नसीब सालों साल में भी न बदला है, अब भी नहीं सुनता कोई हमारी आज की चीत्कारें
हमने खो दी है अपनी पुरानी आजादी और खाने लगे है वही पुरानी इनायतें और फटकारें
लेकिन जुड़ रही है मेरी मुट्ठियों से मुठ्ठियाँ, इसलिए मैं आने वाले कल के चमत्कार से हूं

कठिन शब्द

1. *परिवेश : 1. वातावरण; माहौल 2. जिस वातावरण में निवास किया जाताहै अथवा रहा जाताहै 3. मंडल; परिधि; घेरा 4. प्रभामंडल; किरणों का वह घेरा जो कभी-कभी सूर्य या चंद्रमा के चारों ओर बन जाताहै; सूर्यमंडल; चंद्रमंडल।*
2. *माज़ी : भूत काल का का समय*
3. *करामात : 1. कोई अद्भुत या अलौकिक कार्य; अचरज भरी बात; सिद्धि 2. चमत्कार*
4. *सियासत : 1. राजनीति 2. शासन-प्रबंध; राजकाज 3. छल; फ़रेब; मक्कारी*
5. *ताना-बाना : 1. किसी कार्य को करने के लिए कुछ प्रबंध करना 2. कपड़ा बुनने में लंबाई और चौड़ाई के बल बुने हुए सूत 3. किसी रचना की मूल बनावट; तार या तत्व।*
6. *बयार : 1. हवा; वायु; पवन 2. शीतल-मंद वायु*
7. *मयार : सतह*
8. *दशकों : 1. दस का समूह 2. दस वर्षों का समय; दशाब्द*
9. *अशेष : 1. अनंत 2. पूरा; समूचा; मुकम्मल 3. अपार 4. असंख्य*
10. *रहनुमाई : 1. नेता या नायक का कार्य; नेतृत्व; अगुवाई; 2. राह दिखाने का काम; पथप्रदर्शन*
11. *स्थापत्य : भवन निर्माण से संबंधित विद्या; वास्तु विज्ञान; ज्ञानानुशासन का वह क्षेत्र जिसमें भवन निर्माण संबंधी सिद्धान्तों आदि का विवेचन होता है*
12. *दशक : 1. दस का समूह 2. दस वर्षों का समय; दशाब्द*

13. वैधव्य : विधवा होने की अवस्था या भाव; रँडापा; विधवापन
14. शाश्वत : लगातार, जो कभी खत्म न हो, स्वर्ग, सब कुछ
15. रवानी : 1. प्रवाह; बहाव 2. प्रस्थान
16. मुस्तकबिल : भविष्य काल; आने वाला समय; भावी समय
17. कौम : 1. जाति; बिरादरी 2. वंश; नस्ल 3. राष्ट्र
18. शगूफ़ों : 1. मज़ाकिया बात; चुटकुला 2. अनहोनी या विलक्षण बात
19. चीत्कारें : 1. तेज़ आवाज़ में चिल्लाना; घोर दुख में निकलने वाली चीख; चिल्लाहट 2. चिंघाड़; कराह 3. हल्ला; शोर-गुल

63. Matter of mind

Even today I am in queue in my country along with my own people
I am waiting for that morning to come, when my situation will change

Just a few years ago, a new dream came to my country
It is just the last time, the dream promised to change the history of mine
That was new thought and having its own structure to make me shine
There was a promise to fight corruption and not to bend before it his spine
Breeze that has blown through me, I am living now with the same decline

I am country, so I am not tired, even in my weak boy I have dreams in moist eyes
I am special, that why has not stopped, among the crowd of the people are my own guys
I am continuum so I cannot bend on situation, politics is likely to give pain relationship as disguise
I am remaining batter, so cannot stop over situation, I want to make stone at base for country that dies
Those power people treat the person in queue as figs and dry leaves, I am for emancipation of them

You have been in queue throughout the day, now even evening is near
I understand you have been in queue for long but you have earned patriotism dear
Now you should learn and understand them clearly, as they have countries leadership gear

Now you should say only those things, those principles they have taught you yesterday very clear
Even then the fate of my country will change, as I have continuous hope coming from everywhere

Structure of queue in this country is not a new thing, it has been decades old
Some ques are due to widowhood of socialism and their next generation that balled
Queue has been immortal in this country, while the governments has come gone and rolled
You should his thought and mind carefully, take the shown sympathy towards you as told
We should feel sorry for the queue in country, as it's just not history but also in present times mould
My life has been spent in queues in country, I am on the verge of ending my life and story untold

They say that we should tolerate our pain for more days, for a golden future of ours
We fight among each other in future also, based on the cast and creed of ours and theirs
Some other group will be blamed tomorrow, based on rotten and rogue that they declare
Perhaps we will enter a false debate, between son of human being and God as its enabler
Some stones have fallen in house and will continue to fall, I am on hit list of their accusations

I do not why and know for how long this queue is in my destiny
The daily hunger, thirst and diatribe of officers for my felony
Our destiny has not changed over year, no one listen to our cry
We have lost our freedom and has used to scolding and the agony
Many hands are joining my hands now, waiting for miracle and a season rainy

64. वरिह की वेदना

आज पार्थिव दूरियों में विरह की वेदना क्यों प्रिये,
तुम तो आज भी सांसों में शाश्वत हो मेरे लिए
अनुज्ञात तो करो मेरी उपस्थिति शायद आभास लिए
हम दोनों तो एक बसआत्मा, जो दो शरीर में जिए

मेरी खामोशियों में भी उभरते हैं तुम्हारे ही स्वर
दूर रहते हुए भी होते हैं तुमसे हार्दिक सम्बोधन निरंतर
जगत की दूरियों में भी, मुझे सुनाई देते हैं तेरी निजता के अधिस्वर
तुम्हारी कल्पनाओं में में अब दूर क्षितज पर दृष्टिमान होता अब ईश्वर

अपनी चेतना में मेरी उपस्थिति का आगम तो करों
अपनी भावों के संसार में मेरे भी भावों का समागम तो करों
आज फिर से तुम्हारें ह्रदय में आनंद लहरों का विहंगम तो करों
वर्तमान की पीड़ा में भी अपने भविष्य के आनंद का उद्गम तो करो

अपनी जिजीविषा से पूछो, क्या उसने संपूर्ण हार मान ली हैं
अपने ह्रदय से पूछो, क्या उसने परिस्थिति स्वीकार ली हैं
अपनी मनोकामनाओं से पूछो, क्या उन्होंने पूर्ण आकार ली हैं
नहीं न, तो बस यही समझो, जीवन ने एक और नव आधार ली हैं

कठिन शब्द

पार्थिव : 1. पृथ्वी संबंधी 2. पृथ्वी से उत्पन्न; पृथ्वीतत्व का विकार रूप, जैसे- पार्थिव शरीर 3. मिट्टी आदि से निर्मित 4. संसारिक; संसार संबंधी 5. राजा के योग्य; राजसी 6. पृथ्वी का

विरह 1. वियोग; जुदाई 2. वियोग में होने वाली अनुभूति 3. अभाव:

शाश्वत : 1. निरंतर; नित्य 2. सदा रहने वाला; चिरस्थायी

अनुज्ञात : 1. अनुमति; स्वीकृति 2. आज्ञा;

आभास : 1. प्रतीति; सादृश्य 2. मिथ्या प्रतीति 3. संकेत 4. अभिप्राय 5. द्युति; चमक 6. अनुभूति होने का भाव।

अधिस्वर : 1. बहुत अधिक या ऊँचा स्वर उत्पन्न करने की क्रिया या भाव; 2. अभिप्राय; अव्यक्त अर्थ

दृष्टि : 1. नज़र; निगाह 2. देखने की वृत्ति या क्षमता 3. विचार; सिद्धांत; मत 4. आशा 5. प्रकाश 6. ज्ञान 7. पहचान 8. उद्देश्य; अभिप्राय

चेतना : 1. ज्ञान 2. बुद्धि 3. याद; स्मृति 4. चेतनता 5. जीवन

आगम : 1. आना 2. समागम 3. संभोग 4. राजस्व 5. व्याकरण में किसी वर्ण की वृद्धि 6. आमदनी; प्राप्ति; राजस्व 7. प्रवाह; धारा 8. सगुण ईश्वर की उपासना का व्याख्यान करने वाले शास्त्र

समागम : 1. नज़दीक या पास आना; आगमन 2. सामने आना; मिलना; एकत्र होना 3. सम्मेलन; सभा 4. मैथुन; संभोग

विहंगम : 1. पक्षी 2. सूर्य

उद्गम : 1. उत्पत्ति; उत्पत्ति स्थान; स्रोत; जन्म; वह स्थान जहाँ से कोई नदी निकलती हो 2. उठना 3. ऊपर आना 4. निकास 5. आविर्भाव 6. अँखुआ; अंकुर 7. दृष्टि

जिजीविषा : 1. जीने की इच्छा या उत्कट कामना; जीवटता 2. जीवन की चाह

English Translation

64. Pain of separation

Why there is pain inside you due this worldly separation
You are now also existing in my self's eternal volition
Accept my doubtful presence in your turbulent cognition
We are just one soul, living in two bodies for inhabitation

Your voice continues to emerge in my daily memories and mention
Even in our separation, our heart has continuous communication
In the realm of worldly distances, I can hear you in my personal recognition
Now I can see the god on distant horizon in my thoughts of your imagination

You let me enter your consciousness and your daily notion
You include myself also in your world of changing emotion
Let your heart be always filled with joy, like the bird's commotion
In the present time of pain also let the joy be your inner permeation

Why do not you ask your fighting spirit, if it has accepted repentance
Why do not you ask your heart, whether it has accepted the circumstance
Ask your wishes and dreams has it taken shape in its current prevalence
Perhaps the answer is no, then take a note that the life has taken a new emergence

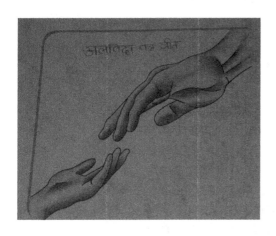

65. अलवदि का गीत

बहुत कुछ पाया है मैंने तुम्हें खोने के बाद
पर हर वक्त याद आयी तेरी कुछ पाने के बाद
जिंदगी कि हर साँसमे तेरा अहसास होता है सांस लेने के बाद
तुम्हें भुला सकूंगा शायद जिंदगी की सांसों को खोने के बाद

मृत्युपरांत भी तो होती है स्याह रास्तों से गुजर कर मोक्ष पाने की कोशिश
उस वक्त भी जरूररत होगी तेरी, मेरे हमसफ़र, और यादों में रहने की गुज़ारिश
लेकिन मांगूंगा तेरे लिए खुदा से लंबी उम्र, न की उस वक्त तेरी मौत की साजिश
हाँ आएगी तेरी याद उस मौत के सफर में भी जाने के बाद,
बहुत कुछ पाया है मैंने तुम्हें खोने के बाद

तू अगर न मिली तो खुदा से मांग न सकूँगा अपने हिस्से की जन्नत
गर मिल गयी भी वो तो पहले ढूंढूंगा तुम्हें वहां, पर शायद पूरी न हो मन्नत
कैसे कटेंगे वो हिज्र के रात और दिन, तेरे बिन, बस नहीं मिटेगी तेरी शिद्दत
मांगूंगा एक और मौका परवरदिगार से जिंदगी का और फिर करूंगा तेरी ही ख़िदमत

कुछ और न चाहिए मुझे बस तुझे पाने के बाद
बहुत कुछ पाया है मैंने तुम्हें खोने के बाद

तेरा साथ न होने पर भी तेरा अहसास हर वक्त होता है,
दुःख होता है बस तुम्हें अलगाव में खोता देख कर
मुझे अपने मरना का गम ज्यादा होता है,
तुझे मेरी मैयत पर ज़ज़्बातों में रोता देख कर
कभी कभी मुझे इस बात का भी दुःख होता है,
तुम्हें इस जमाने में गैरों जैसा होता देखकर
मेरी हमनफ़ज़, मुझे चैन ओ करार न होगा मरकर भी,
तुझे मेरी यादों को भुलाता देख कर
मारने के बाद दूसरा जन्म न लूँगा तेरी दोस्ती के मिटने के बाद
बहुत कुछ पाया है मैंने तुम्हें खोने के बाद

कठिन शब्द

1. अहसास - भावना ;
2. मृत्युपरांत - मृत्यु के बाद ;
3. मोक्ष - जीवन और मृत्यु से मुक्त हो जाना ;
4. गुज़ारिश - विनती ;
5. साजिश - गुप्त तरीके से नुकसान पहुंचाने का प्रयास ;
6. स्याह - अंधकार भरा ;
7. हमसफ़र - यात्रा में साथ में चलने वाला ;
8. जन्नत - स्वर्ग ;
9. मन्नत - वरदान कि आकांक्षा ;
10. हिज्र - अलगाव, जुदाई ;
11. शिद्दत - तीव्र भावनाएं
12. परवरदिगार - भगवान, खुदा ;
13. खिदमत - सेवा करना ;
14. मैयत - लाश को ढोने कि संरचना ;
15. जज्बाती - भावना में बहते हुए ;
16. करार - वादा ;
17. हमनफ़ज़ - साँसों में भी साथ रहने वाला दोस्त ;

English translation

65. Song of good bye

I have found many things in life after loosing you my dear
But I do remember you, whenever I find something in life to cheer
I can feel you in every breath that I take in this life that is queer
Perhaps I will be able to forget you only after I lose my breath my dear

Even after death our soul make's effort to get moksha after passing through dark paths and tunnel
I will need you to be my companion, in journey after death in that moment of divines trunnel
But I will ask God to give you long life not a selfish request of your death and dismissal
Alas, I will remember you once I start my journey that strated with our betrothal
I have found many things in life after loosing you my dear

If you will not be with me, I will not ask God for my part of paradise
I will search for you there at first, but my wishes will not get your advice
how will I spend my time and period of separation, you are my passions vise
I will ask God for one more chance to be with you and serve you for a new high
I do not need anything else after having you, as you are the my life's splice
I have found many things in life after loosing you my dear

Though I am not together with you but your feeling is always there,
I feel sad for loosing you due to death separating myself from you o dear
I feel sorry for my own death, when I see you crying in society with much tear

I might feel sorry for myself, if you will treat me like other person with jeer

My breath's partner I will not feel the peace if I will see you forgetting me as blear

I will not take next birth if you will forget my friendship and give it a veer

I have found many things in life after loosing you my dear

66. जदिगी और इश्क़ के नये मायने

वक़्त के साथ हमारे इश्क़ के मायने आजकल बदल जाते हैं
जो कभी हमारे थे समय के साथ गैरों के आजकल कहलाते हैं

शुरू तो हुई थी हमारी भी कहानी ग़ज़लों और नज़्मों से
पर फिर बदल गए हैं मेरे इश्क के मज़मून तीखेपन के बज़्मों से
और अब हमने शुरू कर दी हैं खुद में हमारी जिंदगी को सिमटाने की कोशिश
पता भी न चल पाया की हमारी ही गलती थी या किसी और की साजिश

उम्र के दौर ख़त्म हुए धीरे धीरे फिर अपने अपने मंज़िलों के दौड़ में
अरमानो के ख्वाब मिट गए चलते चलते रस्ते पर हडियों में तोड़ में
नए नए रिश्ते उम्र में मिलते रहे, हमारे आपसी स्वार्थों के गठजोड़ में
और इस तरह गुजर गयी जिंदगी, यूँ ही सी हमारी भागदौड़ में

हर शाम खिड़कियों के उसपार आसमान में उभरते हैं पुरानी जिंदगी के चलचित्र
जिंदगी में शिष्टाचार से परे कुछ, गुहा भाव छुपे होते हमारे अंदर बड़े विचित्र
कुछ घटनाएं या यादें उकेरते भावों को और तब सामने आता हमारा नया चरित्र
अब सारे पुराने संबंधों के नाम बदल गए हैं, आज सभी बस कहलाना चाहते मित्र

और इस तरह जिंदगी के बदले परिवेश में मिलते पुराने संबंधों को नए अभिवादन
पुराने इरादे याद तो रहते पर, पर भावों का परिवर्तन कर पाते नए उद्बोधन
और अगर पुराने भाव व्यक्त होना भी चाहते तो नहीं मिलते नए शब्द संयोजन
और इस तरह बदल जाते हमारे भूतकाल इतिहास की वीथियों में, और दब जाते क्रंदन

जीवन में विकास के नाम पे पीछे छूटते रहते हमारे पुराने भावों के मंज़र
दूरियां शुरू तो हुई थी परिस्थिति के अंतराल से, पर आज होते उनमे वृहत अंतर
एकांत स्थान व समय में निजता चुपके से कहती, पर मिट जाते विरह मन के अंदर
और इस तरह बेलौस सी जिंदगी, चल रही होती पुराने संबंधों को छुपाये हुए निरंतर

कठिन शब्द

मायने : मतलब, अभिप्राय, आशय, अर्थ, तात्पर्य

ग़ज़ल : 1. उर्दू, हिंदी या फ़ारसी में मुख्यतः प्रेमविषयक काव्य जिसमें प्रायः पाँच से ग्यारह शेर होते हैं और सभी शेर एक ही रदीफ़ और काफ़िया में होते हैं अर्थात दूसरी कड़ी में अनुप्रास होता है 2. प्रेमिका से वार्तालाप 3. पद्य या मुक्तक काव्य का वह रूप जिसमें प्रतीकात्मकता और गीतात्मकता के साथ अनुभूति की तीव्रता की प्रधानता होती है

मज़मून : 1. वह विषय जिसपर कुछ कहा या लिखा जाए 2. लेख; निबंध; पाठ

बज़्म : सभा; गोष्ठी

साजिश : षड्यंत्र, हानि पहुंचने का प्रयास

गठजोड़ : 1. गठबंधन 2. गाँठ बाँधने की क्रिया; आपसी संबंध 3. किसी ध्येय या मकसद के लिए किया जाने वाला मेल-मिलाप 4. सत्ता प्राप्ति के लिए दो या दो से अधिक दलों को मिलाकर बनाया गया संगठन।

गुहा : 1. माँद; गुफा; खोह; कंदरा 2. चोरों के छिपकर रहने की जगह 3. अंतःकरण 4. बुद्धि

अभिवादन : 1. आदरपूर्वक किसी को किया जाने वाला प्रणाम या नमस्कार 2. श्रद्धापूर्वक किया जाने वाला नमन

उद्बोधन : 1. किसी बात का ज्ञान कराने की क्रिया या भाव 2. उत्तेजित करना 3. जागने या जगाने का भाव 4. विचार प्रकट करने की क्रिया या भाव

परिवेश : 1. वातावरण; माहौल 2. जिस वातावरण में निवास किया जाता है अथवा रहा जाता है 3. मंडल; परिधि; घेरा 4. प्रभामंडल; किरणों का वह घेरा जो कभी-कभी सूर्य या चंद्रमा के चारों ओर बन जाता है; सूर्यमंडल; चंद्रमंडल

संयोजन : 1. संयोग करने, जोड़ने या मिलाने की अवस्था या भाव; युग्मन 2. एकाधिक चीज़ों को आपस में मिलाना; मिलना 3. सम्यक आयोजन; योजनापूर्ण प्रबंधन

क्रंदन : असहाय स्थिति में होने वाला भावविह्वल विलाप; रुदन

अंतराल : 1. फ़ासला; दूरी 2. लंबाई; विस्तार 3. मध्यवर्ती स्थान या काल 4. बीच या भीतर का भाग 5. मध्यांतर; मध्यावकाश

वीथियों : 1. पंक्ति; कतार 2. रास्ता; मार्ग; सड़क 3. बाज़ार; हाट 4. सूर्य के भ्रमण का मार्ग 5. (पुरातत्व) भवन में आने-जाने के लिए लता, गुल्म आदि से आच्छादित छोटा रास्ता

निजता : निज का भाव; निजत्व; अपनापन

विरह : 1. वियोग; जुदाई 2. वियोग में होने वाली अनुभूति 3. अभाव

बेलौस : 1. खरा; सच्चा 2. किसी का लिहाज़ या मुरव्वत न करने वाला

66.Meaning of love and life

With the passing of time meaning of passion in life has changed now a day
All those who use to belong to me are called different for us today

My story also started with sweet songs and poetry
But the essence of my passion has taken a new bitter geometry
Now I have started the process of winidng up of me in myself delibratly
I donot know whether it was my mistake of someone game consciously

Slowly and slowly age of life got over, in it run towards goal post
Dreams and wishes were smothered in our walk on tough terrain with roast
New times of life gave rise to new relationhip in new coalition as formost
In this manner my life was spendt, in running under halter to guide post

Every evening beyond the window in horizon, motion picture of life comes alive
Beyond the rituals and behaviour some deep emotion hide in our inside
Some events or memories probe our emotions, then a new character becomes live
Now name of my relations have changed, we all have formal relation to survive

In the changed environment of life and thus old relations gets new new greetings
Remembering the old intentions, but changing the emotions, we get life's new meanings

Even if old emotions and expression want to get expressed, they get no new treatings
In this manner our past is lost in labyrinth of history, and our cries gets lost in our beating

In this manner our old emotions gets suppressed in the name of our progress
Distances were due to small differneces, now there is big gap due to our digress
In quiete place and lonely time self talks to us, but feelings is fully suppressed
In this manner my goden and shaped life continues to move around for egress

Printed in the United States
By Bookmasters